經驗取向

遊戲治療

Reaching Children
through Play Therapy:
An Experiential Approach

Carol Crowell Norton & Byron E. Norton————著

陳信昭、陳碧玲————總校閱

陳碧玲、王璇璣、蔡幸芳、張巍鐘、蕭雅云、陳信昭————譯

五南圖書出版公司 印行

Reaching Children through Play Therapy

An Experiential Approach

Carol Crowell Norton
Byron E. Norton

For information and to contact the author:

PendletonClay Publishers / White Apple Press

P.O. Box 480151

Denver, CO 80248, USA

校閱者序

　　從事兒童心理衛生工作十多年，我們除了以口語方式與兒童做溝通之外，也經常透過玩具、圖畫、沙盤或遊戲來與兒童互動，有時從這些非口語的方式，反而比口語方式獲得更多、甚至更有用的資訊。這幾年我們經常督導輔諮所學生或諮商師的臨床工作，除了見證他們所做的遊戲治療對孩子的幫助之外，在教學相長之中，我們也在這個專業有了成長，更確信了遊戲治療的未來發展性。

　　關於遊戲治療，我們過去曾經參與了《策略取向遊戲治療》、《沙遊治療》、《遊戲治療新趨勢》、《孩子的第一本遊戲治療書》、《兒童遊戲治療案例研究》等書的翻譯工作，每一本書都有其風格，也滿足了遊戲治療專業中的某一部分需要。而當兩年多之前在網路書店瀏覽的時候，這本書的書名──《經驗取向遊戲治療》──吸引了我，我想著：兒童不也多半是憑藉體驗的方式，在經驗他的周遭世界嗎？於是我從網路書店買了這本書的原文版，在稍加閱讀之後發現，它與過去我們所翻譯關於遊戲治療的書有所不同，甚至可以補足過去書籍無法提供的專業需要，因此決定將此書翻譯出來供同好參考。

　　在翻譯本書的過程中，首先謝謝璇璣、幸芳、巍鐘、雅云一起參與，他們都曾經是我們從事兒童青少年心理精神衛生工作的好夥伴，很高興有機會與他們一起完成這本書的翻譯工作。本書原本在去年就應該要交稿，但因我們太多事務在身，因而拖延許久，這當中還勞煩陳念祖副總編輯多次提醒及督促，在此向他表達歉意及感激。

本書雖經多次校稿，但疏漏尚且難免，期待各位先進不吝指正。

陳信昭、陳碧玲

於臺南

2008.10

前言

　　Carol Crowell Norton 及 Byron E. 應該為引進經驗——隱喻遊戲治療這項創新的理論模式受到褒揚。經驗取向遊戲治療是一個發展本位的歷程模式，它在發展理論的脈絡中，為兒童療癒過程的內在工作，提供了重新框架。

　　受到一些著名的兒童與家庭治療理論學者的教導及影響，以及在經年累月的研究、觀察、臨床督導，並分析兒童遊戲治療過程等經驗中，作者已經發展出當代學術界中，可能是最具信度的理論模式。

　　在綜合了兒童治療及兒童發展的完整理論取向之後，作者成功地寫下這本對發展具有敏感度，而且是從兒童的觀點來看待治療過程的書籍。經驗取向遊戲治療這個模式與其他以言語為主、專注在問題行為上的其他兒童治療模式，有著顯著的分野。

　　作者們深受尊崇（honor）及尊重（respect）兒童的理論所引導。透過遊戲來接近兒童，是進入兒童的世界，是從他們的眼光來看待經驗，是以尊崇及尊重兒童的方式來建立一種安全及賦權的關係。他們強調兒童和治療師的關係，是兒童的治療過程中不可或缺的部分。「尊崇的過程」必須要包含在旁陪伴、接納、尊重、確認兒童的情感及行為、允許兒童為遊戲經驗設定自己的步調，以及對兒童在治療過程中的一言一行賦予意義。

　　作者寫下了跟兒童一起遊戲的重要性，並且延伸了過去遊戲治療理論的基本原則及技巧，使得它包含了以一種更有深度及意義的方式，來與兒童互動及建立關係。他們認為要能夠以這種層次與兒童互動，就必須跟兒童一起遊戲，並且在遊戲中使用吻合兒童遊戲發展階段的治療性回應。

　　他們的模式強調瞭解兒童的象徵——隱喻性語言的重要性，而為了讓兒童有被瞭解的感覺，並在治療關係中完整地感受到治療師以及自我感，治療師必須不斷努力來瞭解兒童遊戲所隱藏的意義。經由範例及遊戲治療單元的

摘錄，作者協助讀者更加清楚的辨識及詮釋兒童遊戲中所顯露的意義。他們有種不可思議的能力，可以瞭解並解釋兒童在想像性遊戲中，對玩具的選擇及運用、遊戲的行動及主題種種行為背後所隱含的象徵——隱喻性意義。

　　作者的經驗取向遊戲治療模式有許多理論前提。兒童以一種經驗性的方式來面對他們的世界以及進入治療，同時也運用了他們所有的發展性感官系統。所有的遊戲行為都有其發展及象徵意義，並且是兒童用以表達感受以及分享事件和經驗的方式。透過玩具和遊戲素材的聯結及象徵性主題，兒童玩出他們的發展需求、人際問題、情緒、創傷後經驗，以及自在感。經驗性遊戲讓兒童安全地表達對於問題事件的獨特看法，並且在這些觀點上一再努力，同時面對傷痛情緒及衝突事件，並且在這些經驗出現的發展階段中，重新處理傷痛事件的回憶。

　　對於創傷經驗，例如分離創傷、被忽視、身體或性侵害、曝露於家庭暴力所引發的情緒，兒童會透過疏離和替換，使用幻想遊戲來加以安全偽裝。神經生理學研究顯示，創傷會以一種經驗層次儲存在兒童的右腦。也因此，兒童的治療必須要在相同的經驗層次，作者宣稱這是為了觸及創傷發生時的發展階段。經由和治療師建立的關係，經驗取向遊戲治療協助兒童重新得到力量，重新框架創傷經驗所引發的強烈情緒，並以一個重新儲存的內在自在感來加以替換。

　　在經驗取向遊戲治療的治療過程概念化中，作者發現了兒童在治療的進步過程中，有著可辨認的各個階段。在探索階段、測試保護階段、依賴階段、治療成長階段以及結案階段中，會逐步介紹讀者關於兒童進步的行為及流程。作者們強調在各個時期給予治療性回應的價值及重要性，以便促使治療的改變及進步。他們提供了實用的藍圖、說明及例證，用以說明對於特定方面的關係及其特殊的對應方式。

　　作者們納入了一個段落來討論如何在兒童治療中，創造並利用隱喻故事，並且提到一個重點——兒童的遊戲，事實上是兒童所創造的隱喻故事。

他們提出了在說故事時善用隱喻的價值及效用，並且為書寫兒童的治療性故事，提供一個結構模式。

在兒童及家族治療超過十年的研究及臨床運用中，我發現作者們的經驗取向遊戲治療是在許多不同情境中，治療各種童年疾患最有效的模式，包括在門診、病房、治療性的照護機構、學校本位的心理衛生計畫，以及兒童的日間照護等。

作者們寫下了一本好書，介紹兒童治療中全新和自省的概念。作者們對於在療程中關於兒童觀點的概念化，讓讀者清楚的瞭解兒童遊戲主題這個謎團的精髓。他們對於兒童遊戲隱喻意義的知識及瞭解，跨越了兒童治療的鴻溝，並且對當代遊戲治療理論做出了最重要的貢獻。

Ken Schwartzenberger

序言

　　為了瞭解我們對於遊戲治療的哲學，首先必須瞭解我們對兒童的觀點。在觀察年幼兒童的時候，我們會注意到他如何與這個世界聯結。一旦在他世界裡發現新事物，他便會因此著迷而加以學習。摸一摸、聞一聞、看一看、轉一轉，從各個角度來觀察，用手、甚至有時候用嘴來測試看看。換句話說，在將這項新事物同化進入他的世界之前，他先去經驗它並發覺其潛在的可能性。

　　同理，兒童必須親身體驗生命中的事件或情境，才有辦法將它同化進入他的知覺世界中。父母親們利用這項概念，試著把他們的價值觀傳遞給兒童，兒童們則被要求以某種方式來表現。當他不如此時，細心的父母親就詳加描述他們期望中的行為，並解釋為什麼這個特定行為很恰當。父母親接著再提供另一個機會，讓他可以表現出期望中的行為。一旦行為合乎期望——通常是透過嘗試錯誤的方式來學習——父母親便假設兒童已經同化了此項價值觀。

　　當兒童生命中的事件本質造成了情緒上的創傷，兒童便無法運用他的認知、經驗或基本信念，來使他自身獲得安定，因此他所知覺的世界會變得扭曲。在努力嘗試去理解這個情境以及情境中的自己及他人時，他會在遊戲中重現當時的情境。當然，場景是真實事件經過兒童知覺篩選之後的重新演出。場景會被重複播放多次，每次的重演都加入兒童的經驗場域中。在每次的情境重演中，兒童會再度經歷原始情境所帶來的衝擊。在這些知覺模式以及兒童的情緒經驗獲得改變之前，他們必須在一個新的形式中獲得體驗。在每次知覺重演時，兒童都會有些微的改變。當兒童有幸參與遊戲治療時，治療師從旁協助創造健康的改變，並帶領兒童用一個新的眼光來看待情境。

　　將以上對兒童及遊戲治療的哲學融入實務中，使得我們成功地處理許多

兒童的問題。因此，我們認為分享這份哲學給其他人是一件重要的事。本書中是以實例的運用來闡述理論的基礎。本書是用來介紹經驗取向遊戲治療模式的理論，此外，本書也包含了治療進展中的遊戲治療過程。

　　兒童的遊戲充滿著隱喻性，本書的主要目的之一是幫助臨床工作者瞭解兒童遊戲的象徵意義。一旦實務工作者領悟到其中的隱喻，將有助於瞭解如何恰當地回應兒童，以便能帶領兒童朝向治療目標。本書是實用導向，如此臨床工作者才能立即運用。

　　我們殷切期盼透過本書的使用，實務工作者可以獲取有助於他們與兒童互動的知識。畢竟，在一個健康的社會中，沒有任何事比幫助兒童度過成長陣痛期更為重要。

序幕

智者

　　故事開始在一片鄰近的土地，那兒有個小鎮。住在小鎮裡的人們每天種植作物並且織布，照顧他們的家庭。村子裡住著一位智者，每個人都知道她住在哪兒。他們帶著自己的家人去拜訪智者。兒童來到智者面前並祈求著：「跟我們一塊玩」，於是他們一起遊戲，心情也感到美好。他們也會學習，而父母親看到孩子們再次變得快樂，也深感欣慰。

　　這樣的時光經過了幾年。很快的，智者注意到快樂的兒童愈來愈少了。她注意到兒童們的痛苦，他們從來沒有這麼不快樂過。村子中瘟疫蔓延，而她卻沒有力量幫助兒童們免除瘟疫的肆虐，於是她也開始感受到他們的痛苦。遊戲再也不足以解決問題了，她開始感覺到自身的痛苦，並瞭解瘟疫也讓她漸漸衰弱、倒下。

　　有一天，當她在村中散步的時候，聽到有人在討論著一個神奇的噴泉。當她湊過去聽時，這些討論的人便索性都告訴了她。原來噴泉有一種神奇的治癒力量，傳說從噴泉回來的人都重獲新生。然而，噴泉位在很長旅程的盡頭，唯有堅持下去的人可以完成，而那些堅持的人都帶著新生之泉回來。

　　智者知道去噴泉的道路離她家不遠，所以她便開始了旅程。她途經熟悉的田地、平緩或崎嶇的地形，以及安全或湍急的水域。在想要放棄的時候，她便尋找幫助步行的工具。在旅途中，她經驗了探險、恐懼、痛苦、危險、困惑、清醒、快樂、力量及重生。

　　終於，她發現離噴泉已經不遠了。土地變得肥沃，當她行走時，可以感覺到土壤親吻著她細嫩的肌膚，就像最柔軟的地毯在她腳下。金色的陽光穿透枝葉，投射出鮮明的陰影，草木顏色是這麼地明亮。她聽到生命的歡聲，大地已醒來並充滿活力。

　　雖然心中仍背負著瘟疫的沉重壓力，她仍感到自己在興奮中甦醒。突然間，從地底傳來沸騰的冒泡聲，一開始只是細微的聲響，接著在水湧出的那一刻，水聲淙淙。當水柱增大，在陽光下閃耀著，就像鑽石一樣美麗。萬花筒般的顏色，在她身邊創造了一道彩虹。

　　接著，就像受到暗示一般，她開始用各種可能的方式喝著泉水。一開始，她用手捧著水喝，即使許多涓涓細流由她指縫中滴流而下。接著，她整個人浸潤到水中，感覺水浸透她遮蔽的衣物，撫摸她的身體並清洗她的肌膚。水環繞著她時，她聆聽水花四濺的聲音。她嘆息並歡唱，感到新生命充滿了自己。在瘟疫侵襲她的身體之後，第一次她感到這麼興高采烈。彩虹折射的光芒環繞著她，她知道自己獲得了進化，原本擁有的健康及智慧都會加倍擴大。

　　當噴泉的水柱漸漸消失結束時，她明白已找到所追求的一切。回家的路途和去程相比，顯得這麼容易而且短暫。她覺得好像剛道別了一位好朋友。回到村莊之後，每當她想起水花四濺的聲音，以及噴泉水在陽光下閃耀的景象，便感到清新、愉悅。

　　當村莊裡的人看到智者回來後，他們便再度去拜訪她。兒童們來到她身邊，他們看到智者的光彩，感受到祥和，而當智者將新生命帶給他們後，他們的痛苦便消逝不見。當他們遊戲的時候，再度感到美好，並從中學習。然後新生命由這些兒童們傳給他們未來的子女，以及之後的子子孫孫。父母親看到他們的孩子很快樂，也感到欣慰。

　　既然智者已經完成了她去噴泉的第一次旅程，她發現到噴泉其實比她想像的還要近得多了。在她第一次的旅程中，她有幾次迷了路，然而，現在她認清了路途，並明瞭無論何時，她都可以再去拜訪這座噴泉。

目錄
Contents

第 **1** 章

經驗取向遊戲治療概述

✠ 發展性遊戲的重要

兒童主要在經驗層次而不是以認知層次接觸世界，遊戲則是他們表達經驗和自我感覺的媒介。事實上，遊戲之於兒童就如同水之於魚、叢林之於猿猴、或沙漠之於仙人掌一樣，不可或缺。若兒童的基本生理需求持續得到滿足，生活中情感得到滋養且有豐富的認知，又有機會獲准遊戲的話，這些遊戲都是在為他的成人生活預演（Lewis, 1993）。預演生活的遊戲，讓兒童能夠同化和整合新的認知和社會技巧、價值觀以及道德判斷。

透過遊戲的經驗性發展，能為將來成年的認知模式奠下良好的基礎。有趣的是，在現今步調快速的科技社會中，大人愈來愈傾向於認為，遊戲只是孩子用來填補時間的一種方式，遊戲浪費時間，或甚至認為遊戲沒有生產力。這些可以為將來認知能力奠定基礎的經驗性發展，一點都沒有受到重視。甚至連學術領域也缺乏研究，來印證遊戲對成年人的個體／情感／知識運作有貢獻。雖然要證明兒童的遊戲和成人功能之間的相互關聯的確不簡單，但在一位名叫葛瑞格的研究生故事中，我們可以為這種發展模式找到很好的例子。

> 葛瑞格是參與一門遊戲治療課程六位研究生中的一位。在簡介之後，這六位學生被帶到一個遊戲室，他們得到指示是：「這是一個你可以玩的地方，去玩吧！你只需要注意以下的基本規則……。」
>
> 當這些學生開始玩時，教授走出了房間，並啓動錄影機開始錄影。錄影機是裝在一扇可以雙向打開的窗户後面。在這所大學中，這是標準程序。稍後，當這些學生又回到教室之後，教授問他們：「感覺如何？」
>
> 大家都異口同聲的説：「噢！這讓我想起童年！」
>
> 這時，教授對葛瑞格説：「我知道你是怎樣決定要來這所大學的。」
>
> 「光從觀察我在遊戲室的行為，你就能夠知道？真的嗎？」

教授說：「你挑了很多所大學，之後把範圍縮小到五、六所。然後你一一去參觀這些大學，最後才決定來這裡。」

葛瑞格看著教授：「的確是這樣。你怎麼從我的遊戲中，看出我做過這些事？」

於是教授提議：「讓我們打開錄影機，看看你的遊戲。」

從錄影中可看到，這六位學生一進到遊戲室後，其他五位各走到一個地方並拿起玩具開始玩，而葛瑞格卻往後站著看這五個人玩。接著他走到一位學生那裡，和他玩了幾分鐘，又去另一位學生那裡，一直到繞完整個房間一圈為止。在和每一位學生都玩過幾分鐘之後，他才決定要和誰一起玩，並深入那個遊戲。

當教授指出這一點時，葛瑞格驚訝極了。事實上，葛瑞格的行為是經驗層面的，他沒有注意到自己在意識層面上做些什麼。當別人讓他從認知層面看到這件事時，他馬上就明白了。這是他小時候經驗層面的運作風格，雖然他自己一直沒有意識到這一點，但他一直用這種方式去經驗事情，並將之發展成為他的認知風格。

錯過遊戲機會的不良影響

皮亞傑（Piaget）曾有多個研究（e.g., 1936/1952, 1937/1954, 1962）指出，兒童的經驗對認知發展的必要性，以及獲得某種程度的能力和理解力，以進入下一個發展階段之重要性。若缺乏這種經驗，則兒童發展並整合生活經驗，以便後來在成年時運用這些經驗的能力就會受到影響，就像他們沒有獲得營養的食物來讓身體發展一樣（Delpo & Frick, 1988; Lewis, 1993）。

不幸的是，由於各種身體、精神、性虐待的經驗，以及父母親離婚或死

亡等事件——或任何的創傷經驗[1]——使得許多兒童在童年時，失去這種遊戲的機會。他們不但沒有經驗到對他們目前發展階段有益的遊戲形態，反而將很多時間和情緒花在保護自己（心理／身體方面）和解決這些創傷經驗上。除此之外，這些兒童的情緒記憶也會停留在創傷發生時的發展階段。若沒有任何協助介入的話，他就會永遠停留在那種狀態。無論是心理或自我發展，都會跟這些創傷經驗脫離不了關係，而且得不到任何安全、安慰或受保護等感覺。這會讓兒童在往後每一個新的發展階段都會有問題。

　　兒童無法透過面對創傷的強烈現實，來回歸到他們的發展性經驗，因為就是這個現實讓他們失去尊嚴、力量、控制感和安全舒適的感覺。的確，如果這種痛苦記憶的現實進入到兒童的意識中，這會讓他們心理上只記得自己變得無力的那一刻。因為遊戲是兒童用來溝通的語言，所以他們必須以經驗性的方式，透過遊戲來面對這些痛苦。

　　若沒有治療的介入，這些兒童長大成人之後，就會缺乏某些重要的人格特質，例如，他們可能無法對童年時期的感覺有同理心（如無法完成某些身體上的要求所帶來的不適當感覺，或無法掌控自己生活的挫折感）。這也會影響到他們和自己孩子之間的關係，而且會不允許孩子在遊戲中擁有自由（Plaut, 1979）。

✳ 兒童在經驗層次上接觸治療

　　當一個人長大後，她可能會暸解自己生活中的困難，並去閱讀許多市面上可以找到的自助書刊，或主動參與心理治療。透過閱讀或治療師的幫助，她也許能在認知層面發現兒童時期經驗，與她現在所擁有的感覺及行為表現

---

[1] 創傷可以是但不一定要是真正發生的事件，只要一個事件威脅到一個人的安全舒適感，那就是創傷事件。光是那些有可能造成殘廢、強暴或殺害的現實情況，就能對一個人造成創傷。

之間的關係。作為一個成人，她能夠讓兩種認知產生關聯，並重新意識到個人的內在動力並開始去改變。但兒童卻是從經驗層面去接觸這個世界，其中也包括治療。他們必須用比語言溝通更原始的方式來揭露他們的情緒（Bow, 1988）。因此，兒童期疾患的各種正式分類如 DSM-IV（American Psychiatric Association , 1994）或 DRG（Health Care Financing Administration, 1984），以及各種暢銷的大眾心理學自助書刊，對他們而言一點意義都沒有。兒童必須透過他們的媒介——即遊戲——來溝通。

大約兩歲左右，兒童就有能力用一個他們以外的象徵物來代表自己（Garvey, 1977）。這就是為什麼他們這麼熱衷邊玩自己的腳趾頭，邊玩「小豬逛市場」的遊戲。（譯註：出自《鵝媽媽童謠》*This little piggy went to market.*小孩一邊唸童謠，一邊以每一個腳趾頭代替一隻小豬，並說出這隻小豬做什麼。）有了這種能力，他們能夠利用象徵物重新創造一個環境，讓他們能重溫實際環境中所經驗到的那種情緒（Irwin, 1983）。這對治療中的兒童特別重要，因為這讓他能夠透過將一些譬喻或象徵意義附加到玩具上，以便在遊戲中重新創造那種感覺，而去表達一個創傷事件的經驗。

兒童想要表達他們的安全舒適狀態。他們不斷地透過遊戲「說話」（Axline, 1947b; Bromfield, 1992; Ginott, 1960）；而且，他們不會浪費時間在無謂的遊戲（溝通）上。這種「說話」的目的，是要揭露他們隨時隨地的存在或安全舒適狀態（Perry & Landreth, 1990），而他們也透過遊戲試著重複討論這種狀態。不幸的是，儘管這種對話是這麼的重要，對於一個沒有受過如何理解兒童語言方面訓練的人而言，他根本聽不到。大多數的大人只把焦點放在兒童的行為，而不是他們的感覺上。在不斷想要向大人表達這種感覺卻又徒勞無功之後，兒童只好保持一種挫敗的態度。

但是，在遊戲治療的第一個單元中，兒童會對治療師表達出，「這就是生活對待我的方式，這就是我現在的狀態。」在這一刻，最重要的是，無論兒童表現出來的是什麼（如憤怒、恐懼、謹慎等等），治療師都要接受，因

為兒童所表現的，就是他們用來保護自己、讓自己在自己的世界中保有安全感的一種方式。治療師必須肯定兒童有獲得安全感和受保護的需求，這非常的重要。除此之外，這種接受行為也肯定了兒童並表示治療師相信他。被治療師接納的經驗讓兒童開始相信自己，並進一步仔細觀察這位治療師。如果兒童相信：「這個人瞭解我，在他身旁我覺得很舒服」，那麼他們之間的關係就會開始發展。

兒童－治療師關係的重要性

目前唯一仍在世的遊戲治療創始者 Clark Moustakas 指出：「在治療過程及所有人際成長關係中，治療師與兒童之間的鮮活關係是最重要的因素，或甚至是唯一重要的現實」（1959/1992, p.ix，補充強調）。雖然這是三十年前的陳述，但研究文獻至今仍支持這種看法（e.g. Gil, 1991; Landreth, 1991）。經由提供兒童一份安全的關係，治療師奠定一個基礎，在這個基礎上，兒童可以建立他們的治療議題、測試它、看著它坍塌，然後用一種他們可以明白、容忍的方式去重建它，再接受它。換言之，當治療師提供這份關係時，兒童開始在他們的遊戲中添加內容。當兒童這麼做時，治療師透過他們之間的關係，提供接納、溫暖、安慰和賦權（empowerment），他們兩人就一起經歷兒童努力尋求解決方法的旅程（Cattanach, 1992）。沒有這份關係的支持，兒童無法面對他們的痛苦。

此外，若治療師不讓兒童引導前進的路，他也無法幫助兒童面對自己的痛苦。這是一個極為重要的觀念，因為與兒童進行遊戲治療，就像是和這小孩一起進行一趟旅程一樣，無法預知路上會碰到什麼必須碰到的情況。治療師甚至可能無法徹底瞭解，兒童內心世界在發生什麼事。雖然這對治療師而言是很不舒服的感覺，但對於為兒童提供良好的治療而言，這並非需要。因為兒童本來就有面對造成他們痛苦的事件，並找出解決方法的自然傾向。只

有在經歷多重失敗之後，他們才會願意離開在環境中尋求安慰的這個管道。若他們得到支持、保護和主導自己遊戲的自由，他們會直接去面對自己的痛苦。因為和治療師之間的關係提供被接納和安全的感覺，所以兒童會將創傷事件在遊戲中玩出來，而療程也就這樣開始。

治療的五個階段

由於兒童和治療師之間的關係非常重要，所以瞭解治療中的各個階段，以及這份關係如何涉入每一個階段中，是非常重要的事。若治療師方面沒有恰當回應，治療不可能到達每一個階段，於是治療便受到阻礙。（關於治療師的恰當回應，請參考第八章）

基本上，治療分為五個階段：(1)探索階段（對兒童表示肯定）；(2)測試保護階段；在工作階段中，包含了(3)依賴階段和(4)治療成長階段；最後是(5)結案階段。在此只對這些階段做簡短的描述，在往後章節中將有更深入的探討。

>> 探索階段

當兒童一開始進入遊戲治療，他們會開始探索自己以及治療師在此情境（即遊戲室）中所扮演的角色。這時候，治療師必須要提供一些最基本的東西。第一，必須陪伴著兒童，即必須將全副注意力集中在兒童身上。基本上，在此時此刻，這個兒童是最重要的人。第二，無論兒童做什麼或說什麼，都必須被接受（Axline, 1947b）。如果她要生氣，也要被接受。事實上，只要在安全的範圍內，無論兒童說什麼或做什麼，都可被接受。透過表示接受，治療師肯定兒童的經驗，以便這個治療同盟得以發展（Moustakas, 1953）。這就是肯定的過程。突然間，孩子會發現自己和一個可以溝通的人在一起：「我相信你；我瞭解你；我接受你；我尊重你；我聽到了你；我知

道你的經驗是什麼。」（Moustakas, 1953）。這時候，這位兒童會受到這個人吸引，她會喜歡這位治療師，而且想和這位大人在一起。在此單元的最後，當兒童和治療師一同走出來時，她會向父母親說：「我不要走，我要留在這裡！」這常常就是一開始時，不願意進到遊戲室的那個小孩。很不幸的，兒童的這種回應對父母親而言，可能是一種威脅。（有關治療師對父母親的涉入，請參考第三章）

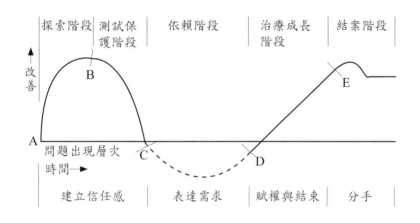

圖1-1　遊戲治療的各個階段

在圖1-1中，水平線代表主述問題的層次（例如焦慮、尿床、偷竊等行為），以及當兒童在進行治療時的功能層次。曲線則代表當兒童在治療進程中的實際功能，以及主述問題之間的關係。每一位兒童的情況都不太一樣，這只是呈現兒童在治療進程中可預期的一般起伏。兒童的功能（行為與／或感情）若在水平線之上，則表示有改善；反之，則表示不當行為及其相關情緒有所增加。

在探索階段中，兒童的功能通常會有很快的改善，就像點 A 及點 B 之間所呈現的一樣。兒童在這個初始階段中所接受到的肯定和接納，使他的孤立和挫折開始消失，而希望感增加，因此在功能層次上會出現立即（雖然只是

短暫）的改善情形。

≫ 測試保護階段

當這位兒童回來參與下一單元時，她會想要確認這份肯定是否仍完好如初。剛開始她可能會有點小心翼翼，直到她有時間去重新評估這種情況為止。一旦兒童確認治療師目前仍尊重她，這時候她就會認為有必要對此情況進行測試，以便確認這種情形會持續下去。於是，她就進入測試保護的階段。「這個人會接受我做出這種社會不怎麼能接受的東西和行為嗎？我和這個人在一起有多安全？她會保護我，讓我免於自己情緒的傷害嗎？」

在圖 1-1 中，點 B 和 C 點之間即代表這個測試保護的階段。在此期間，兒童在遊戲室和家中的行動外化（acting out）情況都會增加。因此，預測兒童這種行為衰退的情況，以建立家長的信任是非常重要的事。在這段期間內，治療師所提供的支持和鼓勵，以及知道馬上接下來就會進入正式的治療，對家長都有很大的幫助。一旦兒童測試過這份關係，並且治療師也通過此測試之後，治療就正式開始。

≫ 工作階段：依賴和治療成長

此時，兒童會覺得夠安全來揭露她的痛苦，並開始進入治療的工作階段。就像「潘朵拉的盒子」一樣，透過添加內容到他們的遊戲中，他們會發現創傷、痛苦、掙扎和淚水。這讓治療師有機會親眼目睹對兒童造成傷害的不可思議行為。在這個過程中，當兒童愈來愈深入遊戲中，他們會被自己開始失控的情緒嚇到，這是常見的結果。若這種情況發生，兒童會從遊戲中退出來，以便評估自己和治療師之間的關係，以及確認自己的安全程度。因此，治療師必須聲明會提供兒童安全、防護和保護。一旦兒童又覺得有安全感，她就會再度回到遊戲中。同樣的，如果在遊戲中碰到困難的地方，兒童會停止遊戲，看著治療師以確定治療師仍能接受正在發生的事，然後才又

再回到他們的遊戲中。經過一再重複確認安全之後，兒童最後才能夠面對他們的痛苦，以及發生在他們身上的創傷經驗（Barlow, Strother, & Landreth, 1985）。

依賴階段在圖 1-1 中的 C 點和 D 點之間。在這段時間，兒童的遊戲及行為是採取對抗的立場（往下的曲線）。當此對抗結束時，賦權和功能層次開始改善。由於現在此創傷事件對兒童不再那麼有壓迫感，他們會經由將賦權（原本只在遊戲中顯現）整合進入成內化的賦權感和自我價值，而重新尋回自己的身分認同。這種將賦權感和自我價值內化的情形，會反映在功能層次的提升上面。此發生在治療成長的階段，即圖中的 D 和 E 點之間。

>> 結案階段

當兒童透過工作階段而獲得適於他們年齡和發展階段的安全舒適感、控制、尊嚴及賦權等感受時，他們的遊戲又回到為成人生活預演的風格。這時，兒童想留在遊戲室的意願甚至會降低。就在這一刻，治療師應該開始逐漸在治療環境中引入結束。由於治療師和兒童之間已經建立了信任，所以結案是一個很細膩的過程，即兒童和他們的遊戲道別，與安全的遊戲室環境道別，並和治療師的關係道別。（對於有關結案的進一步探討，請參考第九章）

當治療師導入結案階段時，即圖 1-1 中的點 E，兒童的反應可能是又回到先前讓她來接受治療的一些行為。當兒童接受這份關係已經失去，並意識到她自己的賦權感時，她就會很快又回到已經獲得改善的功能層次。

✖ 兒童有趨向健康的自然傾向

很奇妙的是，兒童擁有朝向療癒方向前進的內在知識，雖然這常常是在潛意識層面（Landreth, 1991; Nickerson & O'Laughlin, 1980）。他們知道什麼

時候自己周遭的環境已經變得不妥。即使是小到如父母親缺乏良好的養育技巧，或是嚴重到受到侵害，兒童在內心都會感受到這些事件的不適當性。由於對治療情境中的兒童擁有二十五年以上的觀察經驗，本書的作者們一致相信，兒童都有接近這些造成他們痛苦的創傷事件，以便面對它並解決它的自然傾向。事實上，許多兒童在第一個單元中就會在溝通中表示此方向，就像在以下案例中亞當所做的一樣。[2]

> 亞當是一位小男孩，他的父親二年前死於一次伐木意外事件。當時其他人正在下面處理樹幹，以便樹能順利倒下，而亞當的父親則在樹上。突然，樹幹斷了，並開始倒下。雖然亞當的父親能夠跳下來逃跑，但樹卻倒往他跑的方向而將他壓死了。在亞當的第一個遊戲單元中，他在房間中繞了一圈，並停在沙坑前，用他的手去摸坑中的沙。在摸到中央時，他說：「這底下埋著黃金！」然後又不斷用手在沙面摸來摸去。接收到此導引的訊息，並看到亞當對埋在沙裡的東西賦予重要的價值，治療師明白這一點代表著亞當父親的墳墓。但在這個時候，用語言去表達他知道這件事並不恰當，因為若說出來，就等於抹煞掉它的隱喻性質，而把它帶到意識層面上。但這時候亞當還沒有準備好在意識層面上去接受這種明白的表示；若治療師當時就講出來的話，他便奪走亞當對治療的控制力及步調。因此，那位治療師說：「那真的是一個很有價值的地方。」──給予確認但不主控。於是亞當便及時回到他的遊戲，並完成他的任務。

---

[2] 當兒童受到性侵犯，而且這種情形目前仍存在時，他們可能在一進到遊戲室，就以演戲的方式玩出這個情境，即使這時候和治療師的關係尚未建立。

✱ 讓兒童主導他們自己的治療

　　一位瞭解兒童語言的敏銳治療師，會接受兒童正要和他溝通的訊息，對兒童知道自己的情緒需求有信心，並允許兒童主導自己的治療。下面是一個很好的例子，顯示讓兒童這麼做的必要性。

　　在一個遊戲治療研討會中，有一位曾經在行為治療方面受過訓練的治療師來參加。在來參與此研討會之前，他一直在處理一位在學校中有說謊、偷竊和作弊行為的兒童。雖然房間中有很多玩具，但在第一個單元中，這位治療師卻告訴此小男孩，他們要一起玩西洋棋。這位治療師原本決定，只要此男孩每次有恰當的行為，就要肯定他、稱讚他；若男孩有說謊、偷竊或作弊等行為時，就要面質他。他希望藉由嘗試告訴此男孩哪些行為是對的、哪些行為是不對的，來導引他的行為歸正。

　　在玩了六個星期的西洋棋之後，這位治療師和學校聯絡，看看男孩的行為是否有任何改善。校方的回答是完全沒有任何改變！就在這個節骨眼，這位治療師來參加這個遊戲治療研討會。結果在接著下來的三天當中，他對兒童的看法完全改觀。當他和小男孩再度回到遊戲室時，他對小男孩說：「我們不用再玩西洋棋了。來玩玩你想玩的遊戲吧！」

　　小男孩盯著他看，好像在說：「等一下！我得先測試一下這個人！這是真的嗎？」在測試完後，男孩就開始玩，而他玩的遊戲類型暗示他曾經遭受性侵犯。他把自己想像成在叢林中和鱷魚打鬥，之後又爬上一座山，找到一個城堡，並征服了一頭噴火的惡龍。他的遊戲從服從治療師的要求轉變成被允許自己主導的遊戲類型，並將遊戲帶到一個他必須要去面對自己生活中的痛苦和創傷的地方。突然之間，這位治療師對此男孩有了新一層的認知，而他也不再以面質的態度，而是以支持的態度去回應。結果，男孩的說謊、偷竊和作弊行為開始減少。

　　雖然在經驗取向遊戲治療當中有安全的限制，但基本上，無論兒童想用遊戲室中的任何東西來演出他們的創傷，那都是被允許的。這種非結構性遊戲治療源自於多年觀察兒童的經驗，並發現兒童本能上知道他們要在幻想遊戲中演出什麼，才能面對他們生活中的痛苦。（那些適合接受遊戲治療方法的）兒童若被允許主導自己的治療，他們就能夠重新框架（reframe）自己的創傷經驗，並且重建安全舒適感。（有關重新框架的進一步探討，請參考第七章）

　　若兒童無法重新回到製造痛苦的事件，那麼很明顯的，治療師就必須要做以下的決定：

1. 兒童受侵犯的情形是否仍存在？若是的話，治療是無法有所進展的，因為此兒童仍必須為每日的生存而奮鬥。若侵犯的情形仍持續，兒童無法脫離現在以及他需要保護的情形，而退化回到侵犯行為開始時的發展階段。退化之所以發生，是為了讓兒童決解創傷帶來的痛苦。

2. 此兒童是否把自身的創傷經驗外化，並成為其他兒童的加害者？如果是的話，他的精力應該可以透過幻想遊戲來釋放，而不是透過加害別的兒童。若他能在遊戲治療中開始表達，那麼加害其他兒童的行為就會減少。

3. 痛苦是否已經被壓抑得太久了，以致於兒童已不再意識到它的存在？若是這樣的話，那麼就有必要透過指導性遊戲（directive play）來幫助他（Gil, 1991）。

　　若利用指導性遊戲作為治療的形式，則有必要去明白它的使用和誤用，這是非常重要的。因為如果誤用指導性遊戲，則兒童會因為當中誤用權力的情況，而被迫再受一次創傷。這可能在假裝回到那個創傷經驗，以便走向下一步的時候發生。事實上，我們沒有必要強迫兒童在意識層面上，面對他的創傷而讓他重新受到創傷。一位對兒童尋求健康本能有信心的治療師，只有在兒童失控並必須保護他免於傷害自己時，才會採取主控的姿態。

每一個遊戲治療單元都會呈現兒童所揭露的新訊息。可悲的是，治療師常常根本在還不明白兒童要揭露的溝通訊息情形下，就認為他知道什麼對此兒童最好。由於只有兒童知道他自己的經驗，以及知道如何尋求自身安全舒適感的方向和方法，因此，如果治療師認為他知道兒童經驗過什麼，或決定該對兒童做什麼，以便讓他覺得好一點或因此行為會有改善，這都是治療師自己的假設而已。換言之，治療師可能根本就沒有觀察兒童要溝通的訊息，就透過遊戲形式為兒童設下一個治療師認為適合他去達成的目標。如此一來，治療師就假設自己知道可以讓兒童接近真實世界，以解決他的痛苦之最好方法；但事實上，他只是在誤用權力。在很多的案例中，都是兒童在與別人之間的一份或多份關係中權力遭到誤用，才使得他必須來接受治療。因此，治療師不應該認為利用權力，可以讓兒童正面地接受他是在幫助兒童重獲情緒健康。相反的，兒童反而比較會覺得這種利用權力的情形，就像他從加害者那裡所經驗到的一樣。在這種情況下，兒童的行動會從以下的假設出發，即他必須要保護自己，使自己免於受到治療師的傷害，而不是進入一份能夠治療他的相互信任關係中。

此外，在上一個例子中──即兒童被要求玩西洋棋──我們看到，當治療師說：「我們今天要做這個活動」時，兒童可能會表面上服從。這更會導致兒童重複做出他目前為止所採取的防衛行為。事實上，實際演出這種防衛行為的情形甚至可能惡化。

有時候，治療師採取主導的態度等於是拒絕兒童的一種方式。若兒童被允許去主導自己的治療，他們會營造出一個環境讓治療師知道，住在他的世界裡並身為他的感覺是什麼。這可能會使治療師在離開這一個單元時，心裡會有一些負面情緒（例如困惑、憤怒、挫折、厭恨、或整體心裡不舒服），甚至會有害怕或整個人被淹沒的感覺。如此一來，當這位兒童的下一個治療單元時間來到時，治療師可能會因為預料到這種感覺會再度發生，而不敢面對他。

　　雖然對任何一位治療師而言，這不是什麼愉快的經驗，但這卻表示他正在扮演著很恰當的協助角色。此兒童的一輩子都在這種痛苦的感覺中度過，而治療師只不過在和此名兒童一起的這一段短短時間內，才有機會體會到這種感覺（Bromfield, 1992）。即使有些治療師可能會傾向避免去接收這種訊息（兒童的痛苦感覺），但當兒童在掙扎著超越這些感覺並尋求解決辦法時，治療師仍然應該陪伴著他並給予支持，這是極為重要的。若治療師拒絕這麼做，兒童就會有被背叛的感覺。當兒童進入他的痛苦時，他需要有人陪伴他、保護他。若治療師沒有提供這些安全和力量，兒童會再度覺得受遺棄和被背叛。

　　在這種非指導、非結構性的治療中，兒童會使用各種方式將治療師併入他們的遊戲中。其中一種方式是把治療師定位為被動的角色。例如：兒童在一進到治療的前幾分鐘內，就掏出一把玩具槍射治療師。砰！治療師躺下裝死。兒童在遊戲中玩出他的創傷或做壞事的整個過程當中，治療師可能都必須躺在那裡，因為他不想讓治療師干預他的遊戲，而想自己完全掌控整個局面——這與他在受害時那種失控的感覺剛好相反。治療師下一個說話的機會，可能是在四十分鐘之後，即他對兒童說：「你還剩五分鐘！」這時候，兒童可能會把治療師包含進來以結束他的經驗，但也有可能再拿起槍來射治療師，好像在說：「即使這最後的五分鐘，你也要保持安靜。」有警覺心的治療師會知道這個訊息！在這種情況下，兒童會繼續從事他的遊戲，而只讓治療師做個目擊者。

　　兒童會用的另一種方式是把治療師併入他們的遊戲中（Guerney, 1983）。由於治療師已經成為一個安全的個體，兒童會把治療師納入他們的遊戲中，讓他參與遊戲。如果兒童願意這麼做，對治療師而言簡直是莫大的榮幸，因為此兒童實際上在表示：「我願意和你建立關係，我信任你會保護我的安全。」所以當受邀參與遊戲時，治療師務必要參與，這是非常重要的。

　　在允許兒童主導遊戲時，治療師扮演的是重要的支持角色（Barlow, et

al., 1985; Guerney, 1983）。事實上，因為兒童信任治療師，所以治療師能夠提供兒童情緒的補充。在與沒有這份關係的情形相較之下，這讓兒童能夠達到更大的成就，做更多改變，有更多行動（Axline, 1950）。例如：若兒童要治療師扮演目擊者的角色，他會做一些事來把治療師分派到那個角色（如用槍射他。）此時，治療師就只能從那個立場去回應，即使此回應必須保持被動，因為若兒童讓治療師保持扮演一具屍體，他會覺得自己有賦權感。這種賦權的感覺有可能來自兒童已經征服自己的恐懼感或控制別人，使對方變得沒有行動能力。另一方面，若兒童需要一個主動的參與者時，他會把治療師拉到他的遊戲中，例如，他們可以一起對抗惡龍。兒童需要幫助的地方，就是他置放治療師的地方。

至於是否讓治療師參與遊戲，這是兒童的決定（Bolig, Fernie, & Klein, 1986）。若治療師認為他可以剝奪兒童這種決定的權利，那只是他的假設而已。而治療師之所以有這些假設，是因為他認為自己知道兒童該如何進展比較好。但一位明智的治療師會信任兒童有知道自己痛苦，以及知道該如何奮鬥以控制這些痛苦的天生本能。事實上，兒童在防衛方面還沒有世故到要對自己否定自己的痛苦和掙扎。

治療師應該要全神貫注地支持兒童，可能的話，可以擴展遊戲，但不應該增加遊戲的規模，並把遊戲導引到兒童原來沒有意願的方向。這點極為重要。例如：

瑪希是一位小女孩並對於即將出生的小嬰兒很抗拒。在遊戲中，她對治療師說：「你演小孩，我演媽媽。」在扮演媽媽時，瑪希把全副心力都放在嬰兒上，完全不理會（由治療師扮演的）小孩。這時候，治療師認為這是小心將瑪希引導到更深一層遊戲的機會，便說：「可是媽咪，我要你陪我玩。」

瑪希很快回答：「我不能陪妳玩！我得照顧 baby！」

治療師：「可是媽咪，自從 baby 來了之後，妳都不陪我玩了。」

「因為我還得掃地呀！」瑪希說。

「可是媽咪，我好想妳喔！」

　　看看治療師用多麼溫和的方式去引導瑪希進到更深一層遊戲！他利用所扮演的角色讓瑪希去想：「天哪！對於這件事我覺得如何？如果這真的發生的話，會怎麼樣？」經過幾個單元之後，當瑪希明白她可以找另一個人來照顧嬰兒，而她則可以陪孩子（即治療師）玩時，她終於能夠克服這種心理並做個結束。這位治療師只是輕輕地推瑪希一把，但沒有強迫她或重新導引遊戲的方向。當兒童沒有意識到自己的痛苦和掙扎時，遊戲會觸發一些潛意識的材料，讓它變成兒童創造自己的隱喻，並漸漸走往痊癒的狀態。因此，讓兒童自己主導遊戲是非常必要的。

　　是否要將治療師納入遊戲，只是兒童表達個人遊戲風格的一種方式。其他的方式還可能包括攻擊傾向，即兒童的行為失控並傷害他人。此兒童可能會有謾罵中傷別人、反抗權威、說謊、偷竊以及／或作弊等行為。另一種表現則可能剛好相反（即兒童會變得退縮，因為他的安全範圍圈被縮得很小）。退縮的兒童充滿恐懼感且害怕和世界互動。當他來參加遊戲治療時，會表現出初次接觸的行為，因為那是他為了在自己的世界中求生存，所發展出來的防衛行為。經過一段時間後，當治療師在溝通中向兒童表達他是有價值的，並對他表示肯定和尊重時，兒童對世界的看法會慢慢改觀，因此，他的行為也跟著有所改變。雖然這種改變在一開始時可能很慢，但隨著時間的進展以及得到來自治療師的賦權感，改變會逐漸加速，然後兒童就會放棄他原先在自己那個世界中用來防衛的行為。

✢ 什麼時候要給兒童的遊戲一個結構？

瞭解指導性遊戲治療非常重要，因為有時候這種治療方式是恰當的。指導性遊戲不是在一項活動中指導兒童該做什麼；真正的指導性遊戲是緩和、溫柔且不具任何威脅，也不會奪走兒童的賦權感。在指導性遊戲中，治療師可以用類似下面的話：「你那時候的感覺是什麼？」「你能加上聲音嗎？」「那隻怪獸長得什麼樣子？」「你能做出那樣的表情嗎？」等等。

製造出一個結構來幫助兒童面對他們的創傷是一項非常棘手的任務，必須小心進行。例如，若兒童在醫院經驗過創傷事件，那麼治療師可以透過找出一些代表住院的玩具來指導這個遊戲，他可以對兒童說：「這裡還有這些玩具，我只是想確認你有注意到它們。」依創傷經驗的嚴重程度不同，有些兒童可能馬上就拿起這些玩具來玩，但也有可能幾個星期後才會。雖然治療師可以創造出這樣的遊戲結構，但對兒童來說，這可能還是太可怕了。他可能需要一段時間才有足夠的勇氣玩這些玩具。重要的觀念在於，絕對不要強迫兒童，無論是用明的或是暗的手法。

以下的案例顯示出沒有遵守遊戲治療的前提。在此治療中採取的是大人的觀點，而不是兒童的觀點，而其結果就是治療方式扭曲了，兒童的需求沒有被聽到，也沒有得到滿足。

一位小男孩的母親和治療師約了一個時間要討論她兒子（在此稱之為吉米）的狀況。這位媽媽說，吉米出生時心臟有一個洞。他兩歲時，醫生動手術修補了那個洞。在手術後（距離這時候已經過了好幾年），吉米每天都會說上這些話兩三次：「我不會再讓任何人對我的心動手術！我寧願死，也不要讓人對我的心動手術！如果有人碰我的心，我就會死！」

但醫生最近發現吉米的心臟有另一個洞，必須開刀治療。吉米這時五歲

大。在這之前，這位母親一直對吉米的話都不怎麼在意。但現在她卻對吉米所說的這些話感到極度恐懼。

除此之外，她還告訴治療師，她和丈夫之間的婚姻生活不太尋常。通常他在阿拉斯加工作六個星期，回家兩個星期，然後又回去工作。在他回家的第一個星期，他們相處愉快，但第二個星期就會吵個不停，然後他就會離開六個星期。當這位母親知道吉米需要動手術時，父親剛好回到阿拉斯加去。因為手術的日期訂在五週後，她擔心萬一她告訴丈夫，他就會馬上請假回來，而且她實在不知道他們的婚姻是否能安然度過這次難關。在這次會談的最後，這位母親要求治療師幫助吉米準備接受這場無法避免的手術。

大約一個星期後，她打電話給丈夫，告訴他這個消息。正如她所預料的一樣，丈夫馬上請假回來。第一週他們相安無事；但第二週，他們就開始吵了起來。突然間，他們想起了兒子的狀況，於是決定先不要吵架，等兒子度過這個難關再說。於是，他們就一家三口一起到治療師那裡去。就在治療師的辦公室裡，父親對吉米說，醫生發現他心臟有另一個洞，必須開刀治療。

聽完後，吉米變得歇斯底里。他走到辦公室的角落，用手遮住臉和身體，好像要保護自己一般，然後開始大哭大叫。看到他這樣子，父親就對他說：「如果你有一部車，而它的化油器壞了的話，你不會把車丟掉，而是去把化油器修好，然後車子又能跑了，一切又正常了。」在父親講話時，吉米就只一直尖叫——事實上，是在為他的生命而尖叫。

過了幾個星期，吉米一個人來接受治療。治療師設定了一個結構性遊戲治療情境——即一個手術室——並要求吉米玩動手術的遊戲。儘管這位治療師完全沒有瞭解這位兒童的情緒感受和對情況的反應，他還是說：「我們來這樣（也就是，照我的方式）做。」他根本沒有邀請吉米玩動手術的遊戲，而只是誤用他的權利要求他去玩這個遊戲。當吉米開始玩

動手術的遊戲時，他突然轉向治療師，對他說：「他熬不過的。他絕對熬不過的。」接著他更努力的嘗試，但最後卻往後站一步，說：「他熬不過了。他死了！」

治療師滿心擔憂，不只是因為這孩子預言自己會死，也因為他個人有一些未解決的事，於是他說：「讓我們把他救活過來。」這時候，角色完全逆轉過來了——吉米重新演出這一幕，並使他的病人為治療師而活。這個單元就如此結束了。

之後吉米就去接受手術，結果手術很成功，而且他沒有死。但在載吉米回家的途中，吉米的父母突然意識到此危機已經過去了，於是又開始吵了起來。他們停紅綠燈時，吉米說：「爸、媽，我實在無法再忍受你們吵來吵去的樣子。」當天晚上，吉米在睡覺時因心臟功能衰竭而死。

　　在這個例子，如果我們知道兒童以聯想、隱喻和象徵來溝通，有幾件事就相當明顯。首先，吉米一直在傳達必要的訊息，以便讓母親知道自己心臟的情形。基本上，他是在說：「我不能讓任何人摸我的心。活在我的世界裡是這麼的痛苦，所以我不能讓任何人接近我。實在太痛苦了！」事實上，他過去三年來一直所說的是他父母親之間的關係。[3]「我不能讓你靠近我。我實在很痛苦，痛苦到我不知道到底是要死還是要活。」他很清楚的表達了這個訊息，但沒有人聽懂他的話，因為他們都不瞭解他所使用的語言。

　　其次，吉米處於一個痛苦的狀態且需要呵護照顧。當父母親互相爭吵時，他們就忽略了他的需求。本質上，他一直在說：「我感受不到任何可以讓我活下去的安全感。」接著，當治療師把全家人聚在一起時，他也利用這個沒有效率的家庭系統，去告訴吉米說他處於危機當中。當他們對吉米說：

---

[3] Carl Whitaker 認為，兒童有一個父親、一個母親以及父母親之間的這份關係。而這份關係（即父親和母親之間如何互相對待）為兒童的自我觀點提供最重要的基礎，此基礎比任何其他因素都重要（Whitaker & Bumberry, 1988）。

「你需要接受手術」時，他們就已經把吉米作為家庭一員的身分刪除，並把他單獨列為一位需要接受手術的人。

當父親告訴吉米說他必須再動一次手術時，吉米聽到的是什麼？他聽到的是他要被消滅掉，那是他的下場，而他內心已經沒有剩下任何安全舒適的感覺了。他會被摧毀，而且會死，這就是為什麼他會走到角落去，用手蓋住自己身體，並盡力尖叫的原因。他盡己所能想把此經驗推開。

在這關鍵時刻，注意看看父親做的是什麼。他轉到認知層面上，去談汽車的化油器。他的父親嘗試從認知的層面去溝通，而吉米卻以經驗的層面在溝通，所以他們永遠沒有交集。即使父親努力嘗試做好和兒子溝通的工作，但是他沒有用兒子能夠理解的溝通層次去進行。

事實上，治療師可以有一些不同的做法。首先，他可以問問看手術是否能夠延後，讓他有時間教導這個家庭如何去呵護照顧其成員。這會讓吉米的父母親有時間學習，如何把這一類的訊息，當作一個照顧的方法來提供。例如，父親可以把吉米抱在膝上，跟他說：「我們的家庭正在經歷一場危機，而且我們都很關心。我們會團結一致。雖然重點在你身上，但我們會一起努力度過這個危機。」要注意，全家人一條心是很重要的。只把焦點放在吉米要接受手術這件事上，被遺棄的主題會浮出檯面──他幾年前就有過相同的經驗。若以臨床的角度來評估這個案子，吉米的死因是心理需求受到忽視。

其次，當治療師從母親處獲知吉米需要接受手術時，他就只把焦點放在手術這件事上。因為他不瞭解兒童使用的語言，所以他沒有聽到吉米這幾年來透過所說的話想要表達的訊息：「我的安全舒適處於危險狀態。」若吉米能夠有機會參與經驗性遊戲，那麼他就會有機會透過遊戲表達這個訊息。不幸的是，當吉米玩動手術的遊戲，而他的病人死亡時，治療師在治療中遺棄了他。

經驗取向遊戲治療涉及情緒能量。這股能量可以到達任何地方──到未來、到過去、到月球上、任何地方都可以。只要兒童釋放出這股能量，它哪

裡都可以去，甚至可以到死亡的境界並在那裡活著。這就是吉米想要去的地方。因此，當他在真實世界中不能這麼做時，他就在遊戲中透過死亡把自己的痛苦玩出來。他必須以死來檢視他的痛苦。換句話說，透過在遊戲中讓病人死亡，他轉移到另一種媒介，以便在他的家中處理這個話題。然而，這位治療師卻中斷了吉米的幻想，使得吉米在治療中受到遺棄。

這不只是一個假借指導性遊戲為名而誤用權力的例子，也是一個治療師不瞭解兒童語言所帶來慘痛後果的悲慘例子。若治療師對兒童有信心，相信他們知道自己的痛苦和困難在哪裡，而且相信他們有天生的能力，以他們自己的方式去面對此痛苦，那麼他就明智多了。

由於吉米的遊戲觸及了治療師本身的問題，他無法把這擺到一旁去，以便能跟著吉米的方向走。所以，這是一個很好的例子，讓我們看到要用指導性治療時，必須極為謹慎小心。

✣ 結論

總而言之，治療師沒有辦法治癒兒童，而只是提供一份關係和一個環境，讓兒童在其中開始治療。當兒童受到肯定並獲得一個安全和保護的環境時，他也會肯定治療師並允許治療師和他一同去經驗一趟旅程。這時候，兒童會開始利用聯想、隱喻、象徵物在遊戲中，玩出其創傷事件，並在事件發生時的發展階段，重新面對此事件的痛苦情緒經驗。當兒童第一次經驗這些事件時，那是極為痛苦的。

在這一類的創傷性遊戲類型中，兒童會短暫停下來，以便再度確認他和治療師之間的安全關係仍然存在。接著，他會再回到自己的幻想遊戲中，但這一次會進到更深的一層。然而，無論任何時候，他所能面對的痛苦都只能到他自己能忍受的程度為止。每一次這種模式（遊戲、再度確認、回到遊戲）重複時，兒童就獲得一種能夠控制的感覺、尊嚴，以及對於自己遊戲

的那一部分有一種（適於他的年齡及發展階段）賦權感。他會漸漸到達一種狀態，並知道自己已經克服了自己情緒經驗中負面的那一部分。基本上，透過重新獲得賦權感、尊嚴和控制感，兒童將自己的經驗重新框架，而治療就是在這個過程中發生的。雖然兒童不可能完全忘記這些曾經發生在他們身上的事，但此事件所帶來的痛苦情緒，不再讓他們有無力感。如此一來，兒童就不再有失控的感覺，以及隨之而來的高度焦慮感和沒有安全感。現在，因為他的遊戲能夠轉變成預演生活的遊戲形態，兒童就能夠回到適當的發展階展。

預期使用經驗取向遊戲可以帶來成功的治療效果

若要讓兒童能從遊戲治療中獲益，他們必須會玩象徵性遊戲。從發展階段來看，通常約二十個月大的兒童就有這個能力，但有些兒童十八個月時就會，而有一些則比較晚，要到二歲半至三歲之間才會此能力。因此，當一位發展非常遲緩的兒童要來接受治療時，在與兒童開始從事任何活動之前，必須先確認這種治療形態對他而言是否恰當。

為了評估兒童從經驗取向遊戲治療中能獲得多少益處，必須先確定他們是否已經完成發展以下的能力：

- 是否能夠重新演出他每天生活中所看到的事件？
- 是否能夠利用玩具建立一個場景，並創造一個新的戲劇性呈現？

這兩種遊戲形態和只是操弄玩具的那種遊戲有所不同。若要經驗取向遊戲治療能夠發揮效果，兒童必須能夠重述他們的痛苦，並能將這些事件、自己的需求和慾望投射到玩具上。玩具和遊戲就變成了精神內在動力的象徵。若沒有這種能力，那麼此遊戲只是在訓練運動神經發展、客體恆久性或其他

目的的遊戲而已，但不可能達到心理治療的目標。

　　年齡大一點時，例如九歲的兒童開始比較對結構性的活動產生興趣——但八歲的兒童可能一天喜歡玩遊戲，而另一天只喜歡坐在那裡聊天，或玩一些比較有結構性的遊戲。因此，治療師對於八到十歲之間兒童行為的期望，必須保持很大的彈性，因為他們有時候比較喜歡玩一些兒童遊戲，而有時候卻比較傾向於像大人一般接受規則和結構，而且這之間的變動相當大。即使有這些顧慮，治療師仍然必須非常謹慎的讓兒童自己去設定當天活動類型，並記住，他對活動形態的選擇（即他是如何設定此場景，並將它玩出來）能提供一些臨床訊息，以及他決定要採取什麼行動的訊息。因此，讓兒童自由的透過幻想遊戲來揭露本身的需求是很重要的。即使兒童當天決定不要玩幻想遊戲，治療師仍然可能從他選擇要玩遊戲的表達形式，以及治療過程的對話中，獲得一些訊息。

≫ 反應性疾患

　　若以病因學的角度來看待疾患這個詞，最適合進行遊戲治療的是正面臨反應性疾患的兒童。此類兒童最明顯的特徵就是發展正常，但在其日常生活中，的確發生了某事而引發高度壓力。兒童試著瞭解這個充滿壓力的環境，他以自己年輕的心靈進行瞭解，雖然有時大人會幫他解釋，兒童最終還是要經驗自己對情境的創造性知覺。然而，在這開展的過程中，兒童會出現令人討厭的行為或是為他自己或旁人找麻煩。因此，他需要幫助以便找到自己的理解並接受事實，以及可能的話，減緩其壓力源。

≫ 體質病因

　　遊戲治療對於器質性、具有生理或生物病因所引起的兒童疾患，幫助比較不大。

≫ 適合經驗取向遊戲治療的疾患[4]

以下列舉屬於反應性疾患範圍的某些特定疾患，並說明其在遊戲治療中的可能反應。

≫ 品行疾患－兒童期初發

症狀完全發作的此類兒童，對他人充滿攻擊性、破壞性、忽視他人權益，並有欺詐行為，也因這些行為會讓其陷入一個社交與人際的複雜微妙之處，使得遊戲治療似乎無用武之處。然而，假如在五、六歲就出現這些行為，而且症狀又較輕微，同時家人也無相關疾患病史時，這類遊戲治療就會有效用。積極介入其家庭也有其必要，能夠一起進行家庭治療最好，但若不可行，遊戲治療對家庭亦可扮演一個支持性與諮詢性的角色。

由於兒童會忽視父母親所下達的任何規定，而且後果與處罰都是無效，這會讓父母親感到挫敗。他們會很希望能得到有效管教的點子，而且當孩子正透過治療而有所進展時，他們也需要被外面的人所理解與支持。當孩子在測試保護以及面對自己內在的魔鬼時，常常會引發強烈的情緒。這時候這些強烈情緒常會從遊戲室帶到家裡及學校，而父母親必須被教導有關這個現象，才能夠促進他們的瞭解及接納。必須強調父母親要展現愛、支持與理解，同時對孩子堅持一定的界限。父母親必須能夠在三至四個月期間拋棄自己的個人需求，以便符合孩子的需求。

如果父母親或家庭環境被認為會讓孩子的狀況惡化，就有必要協助他們在家庭之外找到合適的居住處，在這種情況下，遊戲治療才能夠繼續進行，並產生療效。

---

[4] Unless otherview specified, diagnostic categories from the DSM-IV (APA, 1994) are Utilized.

≫ 對立性反抗疾患

　　大部分的治療師會將對立性反抗疾患，視為品行疾患的前兆。這類孩子的行為總是對身旁的環境產生干擾。對立性反抗疾患兒童的症狀是憤怒、好爭辯、蔑視、魯莽以及為自己辯護，也常罵髒話。這類兒童常常容易對權威角色出現上述行為。通常老師會一再提及他們很吵。曾經有個家長描述他的孩子：「她是如此喜怒無常，在家裡我們都戰戰兢兢。我們永遠不會知道她何時會脫離我們的掌握，從迷人的小甜心變成小惡魔。」

　　四歲的喬伊被祖父母帶到治療師這邊。在他母親搬家的這段時間，他目前暫時由祖父母監護。他母親受到經常脾氣失控的父親毆打及言語虐待，而喬伊眼睜睜看著父親猛烈的行為毀了整個家。最終，妻子離開先生，但孩子卻已曝露在大量的憤怒與失控行為中。

　　有一天，祖父母帶著孫子一起去看醫生，但他們等了好一陣子。這男孩安靜的玩了一會之後，漸漸變得浮躁。終於，輪到他們就診，但此時喬伊已經焦躁不安，祖父十分努力吸引其注意。當祖母出現時，喬伊站起來並說：「好了，我們走。」

　　「還沒，我需要等處方箋。」祖母說。

　　此時，喬伊說：「不行，我們要走了。」

　　祖母走到另一個方向的藥局拿取處方，但這違反了喬伊的計畫，他開始發怒。

　　大部分的人對於三歲小孩發脾氣並不會感到太驚訝，但喬伊不斷地咒罵，彷彿祖父母沒有聽見他所說的話一樣，祖父母嚴重被羞辱。當天下午，他們第一次約了治療師。祖父母說這個孩子用持續不斷的要求及失控行為讓他們筋疲力竭。他們會擔心外出時將他交給保母，但也擔心帶他同行會再次被羞辱。

　　喬伊是很典型的對立性反抗疾患兒童，而這可以用遊戲治療來加以幫忙。他需要一些協助來控制他的行為及解決內在衝突。這在第六章有詳細的討論。

≫ 焦慮疾患：過度焦慮兒童與分離焦慮

　　遊戲治療對於焦慮疾患兒童有很大的幫助。這包含了過度焦慮兒童，這些兒童很習慣擔心一些不太需要擔心的事情。這類孩子常出現的話語為：「喔，我很擔心功課做錯了。」或是「我不太確定。」「我不認為……喜歡我。」「我擔心我的妹妹，因為她哭太多了。」此類孩子容易因持續的憂慮而顯得緊張及無法放鬆。

　　分離焦慮則是孩子擔心與主要照顧者分開後，照顧者會出事情，但是孩子的這種預感其實沒有根據。在遊戲室裡，這個症狀會引起尷尬，因為孩子拒絕與父母親分開，進入遊戲室。

≫ 創傷壓力

　　創傷壓力有兩種典型，一種是慢性壓力（例如：習慣性受到身體或性虐待的孩子），這種虐待有可能始於出生，直到十六歲成年逃離家；或是較短的時間（例如：從九歲到十二歲）。遊戲治療可以幫助這類孩子學習與成人相處的新方法，並增進其心理健康。

　　第二種創傷壓力則是急性的。在這種情況下，通常是孩子涉入或目睹重大的創傷事件，例如：墜機、地震或是父母親死亡、被殺等。對於這類孩子，治療常密集進行，直到治療不再有所進展，到了那時，孩子的生活似乎是順利地向前走——孩子顯得快樂、父母親顯得滿意，而孩子的行為也可以符合正常要求。很明顯，這時的孩子已經為自己找到解決之道。在這種狀況下，似乎就可以建議結束治療，然而，孩子有時候仍會有一些創傷的議題尚未浮現，在這種情況下就必須謹慎告知父母親說孩子雖然已有明顯進展，但

仍有創傷的其他面向在目前的治療過程中尚未浮現，而一旦這些議題浮現，父母親會發現孩子出現退化行為。此時並不是說治療無效，或是必須重新開始再一次的治療，而是此孩子正嘗試以他知道的唯一方法，來表達他內在的混亂狀態。

議題會因為下列原因而再度浮現：被其他事件引發潛意識的記憶，進而惡化孩子的情緒及行為反應；或是孩子已經達到另一個發展階段。伴隨更進一步發展階段而來的是認知、動作技能、情感與道德發展，以及對世界知覺各方面的成熟。因為有著更進一步的技能，就必須要重新經驗這個議題，以便在更成熟的經驗及知識之下，達到新的接納程度。此時父母親可能會想要帶孩子重回治療，以促進舊經驗與新感受、新認知之間的和諧。

Covington（1988）描述這種重新接受治療的類型為復原的循環。Oaklander（1978）則稱之為間歇性的長期治療。不管這些名詞，在與曾經歷創傷事件的孩子或成人一起工作時，需要讓他們知道復原之前會有數次的循環過程。每當孩子達到一個新的發展階段時，他便會在另一個層次上面對這個議題。再者，發展與發展階段並不會在成人時期戲劇性的終止，所以議題仍會在成人時期週期性地出現。這並不是每次都帶來創傷，有可能只是對於某件事物感到不自在的感覺，也有可能現在的困境並非源於早先的情境。若是反應比較輕微，要用新的發展階段、新的經驗與新技能，來嶄新看待目前的混亂，可能需要一些時間及思考，但通常個案都可以獨自完成。一旦人們進入三十、四十及五十歲時，他們通常會對生活產生新的觀點。

由於復原的週期特性，因此必須讓家長及孩子知道，即使第一次的治療已經準備要結案，未來可能還會有一些議題必須處理。

喜瑟在四歲時第一次進入治療。在母親過世之後，她由祖父母取得監護。她與妹妹是目睹母親被殺的兩位證人。許多警察與社工師不斷訊問她們，試著要她們透露凶嫌的身分或是至少描述一些線索，但都無法

做到。治療一年之後，喜瑟開始接受母親已經死亡且永遠不再回來的事實，她也相當程度處理了自己對情境的憤怒、對自己無力改變事件的無助，以及她生活的巨大改變。此時，她的行為逐漸改善，並且能夠靠自己找到解決之道。

當喜瑟九歲時，祖父母將妹妹一起帶回家裡生活。此時，她開始面臨手足競爭議題，而且被迫面對她與妹妹最後相處的記憶。對她而言，這個關於失去母親的記憶再次甦醒，時間點就在其女性特質開始開展的時候。記憶以及帶來的混亂結果讓她再度回到治療中，因為她的行為再次讓祖父母擔心。這次的治療變得比較簡短，她可以在遊戲中較快玩出她的主題，而這次的治療也比較集中在主要議題而非周邊議題。

十四歲時，喜瑟開始反抗祖父母的規定或常規（一般而言，對十四歲喜愛創新與尋求獨立的孩子而言，為其設立新的標準及適度的引導是很重要的）。喜瑟拒絕被新的規範所限制，同時也反對舊有的規範。破壞規矩的行為一旦開始，就會一再出現，祖母指出喜瑟是如此不斷抗拒著長久以來祖父母所設立的規矩。治療中，治療師注視著她並很傷感地說：「她才不是媽媽！媽媽才可以設立規矩。」這女孩哭了出來，治療回到媽媽不在的議題上面。祖母努力在各方面扮演著媽媽的角色，但終究不是媽媽。

≫ 身體型疾患（Somatoform Disorders）

偶爾某個孩子被轉介到心理治療師那裡，是因為醫師檢查不出他的不適抱怨具有生理因素。最常見的抱怨是頭痛、胃痛或其他非特定的疼痛。這個疾患的一個重要特徵，就是在症狀開始之前通常有情緒壓力。遊戲治療對於這類疾患也相當有效。在遊戲治療的過程中，孩子可以進入他的幻想、找出疼痛的原因，然後透過他自己的遊戲隱喻來解決困境。

≫ 適應疾患伴隨憂鬱心情

　　兒童的適應疾患伴隨憂鬱心情指的是，孩子因環境情況而引起的情境性陰鬱或悲傷。這種悲傷、陰鬱的表現方式，包括孩子變得更退縮、對環境失去興趣，以及睡眠模式改變。通常這些孩子不會出現行動外化或要求關心，但在環境中顯得茫然失落。父母親常常就讓孩子獨自待在悲傷中，很少有父母親會尋求治療師協助說：「我想我的孩子應該要來見你，因為他太乖了。」或老師說：「這孩子就是太安靜了。」

　　當孩子從開朗、外向、對生活有熱情，轉變成無力、對日常活動提不起興趣時，大人必須特別注意。遊戲治療是幫助這些孩子探索其擔心及悲傷的極佳方式，透過遊戲，孩子可以從自己的觀點演出促發事件，然後慢慢去理解、接納自己的殘餘感覺及處境。

　　重鬱疾患與適應疾患伴隨憂鬱心情當然是不同，然而，重鬱疾患伴隨精神病特徵也可能屬於情境性的。被家庭親近成員性侵害的孩子，可能會在好幾個月的時間內逐漸出現重鬱症（Livingston, 1987）。對於受性虐待的孩子，遊戲治療師必須留意孩子是否有此疾患，也要將它與憂鬱心情及兒童期精神分裂症區分開來。

≫ 發展的議題[5]

　　接受遊戲治療的孩子有許多並沒有明顯的病理，而只是單純很努力地在適應生活所帶來的考驗。這些考驗可能屬於家庭、環境、社會或是發展性的。通常孩子會說：「你知道，我努力在長大，但是好辛苦。」或「從家中原本的老么，變成排行中間的孩子，其實並不公平。」或是「為什麼我的父親一定要娶她？」也許他們經歷了搬家，甚至只是在同一個社區裡從一個家搬到另一個家。孩子在規律的環境中成長，任何的改變（從龍捲風、颶風到

---

[5] 這些議題可能符合也可能不符合DSM-IV（APA, 1994）適應疾患或喪慟的診斷類別。

失去心愛的玩具）會為孩子帶來沮喪。遊戲治療提供孩子機會來檢視他之前所無法控制的情境，所帶來的生氣、挫折、被背叛、困惑的情緒。

當家庭裡發生死亡事件，無論是手足、父母親、祖父母甚至是寵物，均會影響孩子對新失落的調適與理解。年幼的孩子尚無對死亡概念的認知與理解（事實上，許多成人還是會對死亡及死後生活有所疑問）。孩子不明白生命器官的停止運作，進而使得個體無法維持活著的狀態。孩子努力說服著自己接受這有可能隨時發生在每個人身上的事實，包括他自己。當父母親沉溺在自己的悲憤之中，父母親會覺得孩子在危機之中表現得很好，因此忽略了也該去關心孩子的感受，或是為其安排諮商。等父母親慢慢接受失落後，換成孩子進入哀慟，並且在行為上有所改變，但此時距離死亡事件已有一段時間，因而父母親無法將孩子的行為與失落事件相聯結。

≫ 發展偏差：虐待引起的失眠；排泄疾患；飲食疾患

孩子經常出現的另一種症狀是睡眠上的困難。這與睡眠驚恐疾患不同，因為後者已有研究指出與神經系統有關（Murray, 1991；Sheldon, Spire, & Levey, 1992）。這裡指的是孩子害怕去睡覺，或是半夜醒來之後就無法再入睡，但並不是生理因素所影響。這也包含了夢魘疾患。

另一個發展偏差是腸或膀胱的控制問題。評估這些孩子時，一定要排除是否因生理因素而造成遺尿、遺糞。詢問父母親是否有家族史或是去諮詢醫生，可以有助於排除生理因素。一旦排除生理因素，遊戲治療便可以介入來幫助有此疾患的孩子。

被診斷為飲食疾患的病患常常是青少年或年輕成年女性。兒童期出現的神經性厭食症相關研究指出，大部分出現在十至十四歲孩子身上（Fossen, Knibbs, Bryant-Waugh, & Lask, 1987；Lask & Bryant-Waugh, 1992；Maloney, McGuire, Daniels, & Specker, 1989；Treasure & Thompson, 1988）。但是接受遊戲治療的族群通常是年紀更小的孩子。通常，較年輕兒童的症狀不見得會

符合神經性厭食或暴食症的診斷標準，反而只出現飲食疾患的某些症狀，或甚至只是展現某些不尋常的飲食模式。以下的情況一般被認為是兒童期的非典型飲食模式：食物逃避情緒疾患（Food Avoidance Emotional Disorder）（Higgs, Goodyer, & Birch, 1989）、廣泛拒絕症候群（Pervasive Refusal Syndrome）（Lask, Britten, Kroll, Magagna & Tranter, 1991）、選擇性飲食、食物狂熱與拒絕食物（Lask & Bryant-Waugh, 1992）。

飲食疾患至今尚未有一個清楚的病因，但似乎是遺傳、生理、人格特質與家庭因素交互作用而來，而每個人的家庭因素又不盡相同（Lask & Bryant-Waugh, 1992）。Treasure 與 Thompson 認為，前青春期的病患常因生活中的負向事件而促發，或是有較高比例的家庭及人格因素。

此類孩子的心理治療主要是家族治療。事實上，家族治療很適用，因為有許多家庭因素是促發原因。然而，遊戲治療也可加速孩子在自尊、創傷解決與因應風格的進步。

>> 失功能的家庭環境[6]

失功能家庭這個詞並非是個簡單的二分法概念：不能說一個家庭若不是失功能就是有功能，而應將失功能視為有連續性，討論時要著眼在失功能的程度。大部分的家庭都有某種程度的失功能。因此，接受遊戲治療的絕大多數孩子是來自中等到嚴重失功能程度的家庭，這些孩子試圖以自己的方法在不適應的環境下，找尋生存之道。

在這種情況下，孩子常是被外面的機構轉介而來，而且某種程度的壓力也加諸在家庭，以便促使家庭帶孩子去尋求治療。然而，常見的情況是家庭內的成人將孩子視為問題，將他帶到治療師面前要求「調整」他——基本上就是：讓這孩子更像我們一些。

---

[6] 這並不是DSM-IV（APA, 1994）的其中一個診斷類別。

七歲蘇西的父母都是律師，她的母親在參加過親師會之後，就帶她找治療師，因為老師建議父母親讓蘇西留級重讀二年級。老師認為蘇西需要治療，因為她很退縮並且拒絕做任何家庭作業，而且老師已經對蘇西束手無策。

母親讓蘇西進行每週一次的遊戲治療。蘇西在遊戲中非常拘束，非常害怕探索房間，她不停地詢問治療師要她做什麼。經過多次的再保證說她可以在遊戲室內，以她自己的方式玩她想玩的東西之後，她最後終於可以開始玩，但一開始玩得很機械式，後來才慢慢變得愈來愈有創造力。

在蘇西接受治療一個月之後，父親要求與治療師見面，並要求提供所有症狀報告、治療計畫以及預估的治療期間。之後的每個月，父親仍要求有相同的報告。

父親對於蘇西一直未達到他那完美的期望感到生氣。當老師建議留級時，父親更是確認蘇西從不遵從他的意見，而他對於她的治療目標是「讓她更像他」。

　　蘇西的例子並無法說明許多家庭的失功能程度，這只是要顯示蘇西是如何回應這整個環境，如何應對父親期望所謂的負責任行為。她不被允許像個孩子，也不被允許犯錯或粗心，她所做的每一件事，都要先預想、有目的與有計畫。

　　與來自失功能家庭的孩子一起工作時，會產生一種挫敗：質疑孩子接受個別治療相對於家族治療的療效。孩子進行一週一小時的個別治療後，回到失功能的家庭裡，這樣治療會有效嗎？在個案童年期的有限治療時間裡，一個治療師能對個案的生命產生多大的影響？

　　最近這十年來比較開放地談論兒童期的受虐經驗，也比較有研究資料出現，結果發現影響這些孩子在成人期健康功能程度的一個非常重要的因素，是在其一生當中，不管是兒童期或成年期，是否曾經有人無條件地接納他。

Moustakas（1959/1992）描述無條件的接納是「一個直接、懂得愛人、一致且認識自己的人，遇到另一個可愛、或有潛力變得可愛的孩子，兩人經過一連串深層的人性接觸互動後，等待且激發孩子的自我實現（p.ix）」如果這些失功能、受虐的孩子能有這樣的人接納，一切就會有所不同。

≫ 選擇性不語

既然遊戲治療是一種隱喻治療，孩子並不需要透過語言就能參與其中。遊戲治療提供孩子透過隱喻來對有可能是決定性原因的創傷，有一個表達的機會（Axline, 1964），亦提供一個機會來處理被遺棄的恐懼，以及社交互動上的不足感或害羞。治療師可能會發現有必要先採取家庭治療，來緩和家庭裡的虐待或暴力，也可能必須先教導父母如何促進孩子的獨立及冒險。

≫ 缺乏賦權感[7]

另一個議題是，有些成人以及幾乎所有孩子都會經歷過的，那是在孩提時候產生的一種「世上每個人都是比我大，都比我有學問，並且總是要告訴我該如何做事」的感覺。孩子試過了，但是「要把這麼多事做好，實在太困難了，因為有太多事要學了！」有時，孩子的手、手臂與腳無法依自己的意思移動，這種感覺會讓孩子認為「我不如別人」或「我達不到自己想要的樣子」，因此孩子開始質疑自我價值，並認為自己不合格且沒有力量。這類孩子對遊戲治療通常反應很好。低自尊與缺乏賦權感並不是一種疾患，但對於那些在不斷的自我檢視過程中，陷入痛苦、質疑及羞愧的個案來說，當然是一種痛苦。

艾詩莉的父母來電替七歲的艾詩莉尋求協助，因為在春季班親會時，老師認為艾詩莉應該要重讀二年級，但家裡從未發生過這樣的事情，因此

---

7 這並不是DSM-IV（APA, 1994）的其中一個診斷類別。

父母很關心該如何合宜因應。他們也很關心如何在過程中，保留艾詩莉的自尊。經過諮詢（也就是討論其女兒、討論孩子的自尊、給予文章閱讀等）之後，才開始對艾詩莉治療。

在第一次單元裡，進行初次晤談典型的問話與活動，艾詩莉整個過程中忙碌於畫畫與回答問題。

在第一次單元快結束時，治療師說：「艾詩莉，我今天讓妳很忙碌，我很謝謝妳把我要求的事都做好了。我跟妳說，下次妳來，我們就可以做任何妳想做的事。由妳來選擇。」

艾詩莉答：「好！」並離去。

第二次單元時，艾詩莉進入遊戲室，將手放在膝上坐在一旁，治療師提醒她從現在開始，她可以做她任何想做的事，治療師說：「我在這兒，不論妳想做什麼，我們就做什麼。」

艾詩莉抬頭看著治療師，用很小聲且充滿害怕的聲音說：「好！那我們應該做啥？」治療師回應：「這裡有好多事可以做，有遊戲、有畫畫工具，還有……」治療師將遊戲室裡可以使用的東西唸了一大串。

艾詩莉安靜了一會兒說：「好吧！那你想玩什麼？」

治療師再一次回應：「在這裡，我們可以做許多事，而我也很高興可以與妳做妳想做的事。」

接下來的四十五分鐘，艾詩莉與治療師靜靜的坐著，當然這不是件容易的事。每隔五分鐘治療師便會說：「哦，真的很難決定要做些什麼。」「妳還不知道該做些什麼。」或「妳只是不習慣有大人對妳說：『我們來做妳想要做的事』。」過了一陣子，治療師一直重複著上述語句而沒有動作，因此她也就安靜的坐在一旁，這真是漫長的四十五分鐘。

下週再見到艾詩莉時，他們倆還是再一次靜靜坐著。十分鐘後，艾詩莉抬頭看治療師並溫順地問：「我們可以去散步嗎？」

「當然可以！」治療師回答，於是他們就去散步了。

對艾詩莉而言，提出散步是需要很大的勇氣，因為散步並非遊戲室內的物品。經過那天的散步，治療師終於明白在那特別的一天裡，散步是最好的安排。艾詩莉大量地被鼓勵及賦權，而這也是接下來六個月的治療方向。

一旦艾詩莉在遊戲室裡變得更有勇氣來探索遊戲及玩出她的議題，賦權的脈絡就有了改變。經過春夏兩季的治療，治療師在秋天時與他的新老師有些討論。有了父母的陪伴及艾詩莉新增的信心，他們協助她有了一個好的開始。十一月時，大家都同意在聖誕節前中止治療是個好時機。在最後一次單元裡，她跳進遊戲室說：「今天我想玩遊戲、說故事、散步，還有畫畫！」那真是忙碌的一天。

≫ 認同問題

遊戲治療對於適應生活形態有困難的孩子，有著不錯的效果。對此類孩子而言，這是讓他找尋一個舒服狀態的更好、更安全、更接納的方式。對這些孩子而言，做決定是種負擔，因為他們沒有個人基礎據以做出選擇與偏好。他們缺乏一致價值、道德觀，也缺乏完整的自我感與一致的運作功能模式。當然，兒童時期也正是經歷不同運作功能模式的實驗期，然而，若孩子的原生家庭提供一致感，孩子的自我感便會類似於父母。青少年期（有時候更早）以及成年早期，正當孩子離家獨立時，這些模式便會面臨考驗。儘管如此，若孩子身旁沒有這種引導，他就沒有模範來追尋，也無法建立內在基礎。

≫ 解離性身分疾患

解離性身分疾患〔在 DSM-III-R（APA, 1987）中指的是多重人格疾患〕通常被認為始於兒童時期（Courtois,1988; Kluft, 1985）。回溯過去史來看，

許多被診斷為解離性身分疾患的成人都說，他們在四歲到六歲之間開始形成分身（Courtois, 1988）。

孩子的解離展現如下：看起來恍惚、健忘，合併有行為及功能的起伏，或是出現短暫的呆滯、放空。符合年齡的短暫解離並不視為疾患（Putnam, 1991），但若解離的程度已影響孩子的日常功能，就應該被視為疾患。遊戲治療能讓孩子或分身透過隱喻來表達自己，並且讓治療師得以協助其整合（Fagan & McMahon, 1984）。

>> 強迫疾患

遊戲治療對強迫疾患的孩子也有效，不過遊戲治療必須稍做調整，好讓孩子知道儀式在遊戲室裡並不需要。遊戲治療的氣氛是如此接納孩子，以他自己的方式來呈現其議題，因此起初孩子常會因缺乏結構性而感到困擾。然而，只要給一些時間，孩子便會因為有更多的賦權感，而能更自在地表達其隱喻。在遊戲室裡擺個沙箱，並允許孩子將沙灑得到處都是，這也是讓孩子明白治療師會接納他內在掙扎的其中一種方式。

>> 自戀型兒童

自戀型兒童喜愛成為注意焦點。有哪裡會比在遊戲治療中，更覺得自己很特別呢？然而，與這類孩子工作的一大困難是建立關係。由於這類孩子不信任他人，因此需要時間、耐心、堅持來建立關係，直到孩子覺得安全，才會在遊戲中自我揭露。在建立關係方面的其他初期困難，還包括此類孩子常會以合理化或搪塞，來正當化他所覺知到的不足或挫敗，還有他容易嫉妒或貶抑別人，以及在與人互動時會想完全掌控一切（Kenberg, 1989）。對自戀型兒童而言，要進展到心理上有安適感，可能會是一個漫長的過程。

✠ 經驗取向遊戲治療對個案疾患效果有限

單純使用經驗取向遊戲治療對下列疾患的成效相當有限。如果遊戲治療被運用於這些疾患，遊戲的形式必須做些改變。這些廣泛的疾患類別，包含了器質性或具生理病因的疾患。

≫ 智能不足

遊戲治療用在這類兒童的重點在於，處理因遲緩而引發的情緒議題。他們的社會功能固然有損害，但對於別人的羞辱或令人痛苦的言語，孩子仍會有情緒反應。遊戲治療適用於處理因社交拒絕而引發的情緒。與遊戲治療師的人際互動本來就有助於促進孩子（Leland, 1983）。若是因缺乏心理社會刺激而引起智能不足，遊戲治療則是增進孩子社會及智力功能的眾多處置方式中的一種。然而，若將遊戲治療視為提升智力功能的唯一方法，則是不切實際的想法。

≫ 廣泛性發展疾患：自閉疾患與亞斯伯格疾患

對此類孩子而言，某些遊戲治療方式是有些許成效（Bromfield,1989；Lowery, 1985）。對此類孩子並不需要特別排除使用遊戲治療的可能，但在一開始就必須瞭解這並非標準情況，當然做法也需要調整。這些孩子的想像及象徵功能（如遊戲）明顯受到影響（Dulcan & Popper, 1991）。此類疾患的孩子表現出儀式及常同行為，例如旋轉物體或擺動身體，而且一般都缺乏社交覺察（Weiner, 1982）。既然象徵性遊戲是治療師藉以研究模式及象徵，並賴以明白孩子狀態及其面臨議題的工具，因此經驗取向遊戲治療並不建議在最初的治療階段中，就運用於自閉症兒童。

≫兒童期崩解性疾患

患有此疾患的孩子，剛開始的反應可能相當類似於智能不足孩子。然而，一旦孩子失去遊戲的能力，孩子與治療師的關係便會成為對孩子最主要、甚至是唯一的助益。

≫精神分裂症：兒童期初發

雖然這些孩子的確展現有象徵性遊戲的能力，但其遊戲卻是沒有模式可尋。能區辨出遊戲中的重複主題很重要，如此才能有效地運用遊戲治療。類似於精神分裂症成人患者的離題言論及鬆散聯結，兒童精神分裂症患者也會出現離題遊戲及鬆散聯結。他們的遊戲可能會更儀式化，並出現廣泛性發展疾患兒童也會有的常同行為。兒童患者比成人患者更容易出現視幻覺（Dulcan & Popper, 1991），因此，這些兒童很難區分幻覺與現實。

有時，兒童會出現精神分裂症狀或顯得類似精神病，但實際上他們並不是。通常這些是嚴重受虐的孩子，他們用這些症狀來保護自己免於創傷之苦。這些保護機制包含有解離、記憶困難、呆滯放空、夢魘以及困惑（Einbender, 1991；Gelinas, 1983）。孩子也有可能自傷，藉著感到疼痛或阻斷失真感，而試圖從解離經驗中復原（Gil, 1993b）。因此，有必要進行完整評估，來區分是嚴重受虐的症狀，還是精神分裂症。

假如治療師是在住院環境中工作，他們可以持續對孩子進行評估，也可以區辨出他們何時處於高功能狀態（例如神智較為清明、溝通能力較佳），此時即可進行遊戲治療，因為孩子此時可以出現象徵性遊戲，而且在遊戲中也比較有模式可依循。一旦孩子有能力與其他個體進行社會及情感方面的互動，並且有現實功能，遊戲治療會更有效。儘管如此，也唯有在這個時候對這些孩子才會有效。不過這個時機的出現當然是無法事先預測，因此也很難為遊戲治療單元設立時間進度表。

≫注意力不足過動疾患

單純的經驗取向遊戲治療並不建議用於治療注意力不足過動疾患，反而是認知行為技巧比較常被運用。儘管如此，結構性或指導性遊戲治療也愈來愈常被用來治療這類疾患。

活潑的孩子常被誤診為過動（Budd, 1990）；有些孩子面臨生活變故而導致憂鬱心情，也經常會變得活躍並出現行動外化而非疲累，因而被診斷為注意力不足過動疾患。然而，如果孩子真的是過動並且已在服藥，有時也會出現對立性反抗疾患，此時遊戲治療就可以發揮效用。當然，對這類孩子的遊戲治療並無法改變其生理因素所引起的過動，但可以協助孩子處理其情緒掙扎。

≫反應性依附疾患

許多兒童治療師的兒童病患中，有一定的比例是屬於反應性依附疾患。假如孩子在嬰兒期之後才開始呈現依附疾患的症狀，他常會被診斷為對立性反抗疾患或認同疾患。這些孩子常因不同的原因（例如嚴重虐待、疏忽或照顧上的缺失）導致缺乏關愛。此疾患的症狀也包含有殘忍的虐待行為，而照顧者常會擔心孩子容易虐待動物或嚴重欺負年幼弟妹。

反應性依附疾患的孩子一開始都很迷人，但這種魅力卻很表淺。因為缺乏與主要照顧者的深層、親密聯結，這類孩子只會與每個人做很淺薄的聯結（Delaney, 1991）。

父母親（尤其是養父母）常談及「鄰居和朋友見到我的女兒，他們都會說『這孩子真迷人！我不相信你說的那些麻煩，真的是她惹的』。」父母（通常是母親，因為母親通常是主要照顧者）會開始質疑自己的覺察與判斷，懷疑是不是錯在自己而非孩子。此類孩子有著驚人的情緒假裝能力（counterfeit emotionality），他會尋找任何容易掌握的大人，讓他們看見他這部分的特質。

　　缺乏依附的孩子也十分善於表現被動攻擊行為，藉此來引發別人表達憤怒及暴怒。曾有一位嘗試以健康、引導的方式，來理解及回應孩子的家長如此形容孩子：「你知道的，她就是一直做出會激怒我的行為，我試著教她是非對錯，但是不論我說什麼，都是反效果。那並不是真正的爭吵，事實上，很難形容她的行為，她就只是不斷地做，直到我生氣或失控。一旦我生氣了，事實上她似乎很高興，好像這就是她要的結果，然後她就會安分幾天，再重新開始。我們就處在這樣的漩渦裡無法跳脫」。

　　這些孩子也有是非判斷的缺陷。與他們說理一點效果都沒有，因為他們沒有罪惡感與道德觀；他們善於投射與否認，因此在他們心中，事情出錯都是因為別人所造成。

　　對反應性依附疾患孩子特別重要的是，進行完整的初次晤談。許多孩子在過去都經驗過某種形式的分離，有些甚至是被遺棄然後被領養。有些則是出生後便一直待在醫院，一直經歷許多不同的護士照顧，因此不易發展出對單一照顧者的正常依附。也或許是孩子的母親生病，需要住院療養一段時間。不論發生何事，一旦孩子長時間經歷到分離，特別是在出生至一歲這段時間，那就很有可能在日後發展出反應性依附疾患。

　　這些孩子將他人視為需求滿足的提供者，但他們無法在關係上有所回報，因為他們缺乏對他人的同理心，也因為他們內心脆弱所引發的焦慮，此類孩子展現的許多症狀十分類似於成人的邊緣性人格，因此也曾被稱為兒童期的邊緣性人格（Bemporad, Smith, Hanson, & Cicchetti, 1982; Lofgren, Bemporad, King, Lindem, & O'Driscoll, 1991; Petti & Vela, 1990; Wenning, 1990）。由於類似邊緣性人格症候群，以及目前已有證據顯示器質因素對此症的影響，此症候群已被歸類為體質性疾患。假如只出現上述症候群，過去史也很類似前面所提及的，而且沒有器質因素的干擾，那遊戲治療也只有在跟孩子工作的後段期間，才會對這些孩子有所幫助──在他們願意放棄對自己及他人的僵化控制之後。

第 **2** 章

玩具：遊戲治療師的工具

✖ 兒童如何藉由玩具表達自己

過去二十五年來，為了確定兒童遊戲中的隱喻、主題、風格、轉換以及方向，我們觀看、分析及批評過數百小時的遊戲治療單元。在許多的玩具中，兒童可能會固定挑選某幾種，藉此能清楚發現某幾種玩具可能對特定的孩子有特殊的意義。例如：當一位兒童選擇飛機時，他可能是有逃離的潛在需求、想與他人保持距離，或是想確認自己可以很快離開。因此，也可以說遊戲治療中的玩具並非隨機選取，而是充當需要或缺陷的象徵性呈現。

在遊戲治療中，玩具的運用可以有不同形式（例如幻想遊戲、藝術工作、治療性故事或是沙遊）。假想有位兒童看到父親毆打母親，他生命中兩位重要的人有了衝突，因為兒童無法直接談論這件事，他可能就會畫一朵大雲跟一朵小雲，而大雲有隆隆聲並發出閃電，所發出的閃電打到小朵的雲，並留下多處焦黑，而因感受到閃電所帶來的痛楚，小朵的雲也開始下雨。表面上看來兒童是在講下雨，但實際上兒童述說著他在重要關係中，所感受到的痛苦。因現實可能太痛苦了，令他不知所措，所以必須跳脫出現實，才能以治療性的方式來檢視他。在兒童可以藉由雲朵來表達所感受的痛苦後，他或許就可以使用其他物品，如在車禍中的車子或卡車，或是以動物如公牛與母牛來代表父母，再來就是以人物造型來代表父母，最後就是直接談論自己的父母。一位兒童可能需經歷每一個階段，最後才能談論事件——前提是要他們願意。假如他們跳過某個階段或受到驚嚇，他們就可能會退回一個或兩個階段。

瞭解兒童在治療中的遊戲表現，類似於做羅夏克墨跡投射測驗的記分（Rorschach, 1921/1942），在其中治療師對回應的品質做一些觀察。最高品質的反應是人與人之間的互動，其他依序就是動物、物品、昆蟲，再來就是景色等。之後可能是身體部位、肢解部位，或滴血部分等等。換句話說，看兒童的反應距離人際互動或最高品質的反應有多遠，就可以推測兒童所感受

到的痛苦。也就是說，若有兒童畫肢解部位、血滴，或是透過 X 光看到骨頭，我們可以推測兒童感到相當痛苦，因為除非正值萬聖節前夕，要不然兒童鮮少畫這類圖。若重複畫這類的圖，兒童通常是在表達他們的痛苦程度。

治療師不該跟兒童詮釋圖畫所代表的涵義（Miller & Boe, 1990）。假如他們將它帶入現實，我們也應該跟隨著他們所要去的方向。假如兒童只想用隱喻來描述及解決，治療師也務必配合而不去解釋隱喻。在兒童尚未準備好時，若添加過多的內容到遊戲中，可能會再次傷害兒童。過去認為治療師愈能夠將遊戲帶到現實，就愈能夠帶來好的結果，但 Milton H. Erickson 發現，單單透過隱喻而不知道內容，也可以解決兒童的困擾（Haley, 1973）。由於兒童是玩出創傷經驗，因此說出創傷細節對兒童並不重要，重要的是讓兒童瞭解情境並化解痛苦，而兒童可藉由遊戲達到此目的。假如兒童之後想將這些事講出來，治療師再協助即可。

本章提供了一些兒童在遊戲治療中常選擇玩具的可能詮釋，但這些詮釋只是提供參考，而非絕對如此，可以提供治療師作為假設的方向。一旦兒童的遊戲展開而主題變得愈來愈清楚，很多的假設可以被排除，只留下一個或少數幾個假設在其他遊戲單元中確認。在討論這些可能的詮釋之前，有必要提到幾項準則以及某些實務指引。

�֎ 遊戲治療室中的玩具準則

≫ 玩具必須乾淨

在遊戲室中的玩具之首要準則，就是對兒童及治療師而言都必須安全及乾淨。例如：有個奶瓶被一位兒童放進嘴巴後，對其他人就不衛生了，所以此奶瓶必須被完整的清洗，放進密封袋後，才能再放在治療室中。其實只要被拿出密封袋，奶瓶就該被拿出治療室，並放入乾淨的奶瓶，所以應該多準

備幾個奶瓶以備不時之需。

另一個例子是服裝常有的假髮，假如某個兒童有頭蝨，此蝨子可由假髮當媒介而影響下一位兒童，所以假髮需定期檢查，看看是否需要拿出遊戲室做清潔工作。

還有，沙箱對遊戲室是個很重要的部分，但不可以直接從後院挖沙來放，最好的沙子是經過淨化的沙子。另外，若是兒童打噴嚏或咳嗽而污染了沙子，沙子也需要更換。

≫ 玩具必須屬於關係導向

玩具應該要能促進兒童與治療師的關係，同時引起並處理兒童人際關係的議題。任何可以引發互動的玩具都符合準則，例如球、電話、劍，以及玩偶等。

≫ 能代表兒童現實生活的玩具

治療室中需要有能以隱喻及現實的方式，重新演出生活事件的玩具，例如房屋、人以及車子等等，這些玩具都代表著日常生活中的一部分（Landreth, 1987）。還有，這些玩具應該要容易操作。但是大的玩具未必就比較好，大小跟使用價值不一定有關係，因為兒童個子比較小，選擇玩具時需考慮到適合兒童大小的玩具。

≫ 能引發投射性遊戲的玩具

有如之前所說，從很多玩具中，兒童會選擇對他有特別意義的玩具，這是玩具很重要的主題之一，也就是玩具會對兒童引發一種投射性的拉力，而兒童接下來就可以對這個拉力產生一種象徵性的聯結。某些玩具對一些兒童引發情緒反應，而其他兒童可能需要其他玩具才會有特定反應。既然無法確定什麼玩具能引發什麼樣的反應，玩具的種類就該多樣化。基於同樣道理，

也不該有太過流行的玩具，因為兒童可能會透過卡通、電視或電影，而對玩具有先入為主的觀念。

≫ 能讓兒童進入幻想遊戲的玩具

玩具不應該過於真實到讓兒童無法進入幻想遊戲中，因為他們會被迫去專注於玩具所呈現的真實性（Esman, 1983）。一個很好的例子就是橡膠蛇，假如擺在地上讓較小的兒童無法辨別出真實性時，這可能會引發兒童的焦慮，也讓兒童失去對這個玩具的賦權感；比較好的選擇是挑選布做的、看起來比較友善的蛇。但有時候兒童會想要有嚇人的蛇，所以可能兩種玩具蛇都需要，一種看似真蛇，另一種則是很明顯的玩具蛇。兒童知道他們要的是什麼，也能忽視不需要的玩具，他們會選擇自己想用的玩具。然而，若是治療師只能有一種玩具蛇，就選比較友善的那種。

≫ 能鼓勵兒童做決定的玩具

能鼓勵兒童解決問題、做決定、改變以及結束的玩具，在遊戲室中很重要，樂高或是玩具工具都是很好的選擇。拼圖或競賽遊戲也具有這些功能，可以適合兒童的不同發展階段。有時候模型玩具也能有此功能。

≫ 能讓兒童創造的玩具

兒童的創造力時常讓我們感到驚奇，他們對經驗的知覺，再加上他們的創造力以及經驗，往往能創造出乎意料的事情。曾有位老師評估他的學生「能力有限……能做的也有限」，但在遊戲治療室中，他展現出驚人的創造力及想像力，連他的老師都感到意外。因為在遊戲室中的良好氣氛是教室所欠缺的，所以他的老師就忽略了他的潛力。當兒童接觸沙、黏土或水彩時，他就有無限的可能，就連紙板都可能引發具有創造力的想像。

≫ 兒童想拿他們自己的玩具進入遊戲治療時該怎麼辦

　　每當兒童要求從家中帶自己的玩具進入治療室時，同樣的安全及衛生準則還是適用。當然，一旦兒童真的帶來了玩具，治療師也必須確認此玩具對兒童的象徵意義。

　　有位被父親遺棄、跟母親同住的五歲兒童，在一次治療中，他從家中帶來了一個全副武裝的戰士玩具，治療師的第一印象是「哇！一定發生了什麼事」。

　　在結束後，治療師找母親問：「他的生活有些不對勁，怎麼了？」

　　母親表示：「我最近跟一個人同居……」

　　治療師也很快的告訴母親：「你的孩子並不喜歡這樣，他對這種情況感到很不自在，所以他相當有警戒心，妳想這是怎麼回事呢？」

　　母親表示只知道孩子感到不自在。在採納治療師的建議，在下週間某次不預期的時間回家，發現新男友性侵害她的孩子。

　　因為這孩子可以帶著他的玩具進到單元中，也就促使了這個歷程。兒童本能地知道他需要什麼，才能在過程中幫助自己。

≫ 兒童想帶他們的寵物進入治療室該怎麼辦

　　由於寵物是兒童的延伸，所以必須給予兒童將寵物帶入治療室的自由[1]，事實上，他們可能帶任何一種寵物，不光是貓狗，也有人會帶螃蟹或蛇。最好帶寵物進到治療室的時間是治療的最後十分鐘，大多數治療師會希望家長能先照顧著寵物，直到合適的時間再讓寵物進到治療室。假如太早讓寵物進到治療室，通常兒童都會想跟寵物玩，他們會過度專注在寵物，而失去了遊

---

[1] 根據寵物治療的遊戲治療哲學是由 Levinson 所發展（1962, 1964, 1965）。

戲機會。

既然寵物是兒童的延伸，治療師務必要看重他們的寵物——就算是蛇也一樣。在畫家族圖譜時，治療師應該把寵物也納入，因為兒童會因此感覺受到尊重。

玩具使用的實務指引

>> 購買玩具

很多玩具在跳蚤市場可以買得到，但相對上要花上更多的時間。也有機構只收購新的玩具，在價格上也明顯貴很多。有些玩具必須先買，這些也被記錄在附錄A，其他的可以日後再買。

>> 等待室中的玩具

放在等待室的玩具最好能讓兒童安靜的玩，同時能有活化他們的內在過程。例如有水的玩具，在裡面可以讓附屬物件移來移去，這能讓兒童觸及意識之外的感受；或是藉由有磁性的金屬片來建構各種形狀。這些玩具可以帶出建造或重建的隱喻，以及活化兒童的內在過程。

有種玩具是鐵絲上有珠珠，這對年齡較小的兒童是很好的玩具，因為這珠子可以移動，此代表著可以改變。在圖畫中找出隱藏物品的雜誌，可以讓兒童打開雜誌並且尋找某些東西，這又再一次是兒童內在過程的隱喻。即使畫冊略有結構性，它也是適用同樣的原則——讓兒童可以安靜的去從事創造工作。

>> 在遊戲室中展示玩具

將玩具展示在架子上是相當有效的方式。假如兒童正在遊戲的重要過程，而且想要加入某些玩具，此時若要花時間去找某些玩具，就會浪費太多

精力。所以不要將玩具都丟在盒子裡，放在盒子裡不只難找，有時不同象徵意義的玩具放在一起，可能會影響兒童遊戲的焦點。玩具要放在固定的位置，兒童才可以輕易的找出來。有些治療師喜歡把滋養性的玩具放在一區，攻擊性的玩具放在一區，怎麼擺可由治療師決定，但應該放在遊戲室中固定的位置。

≫ 塑膠或金屬材質

不論是塑膠或是金屬玩具，都各有優缺點。雖然塑膠比金屬容易毀壞，但假如兒童以傷害性的方式玩，塑膠玩具所造成的傷害比較沒那麼大。物理的準則仍適用：飛向治療師的金屬汽車絕對比塑膠汽車更有力。

≫ 更新玩具

不管是單純遊戲或是遊戲治療，玩具都可能被玩壞或耗損，所以遊戲室中的玩具最好不是讓治療師感到最心愛的玩具，如此一旦玩具壞掉，治療師才不會太心疼。玩具是治療的工具，也會不斷的被使用，所以常用的玩具最好有備用的。事實上，治療室中最常用的玩具最好有兩、三個，甚是四個備用玩具。

當玩具在治療中壞掉，就算有備用玩具，還是不要馬上拿出來使用，這是提供治療師觀察兒童處理失去玩具的一個機會。不過，在下一次治療之前就要更新玩具，要不然兒童可能會感到過多的焦慮或失落情緒。一個好辦法是在該次治療結束後馬上更新玩具，如此一來在下次治療一開始，治療師就可以跟兒童說：「我找到了一個玩具，跟你喜歡的那個很像，我把它帶來了，所以你今天就可以玩了。」

所更換的玩具不一定要一模一樣，雖然有些兒童會期待如此，也會因不同而感到焦慮。假如這種事真的發生，而且很顯然這個玩具對該兒童的治療相當重要，治療師就應該想辦法找到儘可能接近原來破掉的那個玩具。

≫ 合乎生理結構的娃娃

合乎生理結構的娃娃是工具也是玩具，治療室放這種娃娃有其必要。假如兒童需要藉由娃娃來作為幻想遊戲的一部分，他們應該可以被容許這麼做，但只要讓兒童知道娃娃在哪裡，不用強迫他們玩。

≫ 玩具、動物及環境的象徵意義

以下說明一些常見的玩具及其象徵意義，包括了動物及環境（更完整的解釋可見附錄 B、C 以及 D）。同樣地，這些只是一些可能性，僅提供大家做參考，不應該當作絕對如此，可以提供治療師作為假設的方向。一旦兒童的遊戲展開而主題變得愈來愈清楚，很多的假設可以被排除，只留下一個或少數幾個假設在其他遊戲單元中確認。在每一個單元結束後，對治療師有幫助的做法是寫下兒童用得最多的五樣玩具，隨後治療師可以看看這些玩具的詮釋意義，並檢視是否有類似的主題。藉此可能可以察覺個案在關係中感到憤怒，或是覺得受輕視，或是害怕受到傷害。治療師最好也要記住這些詮釋，以便當這些主題正在展開的時候可以留意到。

≫ 飛機

飛機代表逃離的需要、與議題的疏離、逃離的速度、離開某個有壓力議題的自由、關於離開某個議題的安全感、被保護免於受到加害人影響，或是正在尋找某種東西。飛機所帶來的距離感能讓兒童感到自己好像受到保護。

假如有位兒童讓飛機飛過放在地上的卡車，在飛過的同時丟下炸彈，之後馬上飛離。由於此兒童不只需要距離及安全感，也需要表達他的憤怒，因此他選擇了飛機。假如兒童可以直接面對當事人，他玩的方式也會有所不同，飛機可能直接撞卡車或是讓兩輛卡車相撞，或是將飛機停在陸地上，然後讓兩個人形物件出來爭執或談判──這都表達出了兒童需要多少距離，才會覺得安全。

用飛機攻擊代表兒童需要保持距離才會感到安全，而讓兩個人形物件爭執或談判，則表示兒童以個人層次做溝通時，覺得比較有賦權感。治療師必須肯定兒童想要保持距離的需要，也不要太早指認出兒童所選的人物（如母親、校園流氓或加害人），而要先等兒童準備好。一開始最好只先說：「飛機將炸彈丟到車上」就好，或是「飛機很氣汽車」。若兒童還沒準備好，治療師最多只能這樣解讀。

≫ 動物

野生動物代表侵略性、恐懼、生存、權力或力量的主題。舉例來說，有時候大熊、狼、獅子，或任何有牙齒的動物如鱷魚，有可能代表對兒童的加害人；相反的，家畜經常代表了保護、家庭、關係、脆弱、順從、依賴，或是其他較私人的主題。不管這些主題是透過玩偶或塑膠人形物件等玩具玩出來，或是透過演出、繪畫或談話等方式表達出來，這些象徵意義基本上是一樣的。

≫ 藝術作品

藝術創作是個具有隱喻性治療效果的形式，假如兒童在遊戲中遇到瓶頸，治療師可以溫和地引導遊戲，建議說：「我們來畫圖好不好？我們可以畫……怪獸？」。所謂的指導性遊戲，其實是給兒童一個方向，而若兒童有足夠的能量而且兒童本身也想去，那他就會往那個方向走。不過，直接拿一張紙要兒童畫一個人，可能會使某些兒童感到害怕而無法畫出來，因為兒童面對核心問題還需要一些距離，在這種情況下，兒童需要明確的結構及安全的關係，之後才能遵從這類指令。當兒童在治療關係中有足夠的安全感，他們就可以透過藝術的運用而進入更深的層次，並且將能量加以運作，卻同時保持在隱喻的層次中。

≫ 奶瓶

奶瓶象徵了以下的主題：退化到發展的更早階段；渴望照顧；出現在第一個發展階段的口腔期，此階段的兒童會將每件東西都放進嘴裡，因應議題，這其中的意義是給予兒童一種釋放，以及幫助他從圍繞在議題周邊的壓力中逃開；兒童需要他人或其他物品來滿足安全感的那種依賴；家中有新嬰孩或是想當嬰兒被照顧等議題；與家中手足有麻煩（有可能是家中有新嬰孩）；遺尿議題，因為從奶瓶噴水出來可以代表尿尿。

奶瓶是在遊戲治療中最常用的玩具，也有各種不同的使用方式，例如：某位兒童可能會先玩出某個場景，然後跑去拿起奶瓶便開始吸吮，用以表達出他們在經歷創傷時的發展階段。兒童不是透過看時鐘而知道時間，他們是透過經驗而知道時間，換句話說，兒童會將發展階段直接跟創傷事件聯結在一起，並藉以表達出創傷事件的歷史及持續期間。

創傷的內容及發展階段會在兒童的遊戲中混雜出現，舉例來說，有時候兒童可能會拿著奶瓶，演出類似被遺棄的情境，然後說：「我希望當初可以被這樣對待。」通常，兒童將遊戲帶入的那個脈絡，傳達了創傷事件發生時的發展階段，以及兒童想要接受到的照顧方式。

奶瓶也可能代表性器官，例如：兒童會拿奶瓶當陽具把水噴在沙上。它們被使用的另一個方式是，表達出兒童在面對創傷事件時被安慰的需要。

≫ 球

球是遊戲治療室中最基本的玩具之一，也是讓兒童可以跟他人（例如治療師）有互動的玩具。球讓兒童透過跟治療師保持距離而維持安全感；球也可以協助治療師與兒童建立信任。例如：當治療師盡力將球準確地傳回給兒童時，治療師也就清楚的傳達自己對兒童保持一致而且可以被信任，也絕對不會玩弄把戲。因為兒童的肌肉發展仍不成熟，他們所丟的球可能會到

處跑，有時候他們也用球來跟治療師比賽，並藉由比賽來獲得賦權感（也就是，他們會藉由勝利來獲得賦權感）。

在遊戲治療一開始的幾個單元中，藉由玩球可以獲得許多有關兒童的重要資訊。因為球可以使用任何方式丟向治療師，因此球也可以用來表達兒童的世界像是什麼樣子，這也是兒童進入遊戲室後最早想要表達的狀況之一。例如：一位跟治療師玩傳球的兒童，用很不尊重治療師的方式丟球，這就反映出他所遭受的對待。治療師通常會有一種相對應的感覺，這種感覺正是兒童在遭受那種對待時的感覺。兒童想表達的不光是他們的經驗，還有他們對經驗的感受。因此，當治療師以一種尊重的方式將球傳回去的時候，可以這樣告訴兒童：「我盡我所能，但是我不知道球會從哪裡來，我還是會儘量傳直一點。」在隱喻上，這樣的遊戲及陳述是在告訴兒童：「我知道有時候有人傷害你，應該很嚇人吧，但你在這裡很安全，在這裡每件事都可以預測得到。我明白別人做了一些事讓你受到傷害，而你感到難過，也感到很無助。」

這類表達在第一個遊戲治療單元很常見。在遊戲治療中，就是治療師與兒童之間的關係最具有療效（Landreth, 1993a）。在頭幾個治療單元中，兒童必須知道治療師是個怎麼樣的人。對兒童而言，治療師跟其他人一樣，是個陌生人，所以治療師應尊重兒童，要陪著他們，肯定他們所講的話，並確認他們的感受，讓他們感受到你對他們的態度是「是的！的確，你的感覺很對，對於你在生活中所經驗到的事，我以你告訴我的方式接納它」。兒童都會被這種支持及溫暖所吸引。

球也可以被拿來評估兒童與治療師之間的關係。舉例來說，有些兒童會很投入創傷遊戲中，卻突然停止然後想要玩丟球。基本上，這是在表示出停止的需要，並觀察治療師是否仍會尊重他們。「治療師可以信任嗎？」「我仍然受到肯定嗎？」「治療師是否還願意照顧我？」在兒童覺得足夠安全而可以回到他們的遊戲之前，這類疑惑可能還會出現兩、三個治療單元。治療

師與兒童的關係必須相當穩固，兒童才會感覺足夠安全，且有能力面對他們的創傷。

≫ 望遠鏡

望遠鏡象徵兒童可以隨心所欲看他們想看的事，不管要看近或看遠，決定權都在他們身上。通常在頭幾個治療單元中，兒童在打量治療師時，都會使用望遠鏡，似乎在表示：「你會成為我想要你成為的那個人嗎？」有些兒童甚至會從反方向用望遠鏡看，就像是在說：「我要跟你保持距離。」

望遠鏡也可以用來監視，治療師可藉此來評估兒童感到安全或是受到威脅。有些兒童可能會用望遠鏡東張西望，並說：「我要到處看看有沒有老虎，要隨時注意，老虎可能隨時跳出來咬人。」

望遠鏡也可能代表兒童正在尋找某些東西，可能是可以愛他的人、失去的童年，或是他的認同。此外，它也可能代表親密感，因為它可以讓他正在尋找的東西變得更近。有時候，若是兒童開始看他自己的身體部位或是代表自己的玩具，望遠鏡也可能代表自我檢視。

這是另一種常見於頭幾個治療單元的玩具。舉例來說，兒童可能會在遊戲室中看來看去，檢視各種玩具，然後拿起望遠鏡。接下來他透過望遠鏡看看屋內所有東西，然後停下來看著治療師，好像在說：「我不太認識你，我要仔細看看你，我要看你是怎麼樣的人，你在這邊會做什麼，然後我才能知道你可不可靠。」

兒童也有可能會從反方向用望遠鏡看，掃描著屋子，然後停在治療師身上。在這個時候治療師可以說：「我現在看起來比較小也比較遠，不論大小或是遠近你都能控制，感覺應該還不錯吧，我在這裡會儘量配合你。」其實治療師也在表達「在我們的關係中你很重要，我會留意到你，也會讓你知道我會以你想要的方式陪伴你。」

≫毛毯

毛毯提供兒童退化到過去的方法，因為它讓兒童可以如同嬰孩或幼兒般地使用毛毯。當兒童感到不安全而退化回去那個階段時，他可能是在渴望安慰及安全。被性侵害的兒童可能會拿毛毯包裹身體，當作是保護身體的方式。它也可能表示兒童努力在建立界限，而在兒童的想像中，那個界限是加害者無法侵害的。

≫積木

積木提供兒童建造強而有力的防衛。舉例來說，兒童可藉由建造圍牆而塑造界限，也可以讓兒童用來建構以有助於他的幻想遊戲。積木也可以提供封閉的地方，像是堡壘可以將他守護在裡面，因而建立安全感。積木也可以當作障礙物，以便保護一個物件不會撞到另一個物件，甚至可以保護兒童免於受到障礙物另一邊所發生戰爭遊戲的干擾。在這種情況下，兒童就不會感到脆弱，因為積木組成的障礙物能帶給他保護。

有些家長會給兒童許多不通人情的規範，假如以這種方式來使用，積木就成為兒童僵化生活的抽象表徵。然而，除非重複出現，否則治療師不應判斷兒童運用積木來象徵僵化。

雖然木製積木也可以，但泡棉積木會更好，因為泡棉積木讓兒童可以更投入遊戲中。舉例來說，當兒童想摧毀之前所建造的房屋或圍牆時，泡棉積木比較不會傷害兒童，所以兒童能更投入遊戲中，而身體的投入意味著兒童正在朝核心議題前進，因此治療師必須能夠提供安全的環境，讓兒童得以這麼做。泡棉積木可以讓兒童安全地踩、踢打、滾動以及丟向空中，而不必擔心會受傷。

≫書本

書本可以提供兒童方法來發現自己正在掙扎的議題。書本中的某個主題

可能就代表兒童過去的創傷、現在的處境，或是對將來的擔心。書中所描述的狀況有可能就是兒童的環境或情緒經驗，但卻是他們心中不能夠講出來的秘密。若是兒童選擇的書本中包含有主角的日記，有可能就是這種情況。

　　書本可以幫助兒童建立認同。舉例來說，他們可能因為認同書中某個人物，而想要重複聽某個或某段故事，而在聽的時候，兒童也會認同故事中人物的特質，以便讓自己擁有同樣特質來處理他的問題。光從兒童重複選擇想要聽故事的書本，他其實就在對治療師傳達相當重要的資訊。當然，書本也是兒童學習的來源。

　　兒童也可能用書本來象徵過去與某人共讀這本書的特別時光，或者書裡的故事具有特別的情緒意義。通常來說，若兒童收藏一本書並且保存得很好，書中通常是有著某些事件的秘密或日記。對他們來說，它是真實的故事，正如他們在遊戲中所保留的一樣。他們有完全的掌控，只有他們可以閱讀，因此只有他們知道這個故事。此外，書本也可以當作說隱喻故事的範本（進一步討論請參考第八章）。

≫盒子

　　盒子有助於讓兒童隱藏東西，如此一來，它就代表了一個秘密，也就是不為人知的某個東西。盒子也給了兒童建立界限的方式，提供他們包容情緒或象徵他們掙扎的處所。在幻想遊戲中，盒子可能代表要送給某人的禮物，也可能象徵他自己。舉例來說，兒童可能非常細心照顧盒子，甚至將盒子放在隱密或太陽可以保暖的地方。兒童也有可能將平常的物品放進盒子裡，而提高物品的價值，似乎意味著「這裡面的東西對我很有價值，但別人看不到」。很明顯的是盒子或盒子內的物品對兒童有其意義，但若兒童不說出來，其意義可能都很模糊。

　　盒子可以象徵一種信念。當兒童認為某件事是真的，但沒有人相信的時候，這種情況就會出現。接下來兒童就會將信念放在盒子裡，並將它當成一

種重要的東西來守護著，只有在他確認治療師會相信他的時候，兒童才會讓它出來。當兒童的信念被某個人接納，那是對兒童信念的接納，因此也是對兒童本身的接納。同樣地，有時兒童會把他們的尊嚴放進盒子裡，直到確認可以獲得接納之後，才會讓它出來。

　　通常在第一個治療單元中，兒童有種內在驅力去表達他在治療中究竟想往哪裡去。遭受性侵害的兒童特別會想在第一個單元中，表達有某些事情發生在他身上，但因還沒建立信任的關係，他們無法說出事件的內容，因為那太令人害怕了。兒童常常會找到一個盒子，放某個東西在盒子裡，然後轉向治療師說：「在盒子裡有我的一個秘密，你不知道是什麼。」

　　他們以這種方式在表達：「我可以控制這個事件」，他們知道盒子裡有什麼，也可以自己選擇透露的時間點，它屬於他們。當他們得到尊嚴、主控及力量之後，他們才會有所表達。治療師也務必要瞭解，兒童會以他們的步調及方式揭露事情。

　　治療室中也該有讓兒童可以躲藏的地方，然後他們就可以躲起來表達「在這個盒子裡有一個秘密」，或者兒童可以在頭上蓋一件毯子，然後說「你看不到我，我要告訴你一件事」。透過這樣的方式，想要指出兒童在治療中要往哪裡去的內在驅力，就得以獲得表達。

≫ 壞掉的玩具

　　遊戲室中有壞掉的玩具，可以讓治療師觀察兒童怎麼處理不完美的事物。舉例來說，假如兒童一看到壞掉的玩具就丟一邊，他可能是在表達每次他一做錯事，他就感覺好像被丟在一旁；假如兒童拾起壞掉的玩具玩，或者使用其他玩具來彌補壞掉的部分，就顯示兒童有足夠的心理資源——創造力及自尊——能夠使用替代物品，並且對改變感到自在。壞掉的玩具也可以用來發現兒童如何面對改變，例如當一個玩具在上次玩的時候還完整，這次卻發現它壞掉了，治療師就可以觀察兒童的反應。

有時候壞掉的玩具代表了兒童自己。舉例來說，假如兒童被虐待，他們就感到自己「壞掉了」，於是壞掉的玩具就代表了兒童對自己的感受。兒童可能藉由玩具來告訴治療師，他們如何看待自己及自尊。同樣地，壞掉的玩具也可以象徵兒童內心正在掙扎的議題。

　　壞掉的玩具可能會讓兒童感到失落，這可能讓他想到過去壞掉或失落的心愛物品，也有可能代表他生命中的某種失落，例如天真。此外，當兒童被玩具壞掉的部分所吸引，這可能發展出雙重意義，除了發現玩具壞掉的部分背後有其象徵意義之外，選擇該特定玩具的背後可能也有其象徵意義。

≫ 照相機

　　照相機提供兒童記憶的具體例證。當他們假裝在照相時，也就是說，他們想記住當時的狀況，也可說是想要有什麼可以證明他們對某些經歷的記憶或知覺，而相片正有此功能。玩照相機對兒童也代表一種證明或確認，因為照片就在證明某件事情真的發生過，照片代表了真實，也是證明某件事為真的證據。它也可以代表事情如何被改變。換句話說，照片提供了事件的相關資訊。

　　比利是位小男孩，有次他去找他的媽媽，他跟媽媽說，他曾被爸爸性侵害。雖然爸爸很快的否認，媽媽還是相信比利，也通報相關單位，不過爸爸還是繼續否認。醫師在檢查比利之後，也沒發現明顯證據，不過媽媽還是選擇離婚，並帶兒童進入遊戲治療。

　　在一開始的探索階段之後，比利將燈關掉，拿著照相機跟手電筒，隨後他拿起醫師包，把裡面的東西都拿出來，將所有值錢的東西放進去，包括假紙錢、假銅板、棋子及紙卡，然後將包包放在角落，說：「你去那邊做藥來賣！」

　　治療師也就照兒童的話做，假裝在做藥，比利也馬上拿起手電筒對治療

師閃來閃去，同時又拿起照相機對治療師拍了一張照片，然後說：「我
要你現在拿藥到那裡賣……」接下來，他又將這個過程拍了一張照片。

在這個點上，兒童正在對治療師透露一些有關他被侵害的線索——發生
的事情是一個秘密，而且發生在晚上。

當所有的藥都賣完，而錢也收到了之後，他說：「把錢攤開來，放在桌
上。」治療師配合比利的指令。在用手電筒對治療師閃照著的同時，他
說：「看著我，你正要睡著了。」
治療師也照著做，比利就將錢鋪在治療師的頭上跟肩膀上，也放了一些
在腰間、口袋、衣袖，以及鞋子裡，治療師整個人都被塞滿了錢。

當比利在放這些錢的時候，他投入了許多的情感，因此重要性不言可
喻，但治療師仍不知其隱喻的意義。

隨後比利叫治療師看著他，並拿著手電筒閃照著治療師，又以最快的速
度一直拿相機拍著治療師。
這時的情況變得明朗，他正在表達的其實是所有的證據都在的這個事
實。治療師說：「我沒辦法再騙下去了，你有我做壞事的證據了。」比
利則一邊微笑，一邊點頭。
當時治療師必須讓比利知道他是被相信的，而建立了這個關係之後，治
療才能更進一步。他剛剛已經透露了侵害何時及如何發生，治療師也持
續扮演加害者的角色，然後讓比利捉到、關起來，並且被懲罰。

比利的情形提供一個很好的例子，讓我們看到當別人不相信兒童的口語
表達時，兒童怎麼使用照相機來讓別人相信情況真的發生。

≫ 服裝

在遊戲治療室中最好有各種服裝，如醫療人員、叢林人物、吸血鬼、救火員、警察、天使、英雄人物、太空人、海盜、機器人、牛仔、鬼魂、軍人或巫婆等等，不過有時候不可能每一種都有，而對治療師來講，至少要兩種，就是成年男人及女人的服裝。有時候治療師可能需要穿上相反性別的服裝，藉由如此才能演出加害者的行為。當兩種衣服都有了，治療師就可以配合兒童的需要。

≫ 恐龍

恐龍代表了過去，也就可能代表兒童過去的生活。兒童可以透過遊戲來重演發生在過去的情境。恐龍也代表了力量，牠們是掠食者，會令人害怕；也可能意味著死亡，因為牠們已絕種了，所以兒童若有害怕死亡的問題，就有可能會玩玩具恐龍。

恐龍也可能引出兒童內心的衝突議題。恐龍可以表示兒童的環境中充滿衝突，他必須掙扎地求生存，這種情況下，兒童有可能用恐龍來玩出他生活中發生的真實衝突。

當兒童正經歷重要親人的死亡時，他們也常選擇恐龍，這也是說，他們感到非常難過，似乎心也跟著死了。

在跟校方聯繫後，作者跟某位專教行為不當或學習障礙孩童的特教老師討論，他很想讓兒童瞭解「隱喻」，如此他才能更有效率地教他們。在作者與老師有良好的討論後，作者有機會見見這些學生，作者也讓這些兒童圍著圓圈坐著，而老師則坐在一旁觀察。作者問他們許多問題，例如：「你離開學校後要做什麼？」「你長大要做什麼？」「你有寵物嗎？」「可不可以告訴我，有關你寵物的事？」「你怎麼照顧你的寵物？」

有位小女生説：「我離開學校後要當考古學家！」

作者説：「哇！那真的很有趣噢，考古學家所做的事情有哪些吸引妳？」

小女生説：「嗯，他們可以挖出老骨頭，看以前發生什麼事。」

作者説：「嗯，那是他們的工作沒有錯」，作者沒有再多説什麼，因為作者大概明白兒童的困擾了。在所有兒童都講完後，作者就讓兒童們離開。他請所有的老師一起來想，討論有什麼方法讓他們可以跟兒童建立關係，以及引發他們的動機。當提到想當考古學家的小女孩時，作者就問是否有人對她的回應感到驚訝，結果大家都異口同聲地感到相當意外及不瞭解。作者就問説最近小女孩是否有重要的親人過世，這時每個人都出現不敢相信的表情，最後，終於有人説小女孩的父親約五個月前自殺身亡了。

作者解釋説，小女孩根本不知道她父親發生什麼事，所以小女孩想當考古學家，挖出骨頭以便知道他發生什麼事情。她經歷了這個經驗，但她不明白也不能接受，她希望有人可以聆聽她的感受，讓她有機會整理這一切，好讓她可以明白到底發生什麼事。

>> 醫師包

醫師包裡面的玩具包括血壓器、針筒、聽診器以及溫度計。

血壓器　若兒童玩血壓器，他可能是在檢視內在議題，例如憤怒、平靜、心智狀態、內在感受或改變的需要。就像溫度計一樣，它可以用來看兒童是否在生氣，或經驗到比表面更多的情緒。

聽診器　聽診器可以用來評估內在狀態，內在包括孩子的功能性器官或

內在感受。聽診器是醫師包或醫療包中最常用的工具之一，是用來檢驗體內的情形，例如兒童的情緒，而這些情緒可能沒與任何人透露過或表現出來。在兒童感到安全而讓治療師知道所有細節之前，兒童一開始可能只會讓治療師知道這些情緒的確存在而已。

此玩具也代表瞭解在關係中的內在感受（例如親密），也象徵開放以及對治療師感覺更親近，或是兒童想確認他在檢查的這個人，內在是否有好的事情發生。

有時候兒童會先聽自己體內的聲音，之後再拿去治療師那邊如法炮製。兒童這麼做是為了評估治療師的情緒狀態——「你能聽到我內心的聲音嗎？」。

針筒　對兒童來說，針筒帶來的是疼痛，所以有可能代表了兒童感到的身體疼痛、被侵害或害怕。

雖然大人都會跟兒童說打針或是做侵犯性的醫療檢查是為了他們好，不過兒童的感受通常不是正面的，他們所記得的是疼痛跟害怕。

有很多時候針筒代表著身體或性侵害。舉例來說，兒童可能會說：「你該打針」，同時又說：「你不會想要也不會喜歡打針」，在這個例子裡，兒童是在表達他在這個立場時所感受的情緒。到了遊戲過程的後期，在兒童面對了他的痛苦及議題之後，他可能會運用較多標準的醫療方式，並說：「嗯，你必須打這隻針，這會讓你好過些。」

溫度計　跟聽診器很像，溫度計反映出內在狀態，不過可能有其他的意思，例如：溫度高可能就代表兒童在生活中面對了一個有很多情緒（例如生氣或熱情）的人。基本上，兒童的態度是「哇！你一定是很害怕這個人」。相反的，溫度低則有冰冷、被限制，或是僵硬的意思，因此表示兒童目前很小心、很猶豫，或是不知所措。此外，溫度計也可能代表生病、需要協助、

危機或者需要改變等等。

　　醫師包總結　這些玩具都象徵了療癒或修復，也可能象徵了療癒的力量或有力量的人，或是他們渴望從傷痛中得到療癒。尤其是對於經驗到危機或創傷的兒童，醫師包裡的玩具就代表生命與死亡。

　　這些玩具可以代表正向的改變，但也可能被視為別人所施加的侵入及痛苦，而成為負面的象徵。不少被性侵犯的兒童，在遊戲治療中所玩出的場景透露，在被性侵犯之後由醫師檢查時所經歷的痛苦，跟性侵害帶來的痛苦差不多。即使醫師已經儘量保持和善及溫柔，這種類型的檢查都會是一種痛苦的經驗。

　　在玩醫師包的時候，也可能出現身體意象主題，舉例來說，醫師可能會提到身體的哪些部位很健康，而哪些部位不健康。

　　許多抱怨身體不適（如頭痛、肚子痛、或其他部位疼痛）的兒童，也可能會玩醫師包，藉此表達「我把痛苦囤積在身體中的某處，就是那裡了」。他們也經常會專注在有疼痛的某些特定部位，最常見的是心臟，藉此來表達內在的狀態。

　　在某次訓練工作坊中，有對母子自願進到治療中，他們的治療師叫作包柏，一開始包柏跟家長談了三十分鐘之後才跟兒童談。母親與包柏一起進入第一個單元，而在坐了十到十五分鐘之後，母親說：「我真的沒辦法跟你相處，之前那個把我打得很慘的人也叫作包柏，而你也叫作包柏，這讓我真的無法專注在我們所要進行的事情！」

　　包柏很快的回應說：「不過妳應該知道，妳不該接受這種待遇，而且雖然我的名字也叫包柏，但我的名字『包柏』比那個人的名字溫柔很多。」

　　在現實上，此回答絕對沒有意義，但對右腦而言，它切斷左腦的訊息，

於是在九十秒內她便能專注談論她的兒子,而當整個初次晤談結束時,母親再次向兒子介紹治療師,並跟兒子說:「他叫包柏,你可以去跟他玩。」

兒子很快地感受到母親態度的改變,她現在允許他跟治療師玩,雖然治療師是男的,又叫包柏,但他人不錯。兒童進到遊戲室中,拿起軟球就跟治療師玩傳接,一直到單元結束。當包柏告知他剩下五分鐘,兒童很快的就拿起聽診器,掛在脖子上,然後繼續玩傳接球。在單元結束時,包柏說:「你知道我們今天的時間已經到了,我這次有機會跟你一起玩,我覺得很好。」

小男孩把球放在櫃子,把聽診器戴上,聽著包柏的胸口,說:「你心臟的位置很正確。」然後他將聽診器放下擺好,就離開遊戲室了。

一開始母親調適她對包柏的態度,並將這改變傳給兒子,於是兒子也改變對包柏的觀感。這位治療師在對待這對母子方面做得相當好。

醫師包最主要的三項功能分別為:(1)有助於更深入地認識一個人;(2)評估痛苦;(3)展現療癒。通常展現的方式都是透過緊急事件,如意外事件或中槍,這都代表著身體的許多內在疼痛,尤其是被身體或性侵害過的兒童更是如此。

在治療的頭幾次單元中,醫師包裡的玩具可能是被兒童用來傳達「你能聽到我的感覺嗎?你能夠用我表達的那種方式來體會我的問題嗎?」它也可能代表逐漸瞭解治療師以及關係的建立。到了治療過程的後期,在兒童修通他們的議題之後,常會玩健康檢查,以此來顯示他們內在感覺的好轉。

≫娃娃

當兒童在玩娃娃時,很清楚的可以看出他們的幻想遊戲,象徵他們自己以及所經歷的處境。舉例來說,娃娃可能表示認同、手足爭寵、競爭的感

覺、對他人的親密感覺，或是對父母的依賴等議題。

　　兒童也可能會使用娃娃來作為退化的工具，他們可能會拿出一個娃娃，然後用像兩、三歲幼兒的方式來玩它，這顯示出他們正在經驗到那個退化階段。因此，治療室中應該具備從嬰兒時期到兒童期的娃娃，以便讓兒童用來呈現不同的發展階段。

≫ 娃娃屋

　　娃娃屋可以重現兒童家中的環境，藉此遊戲治療師就可以觀察到兒童對他家庭的知覺、家人互動情形，或是在家庭中所傳達出來的一些微妙態度。

　　吉米因過度注意天氣而被帶來治療，他住在常遭遇龍捲風的區域，感到焦慮並有些強迫行為。家長說從起床到上學，以及放學到睡覺之間，吉米都會不停的調著收音機，聽著所有的氣象報告，而且他認為在外面時會有龍捲風出現並殺死他，所以在路上他都會緊緊跟著另外一個人。因此，當他上學離家，他就會趕緊找人跟，而因為跟得太近，他人總是以疑惑的眼神看他。假如跟的人去不同方向，吉米就會趕緊找下一個人。當接近學校時，吉米就會氣喘噓噓的盡全力衝進去，也只有到了室內吉米才能放心。

　　在遊戲治療中，吉米會把娃娃屋排的整整齊齊，而多少受到龍捲風經驗的影響，他會大力搖著房屋，把所有排好的傢俱都弄亂，並摧毀房屋內的裝飾。在遊戲中（也就是龍捲風中）電話響起，他拿起電話胡亂說著：「嘰嘰喳喳」，再大力掛電話，並繼續搖著房屋。他在一次治療中總會重複個三、四次。

　　在某次遊戲單元中，當龍捲風在摧毀房屋時，他又跑去接電話，並說：「嘰嘰喳喳，好啦，媽」，他才用力掛電話，這是第一次出現他正在處理他母親嘮叨行為的線索。

吉米花了很多時間在整理房屋，這就像母親很刻意的將家中每件事都整理得整整齊齊，這刻意整理就是母親的強迫行為，而吉米會打亂這種強迫性，所以母親常因此生氣並對吉米大吼。母親有時又會利用罪惡感及羞愧感來管教吉米，不讓吉米當個七歲的小孩，而是要吉米跟她一樣，各方面都很完美。

之後在治療中發現，有一次吉米的父母帶吉米去被龍捲風摧殘的一個城鎮，看著看著他們就說：「你看，假如你不聽話，上帝就是會這樣修理你！」這是家長用來控制吉米的方式。吉米當然無法達到母親的要求，更無法達到完美，漸漸的他在與母親關係中感到羞愧、拒絕及遺棄，也開始擔心隨時會被龍捲風殺死。

>> 人形塑像

家庭人形塑像　玩家庭人形塑像可以讓治療師知道兒童對家庭或情境中權威及權力的知覺（例如誰擁有權力以及如何運用）；家庭內滋養如何出現；是否家中可能有加害者而有人需要適當保護；是否有依賴或競爭關係；兒童的各種關係如何運作以及這些關係的狀態；關係中的安全感程度如何；兒童在家中感覺到的接納或排斥；以及整體的家庭動力。換句話說，玩人形塑像所呈現的直接跟兒童對人際關係的知覺有關。

男性人形塑像　跟以上所提相似，這類玩具可以讓治療師看出父親、兄弟、叔叔、舅舅、老師、男保母，或任何男性的相關議題，也能看出兒童所學習到的模範。

女性人形塑像　就像上面家庭人形塑像所提到，這類玩具讓治療師看出母親、姐妹、阿姨、姑姑、老師、女保母，或任何女性的相關議題，以及兒

童所學習到的模範。

女孩人形塑像　女孩人形塑像可能代表兒童自己、姊妹、保母，或朋友。兒童也能用它來玩出認同、意象、同儕關係，以及人際互動等議題。

男孩人形塑像　男孩人形塑像可能代表兒童自己、兄弟、保母，或朋友。兒童也能用它來玩出認同、意象、同儕關係，以及人際互動等議題。

嬰兒人形塑像　玩嬰兒人形塑像可能表示兒童渴望被照顧或退化；它也可以被用來玩出過去的議題或是競爭及手足爭寵議題。

≫ 手指畫

若是兒童很喜歡手指畫，他想要表達的可能不是畫中所隱含的意思，而是他喜歡這種接觸，或是他在尋求參與、安全感或退化。他可能是試著在傳達他所經歷的事情對他的情緒衝擊。

通常喜歡手指畫的兒童都是觸覺取向，他們喜歡碰觸他們的掙扎。他們可能對自己的碰觸渴望有內在衝突，因此他們就選擇手指畫來當作是接近議題的方式。相反的，比較焦慮或是害怕關係的兒童，就會避免手指畫。這類的碰觸可能會讓他們想起被別人以不適當方式碰觸的經驗，或是他們對碰觸本身過度敏感，對他們來說，手指畫的感覺可能讓他們有不舒服的聯想。在治療過程中，對這類兒童的治療目標可能是讓他們在做手指畫時，可以覺得自在舒適。

手指畫的其他相關議題主要是與兩歲發展階段的糞便及塗便有關的議題。整體來說，選擇手指畫的兒童偏好觸覺，也渴望身體接觸。

≫ 手電筒

　　兒童玩手電筒可能代表兒童需要有掌控感,想要尋找、搜索或觀察;它也可能代表神秘、害怕或依賴;它也可能代表兒童認為自己是領導者,而手電筒就是他們拿來指示別人的工具。(請參考燈光)

≫ 競賽遊戲

　　雖然競賽遊戲都相當具結構性,但在遊玩過程中仍能提供有關兒童的重要訊息,它能顯示出兒童在生活中經驗到的結構及控制,或是他們想要有的控制;兒童對競爭的態度;兒童的賦權程度(也就是,他們是否有足夠的自信心與他人競爭?);他們如何處理成功及失敗經驗;他們的配合度如何;兒童是否要求治療師解釋規則,或者是急著只想要玩;或者兒童是否可以與人合作。兒童是否抗拒遊戲的結果,而隨自己意思改變規則?改變規則不一定都是負面,有時候可能是兒童在表達創意,希望以不同的方式來玩。競賽遊戲也可以反映兒童對自己能力的看法,假如兒童覺得自己沒有能力,那他參與的意願會低一些,而真正去參與時也較容易放棄,這也是觀察兒童自尊的重要資料。

　　兒童將常藉由競賽遊戲來顯示世界如何面對他們。假如當治療師快贏得比賽時,兒童突然改變規定以便取得勝利的機會,兒童就是在表達出「我必須搞亂我的世界,才有一絲機會」。他們會改變規則以便能經驗到正面的結果。這在遊戲治療中也沒什麼錯,因為在這類治療中規則並不重要。兒童在遊戲治療中無法欺騙。或許一開始競賽遊戲是有規則,但跟兒童的滿足需求比起來,這些規則就失去其意義了。

　　兒童必須能自由地表達自己的需求。假如兒童在生活中感受到被欺騙,他的遊戲就會包含有欺騙,這反映出他所體驗的世界。因此,遊戲室中的氣氛應該要讓兒童感到安全以及容許他們表達需求及渴望。所有的玩具及競賽

遊戲的主要目標，就是要幫助兒童表達他們的需求。

　　偶爾兒童會讓競賽遊戲的規則變得讓他很容易贏得勝利，也藉此表達他們覺得在外在世界中感受到自己很沒有個人力量。也有時候，兒童在玩競賽遊戲時會讓治療師每次都贏得勝利，這類反應經常出自於來自失功能的酗酒家庭中的兒童，因為在那種家庭的氣氛中，他們常都必須充當照顧者，而將自己的需求放在最後。他們也害怕會讓大人生氣，因為那可能會使自己受傷。他們在身體上或情緒上都可能被傷害過。

　　這些兒童可能習慣於照顧家中成人，因此也無法感受到自己的情緒。一旦他們在遊戲治療中仍然保持這種方式，因而太害怕而無法冒險做別的事情時，有時候治療師必須在遊戲的框架中主動建議不同的方式。舉例來說，治療師可以說：「我們來試新的玩法好了，我們來轉換角色，你當我，我來當你。」在換角色之後，治療師可說：「你知道嗎，我希望你可以快樂，因為假如你生氣我就會很緊張，所以我必須確保你受到照顧，我贏不重要，你贏比較重要。」即使在肯定階段已經成功地建立信任關係，這種介入也只能在吻合兒童的遊戲脈絡，而又要鼓勵兒童冒險嘗試踏出安全堡壘時偶爾使用。在提供指導建議時，必須給兒童拒絕的機會。

　　以這種態度對兒童溝通，可以讓兒童自由地開始一些保護自己免於受到別人情緒所干擾的遊戲。在這樣的情況下，很重要的是幫助兒童感覺到個人的賦權感，但是做的方式又必須讓他與照顧者維持某種安全距離。儘管如此，他仍必須判斷每個陌生人及每個陌生情境的安全程度。這種對待的最後結果就是，兒童可以開始將能量放在僅僅當一個兒童，並且明白問題的來源不是自己，而是大人。

　　傑生是一個年輕男孩，由父親帶來治療，父親表示與他生母離婚，生母帶著他去住在別州，而他的哥哥跟姊姊則留著跟爸爸住。

　　在某個夏天，傑生要來拜訪，傑生的哥哥當時是二十二歲，去機場接

他，在路上傑生的哥哥就發現傑生跟他最後一次看到時的感覺不太一樣，他直接就問傑生：「你怎麼了？」

傑生：「我沒事啊！」

不過傑生的哥哥還是堅持：「傑生，一定有發生什麼事，到底是什麼事？」

傑生：「沒有啊，我真的不知道你在講什麼。」

傑生的哥哥直接把車停在路邊，並且說：「不！傑生，告訴我到底怎麼了！」

直到這樣傑生才開始說，他的媽媽跟一位卡車司機住在一起，六月暑假開始時，此司機就說要帶他出去旅行，而他以為這會是一個探險旅程，於是就答應了。之後他幾乎都被限制在卡車裡，直到開學前旅行結束。兒童可能受到的任何侵害他都遇到了，司機不但性侵害他，甚至將槍放進他的口中或拿刀架著他。當司機把車停下來吃飯時，傑生就被綁在車裡，連食物也要由司機分給他。只有在深夜，卡車停在偏僻的地方，因四周無人又相當漆黑，他才能出來透透空氣及上廁所。

當他打電話回去跟母親聯繫時，此司機也會在一旁監聽，所以他只能說一切都過得很好，希望能再到別的地方兜風，而母親不疑有他，也允許他們繼續旅遊。母親絲毫不知道司機多次以傑生及母親的生命恐嚇傑生，因此傑生的暑假就在這種情況下度過。

再來的暑假傑生來找哥哥跟姊姊，只有二十二歲且沒有任何心理相關訓練的哥哥，就是第一位發現異狀的人。

聽完之後，哥哥就說：「這不該發生在你身上，並不是因為你做錯什麼事才讓此事情發生，不過我們一定要告訴別人，你需要有其他人的協助。」

雖然傑生並不想去，但是他哥哥還是直接帶他去兒童保護單位，傑生在那裡被再次詢問，然而在傑生痛苦地說完這一切之後，社工師表示因為

事情發生在另一州，他們並沒有任何管轄權，所以傑生必須到另一州將這些事情再說一次，此時傑生立刻強烈的表示不願意再提這些經歷。

這時候傑生的哥哥就帶傑生回去，隔天在父親、哥哥及姐姐們的鼓勵之下，傑生到另一個保護單位去。在詢問結束後，社工師就說：「你需要幫助及心理治療。」然後傑生跟他的爸爸就被轉介到受害者協助中心，也有了三位治療師的名字。

傑生初次到遊戲室時看起來相當害怕，對他來說，遊戲室看起來就像是大卡車的駕駛臺。因為他跟一個陌生人處在陌生的環境裡，這次差別只是跟不同的陌生人——治療師在一起，因此他開始經驗到之前在卡車裡面所經歷過的害怕。治療師一下子就注意到此情形，他就跟傑生說：「傑生，我知道有很多人問過你所經歷的事，不過我要你知道，我不會問你類似的那些問題，我今天只想認識你。」他們花了整個單元的時間參觀遊戲室，並且互相介紹。當治療結束，傑生正要步出遊戲室時看到大富翁，並且說：「我最喜歡大富翁了，我們可以玩嗎？」

治療師回答：「當然可以啊！你下次來的時候就可以玩了。」

下次單元一開始，治療師說：「傑生，我還記得你上次說想玩大富翁，你現在還想玩嗎？」

傑生回答說：「當然啊！」

大富翁也立即被拿出來玩，傑生跟治療師輪流丟骰子，移動著物件。傑生再次拿著骰子時說：「沒有人知道在大卡車裡的狀況有多恐怖。」他慢慢說出他的經歷，而在他感到太焦慮無法繼續說下去時，他就又開始擲骰子玩大富翁，然後等治療師擲過骰子後，他又握著骰子說：「在裡面最痛苦的是……」他又開始說著他的經歷，而在情緒激動時又開始玩。在談話及遊戲的交替中，他掌控著治療的過程。隨著大富翁的物件移動到不同的都市及州別，這也好像隱喻著傑生被帶著在不同地方旅行的經驗。而且，他所選的物件剛好是賽車，是一種交通工具。大富翁讓

他能再次演出之前的經歷，但這一次他能擁有控制及安全。

由於傑生有過卡車上的經驗，或許有人會以為傑生會選擇玩卡車或汽車來玩出他的創傷，但傑生並沒有，他選擇了大富翁。此遊戲有金錢交換的味道，這代表著價值。之前的大卡車旅行奪走了他的價值及尊嚴，而大富翁讓他創造出一種隱喻，讓他能照他的方法來修通自己的議題。每個兒童在選擇隱喻時都有其獨特之處。在第一次競賽遊戲時，治療師並不明白傑生正在進行一個旅行，同時玩出一個議題。然而，每當玩過一次遊戲，它都不會僅僅是遊戲，其中都往往有生活的象徵意味。由於治療師相信兒童有主導治療方向的能力，因此他給了兒童足夠的遊戲及玩具選擇，讓兒童可以設計出他自己的隱喻。兒童都很有能力可以利用玩具來創造出符合其需求的隱喻。

≫ 梳妝器具

若兒童玩梳妝器具（如梳子、鏡子，以及口紅等等……），他們其實在表達他們的自我形象及自我概念，以及渴望被認同、照顧及滋養的想法。若兒童花很多時間玩梳妝器具，再加上其他的指標，這就可能有性別認同掙扎或性侵害的警訊。在治療的最後階段中，若是兒童很適當地使用這些玩具，那就意味著兒童認同或肯定自己的自我形象。

≫ 槍

槍枝讓兒童有機會表達心中的憤怒、暴力、敵意、對力量的需求，以及對控制的需求。槍也可能顯示被侵犯的感覺，就像被子彈打到一樣，呈現出對兒童身體上的疼痛以及情緒上的衝擊。這種痛苦可以象徵出曾被身體虐待或性侵害。

槍也能透露出兒童對死亡的看法，以及提供他們所需的界限或保護，例如有些兒童會拿著槍說：「不准靠近，再來我就射你！」有些兒童會將槍一

直帶在身邊，表示他們很需要安全感。有些兒童會拿槍射東西來製造死亡，以協助他們處理死亡的內心議題。

　　有很多家長不喜歡他們的孩子玩槍，但只要把槍的意涵解釋給家長聽，他們就比較能接受了。在遊戲室中以及在治療師的監督下玩槍，那就會跟單純模仿電視上看到的暴力那種玩法不一樣。在遊戲室中，治療師會協助兒童化解與槍枝有關的任何議題，只要議題已經透過遊戲而獲得化解，槍就不再是該兒童的必要工具了。接下來即使兒童在遊戲室外涉入與槍有關的議題，他們的態度也不一樣了。

　　假如跟家長解釋過，家長仍無法接受兒童玩槍，這意味著有衝突，而此浮現在家長與治療師之間的衝突，很有可能跟兒童正在掙扎的議題有關。既然家長也是治療計畫的一部分，家長的配合就非常重要，假如家長跟治療師之間關於用槍的衝突沒有解決，整個治療過程都會被影響，效果也就會打折扣。

　　當兒童進入幻想遊戲，在潛意識裡他們知道創傷經驗不該發生，所以必須讓兒童能自由選擇他們所創造的方法來透過遊戲回到那個情境中，以便重新得回賦權、控制及尊嚴——任何方法都該被接受，就算是玩槍或罵髒話都可以。假如這種情況不被允許，他們可能會重複玩出攻擊性，但這最終只是預演生活式的遊戲，甚至會導致虐待他們自己的孩子或配偶，或是回到暴力的模式中。所以更好的方法是讓兒童在遊戲室中玩槍，以便引出他們的投射，然後再運用槍來處理內在議題，而不是把解決的工具拿掉。不讓兒童在遊戲治療中玩槍，就好像在對兒童說：「你無法面對這個事件所引發的情緒。」儘管如此，就算遊戲室中沒槍，兒童通常還是創造出一隻槍或類似的東西，例如放一把火將所有東西都摧毀。事實上，很難禁止兒童在受到侵犯之後表達痛苦，也很難抑制那隨後而來的巨大能量。

>> 鑰匙

鑰匙可以揭露有關兒童基於自身保護所需的包容方面訊息，也就是：

我需要包容對我的這種威脅，而我的辦法就是把這些鎖起來，這讓我有
控制感，因為這樣我就能設立界限，而沒有人能夠來傷害我！

界限議題通常包括讓兒童不想失控的某件事情得到包容，或是讓兒童不
想包容的某個人被隔離在外。此外，鑰匙也有可能代表他們無法去到某個地
方等。

通常鑰匙代表讓某件事物遠離兒童，但也可能是通往秘密或寶藏的鑰
匙，或是表示開啟一個新的經驗領域。再次提醒，對於想要何時或如何面對
被鎖住門後的事物，或是何時想要揭露秘密，兒童都擁有控制權。

>> 餐盤

兒童在玩餐盤時，也就向治療師透露出兒童在家裡的狀況，像是家中的
環境及照顧，所以也能看出兒童是否被冷落，也能看出家中一些的關係，例
如誰煮飯、誰買菜，以及吃飯時的情況。準備食物並將食物放上餐桌，也有
情緒上的支持，準備食物可能相當可靠、平靜，也有良好的溝通，或是完全
相反。既然兒童很多問題都與被照顧的情形相關，廚具玩具可以提供很好的
媒介。

照顧上的問題常常跟食物相關，兒童沒被好好照顧時，所玩的食物就會
有壞掉、臭掉、噁心或有毒，有時候兒童會說吃大便，一邊演時還會罵治療
師，其實兒童傳達不光是感受到不當照顧，更有情緒上的傷害。

當兒童有良好的照顧，他們對食物的看法也就正面許多，或說甜、好
吃，或喜歡吃，常有熱狗或漢堡等食物。最好的就是喝下午茶，兒童自己準

備自己想吃的，通常在治療後段常會有類似的表現。

≫刀子

刀子提供兒童處理他們心中侵略性的機會，所以也是個有效的工具，他們藉此展現力量，與保護及自衛的能力，或是他們受到侵害的感受。

> 三歲半的妮可在第一次的治療中發現了一隻泰迪熊，她立刻拿起，並緊緊抱著，很明顯的泰迪熊成為她的一部分，照顧泰迪熊一段時間後，妮可把泰迪熊放下，她到黑板前拿一些粉筆灰，並把粉筆灰灑在泰迪熊的肚子上，此粉末代表了在她肚子上的精液。在那時候，妮可有點解離，她臉色凝重拿起刀子，不停的刺著泰迪熊，代表著她被性侵時的痛苦，這些事在一開始的十五分鐘就發生了。

假如兒童不花時間與治療師建立關係，而直接進入創傷遊戲，很有可能創傷事件正在進行中，這是兒童對外界求救的方式，因為他們所感受到的疼痛遠遠大過建立關係的需要。假如目前沒有任何創傷事件，一般的兒童都會先建立關係。

≫燈光

燈光可以代表著力量及控制，假如兒童掌控著燈光，他就會感到很有能力，因為他可以控制燈光。所以在遊戲室裡，應讓他們有可以自由的玩著燈光，以及開關燈的時間。

燈光也可能跟兒童的秘密有關，在關燈時玩的遊戲不一定是透露秘密，有時候只是兒童需要藉此再仔細的檢驗所發生的事，有時候兒童不敢直接在治療師前透露出自己的狀況，在黑暗比較敢表露出來，在遊戲時可能會更激動，而黑暗又是一種否認，所以在黑暗中可以表現，但燈一開，就否認發生

過的事。

燈關起來就像是夜晚，常常會有兒童就演出被性侵的過程，燈關後所透露的事就是兒童在房間的事，因為是在自家房間，很可能跟亂倫有關。有時候最好有手電筒，因為手電筒也可提供某種秘密事件掌控的感覺。

≫ 魔法棒／水晶球

魔法棒提供兒童有能力的機會，當他感到無助的時候，他能靠魔法棒獲得力量，可以嘗試去做些改變。在幻想時，兒童可以達成他們的夢想，也就能看出兒童對未來的期待，常見的就是兒童會拿著魔法棒，演出他們的期待，他們會很明顯的表示出他們想要什麼改變，但他們不會直接說出對現況有什麼不滿，兒童可能會拿著魔法棒說：「有魔法火車載我去奶奶家，那是最好的一個地方！」兒童是在說想住奶奶家，而不想住在自己家，假如說火車路途不順或是毀損，兒童就有可能傳達他的現況，以及想搬離家的困難。

≫ 模型車、飛機等等

不論兒童願意或不願意做模型，都能讓治療師瞭解兒童的專注度、一致性、動機、堅持度、執行有目標的行為、要被認同的需要，以及想完成工作的態度，所以在兒童做模型時，治療師就可以藉此鼓勵兒童，增進其成就感。做模型在治療中很少見，但八到十一歲之間的兒童，在輕鬆或課業相關的治療時較為常見。

≫ 錢與金幣

對需要成就感的兒童來說，金錢或錢幣可能代表著掌控感、力量、安全感、失落，或是被欺騙的感受。兒童玩金錢的方式，可能透露有關自尊及自我價值感。兒童可能覺得自己相當特別卻沒人珍惜，他很可能就會把錢都藏起來，之後由治療師或是自己再把金錢找出來，意味著終於有人發現到他的

獨特之處，因為治療師發現到兒童的獨特之處，所以此兒童可能會不斷嘗試藏錢，希望治療師找出來，傳達只有治療師能看到兒童的獨特之處。

有如前面所講的，金錢可能代表權力，當兒童掌控金錢，他們就掌控所有的權力。金錢的使用也能看出兒童面對事件的狀態，在事件的當下，兒童使用的方式可能較為激烈，過後則較為平淡或接近一般的狀態，例如用錢來買一般的日常生活用品。

≫ 怪獸玩具

怪獸玩具不光代表加害者，這也能代表兒童的恐懼、不安的感受、夢想、暴力傾向、關係中的衝突，以及想報復的心理。當兒童對加害者或有困難相處的人，有無法說出或是指認的感受時，怪獸玩具通常會被使用。這類的情緒表達，多少都有點負面、困擾，以及／或恐懼，此兒童可能覺得自己無能為力，也可能是兒童在面對奇異、隱密，以及不可知的事物時，感到危險的反應。

≫ 樂器

不論哪種樂器都是兒童表達自我、溝通、創造、建立關係，或是自省的一種管道，他們演奏的方式可能是哀怨的、滿有活力的、安靜的，或是吵雜的，這都透露出兒童的情緒及態度。當兒童在困境中感到憤怒，他就不可能對樂器溫柔，反而很可能把樂器摔在地上，也有可能會用力打鼓，或是將吉他拖行發出不和諧的聲音。但兒童若感到溫暖，他所發出的音樂就是溫和及和諧的（可能會演奏「小星星」等輕柔的音樂）。因為樂器是傳達感受的工具，治療室也相當需要樂器。

≫ 漆彩

兒童很可能藉由漆彩來區隔他們與事件之間的關係，在圖畫時，他們所

描繪他們的疼痛時，可能沒有明顯內容（刻意或無意的），例如：當兒童要描述母親家暴時帶來的疼痛，圖畫中可能就沒有明顯有關被打的內容，通常漆彩讓兒童有機會表達他們從他人所感受到的需要、態度或姿態。

≫ 枕頭

一個大的枕頭在治療室中會隨著兒童的需要，以及創造力而有相當多的功能，枕頭可以提供安全感、放鬆或是負擔，也有可能代表著領土、權力、家長或是怪獸，兒童也可能讓枕頭來承受他的憤怒或沮喪。

≫ 遊戲牌卡

兒童有各種出乎意料玩遊戲牌卡的方法，這些牌卡可能代表金錢、掌控權、力量、秘密，以及任何他當時可以想到的事。兒童也可能用遊戲牌卡來建立跟治療師的關係。兒童常常都想藉由遊戲取得更多的成就感，當兒童保留某種特定的牌卡，把較普通的牌卡給治療師時，兒童可能傳達著他們想要有更多的權力及掌控感，所以很有可能把這些牌卡當金錢。他們也可能把牌卡往空中丟來丟去慶祝，或是用練習把牌卡丟向特定物品。

當潔西卡在玩撲克牌時，她似乎有某些有關男性的議題，當傑克(11)出現時，她顯得焦慮，但其他撲克牌則沒有類似的反應，而且她讓皇后(12)比國王(13)及傑克還要大，通常國王比較像父親，皇后像母親，而傑克則是哥哥，她處理有關女性在家中被忽視的議題。

常常感到憤怒的兒童一進到遊戲室就玩牌卡戰，他們在人際關係上容易有衝突，跟其他兒童比起來，他們更需要感受到勝利。有些兒童拿著牌卡就收著，除非他們願意，要不然治療師就不能碰。當他們玩遊戲時，治療師也當然會輸的很慘，這也傳達著在一般人際互動時，兒童輸得很慘的情況，這

時候治療師可以同理說：「哇！我想我沒什麼機會，我正以為我要贏的時候，我突然就輸了，而且輸得很慘，中途有贏一點，但對結果沒幫助。」當兒童聽到治療師這麼說時，他們也比較能瞭解自己的感受。

≫ 玩偶（可操控）

兒童在不同關係中的感受，都可以透過玩偶此管道來傳達，包括帶來不適的衝動。透過玩偶，個案可獲得某種程度匿名性，隱藏他們所想表達的議題或感受，這也讓治療師知道兒童傳達的方式。

通常兒童都會選擇動物玩偶如綿羊，透過他遊玩的方式，治療師應該瞭解發生什麼事情，以及兒童所認同的角色。兒童玩所認同的角色時，他玩得可能更生動或表達更親密的關係（拿著撫摸並說玩偶相當柔軟）。在兒童其他遊玩方式可能也會出現此玩偶，有時候兒童也會將玩偶放在治療師的手中，因為兒童想要治療師瞭解他，例如說，有位兒童將綿羊玩偶放在治療師手中，自己卻拿著野狼玩偶靠近，他其實想要治療師說：「這不應該發生在我身上，這讓我很害怕，這是我不想做的，這會傷害我。」

假如兒童選擇了綿羊玩偶，卻要治療師選擇別種玩偶，治療師必須非常小心，因為像大熊、野狼、獅子，或其他有牙齒的動物（如鱷魚）對兒童來講，可能就代表加害者，所以就算治療師很友善，但只要拿著野狼也會讓兒童重新感受過去經驗，而治療必須馬上停止。治療師最好能問兒童該拿哪個玩偶，假如兒童要治療師拿野狼，這就代表兒童已準備好要面對加害者了，他有足夠的自信及力量去面對，在這種情況下拿野狼玩偶就是合宜的。

假如兒童要治療師選，卻不明確表達治療師該選哪個玩偶，這種情況下就選一個與兒童所選最相近的玩偶，例如兒童若選綿羊，治療師就選小貓咪。治療師務必選擇與兒童進度相似的玩偶，才不會讓兒童感到不適，所以治療師所選的，都是合乎兒童能力所及的玩偶。

治療室中應該有各種不同的玩偶，例如人形、動物、吸血鬼、蝙蝠或蜘

蛛。不同玩偶也提供某種程度的投射，雖然不一定能找齊所有的玩偶，像是汽車的，但愈多樣化愈好，可以讓大家有不同層面的認同——如人、家畜、野生動物、昆蟲或怪獸——所以，兒童可以在不同層面來表達自己。

≫ 拼圖

透過拼圖可以看出兒童解決問題的能力、想表達自己的需要、整合的能力，以及想完成一件事的慾望。經由兒童拼圖的方式，也能看出他的自信度，還有他所學習到的問題處理方式。

> 每一次翔恩在治療中，他都會把拼圖拼好，但都留一塊沒有拼，而每次治療所留下的那一塊也都不同，他實際所表達的就是，他感到自己的生命不完整，很重要的那部分是缺少的。

≫ 沙箱

沙箱讓兒童可以創造出屬於他自己的世界，他們不但能創造也能摧毀，兒童就能展現他們的希望，與希望被摧毀的情形，所以治療師能觀察到兒童的環境，如學校、家，或鄰居，以及這些環境的改變，沙子提供一種很特別的方式，讓兒童表達他們的創意，也透露出兒童的情緒，以及對改變的感受，這是治療室中最重要的工具，也是兒童在治療中最常選的東西之一。

沙子可以提供兒童不同的感受——觸碰、質感、倒沙，或鋪平等等，比其他方式更豐富，此方式可以讓治療師知道兒童的心智功能。事實上，沙遊能呈現出兒童的情緒狀態，例如：兒童可能將沙箱的沙鋪平，在上面放一撮小沙丘，並把它壓平，如此反覆可能就顯示兒童正感到壓力。或者是兒童容易感到焦慮，這些兒童常把沙箱放滿了沙，再把上面的沙都推平並重複多次，此代表他有相當高的焦慮度，他們相當需要安靜下來，有時候有些兒童

也會因為太焦慮而無法去感受沙子的觸感。

　　棠雅，一位六歲的兒童，她的遊戲方式相當的拘束。在初次治療時，她走到沙箱邊，嘗試讓沙變得平坦。在後來幾次治療，她將彈珠藏在沙中，並要治療師從中找出，她是在找她的自我及價值感，在後幾次治療就愈來愈明顯了。

　　之後，她開始將沙往邊緣推去，治療師也刻意將一些沙灑到地上，要看兒童的反應，棠雅立即呆住，治療師馬上說：「灑點沙也沒關係，在這裡是被允許的。」

　　棠雅繼續將沙推到邊緣，但仍不會推出去，所以治療師再次將沙推到地上來觀察棠雅的反應，棠雅只是說：「喔，你把沙推到地上了。」治療師觀察到棠雅的焦慮度已降低許多。

　　在之後的幾次治療中，棠雅開始將沙推到離邊緣很近，但仍不讓沙掉到地上，治療師開始將沙推到剛好在邊緣上，治療師如此做，就是要讓棠雅知道她可以這麼做。

　　在第七次治療中，棠雅就把沙推到邊緣上，但仍不讓沙掉落，她一面推一面用手擋住沙，不讓沙掉到地上，治療師不但自己又把沙推到地上，也牽著棠雅的手把沙推到地上，棠雅就看著治療師，治療師便說：「你知道嗎？沙子是可以掉到地上的，在這裡是可以的。」

　　在下一次的治療中，棠雅就將沙推到邊緣上，並將沙推到地上，在最後一次治療中，棠雅直接把沙推到地上，她把沙都灑光了，當晚回家就告訴她母親說：「媽，我必須告訴你，爸爸一直在摸我的身體，我知道爸爸可能因此被關，所以我不想跟任何人說，但我覺得還是應該跟妳講。」

　　她本來很拘束，她需要那麼長的時間才能有足夠的勇氣，將此事情說出，沙子只是代表她嘗試安撫自己的情緒。在撫平沙子時，她是在確認

自己的狀況是否穩定，當她把彈珠藏進沙裡要治療師找出時，她是要治療師發掘她的價值，要看自己是否有足夠的價值讓治療師去尋找。當她把沙子往外推出時，就是傳達她願意嘗試開放自己，並與治療師建立關係，而她把沙推到邊緣時就是在面對內在的界線，隨後的幾次治療中，她也不斷的將沙子推到離邊緣更近，她必須學習到的是她可以變得有髒亂，當她把沙子往外丟時，她所學習到的是可以放鬆，不用太拘謹。當她經歷這一切，就感到足夠的勇氣及許可，向她母親透露她被侵犯了。在她透露這事情之前，並沒有任何的跡象，一直到她治療中的一些內容透露出一些跡象，為什麼她會那麼拘謹就不得而知了。

一個有關沙遊常見的問題是，兒童是否能將沙子往空中拋，這可能會使治療室到處都是沙子，或是跑進眼睛、頭髮，或衣服裡，這種情況就要有臨床的判斷，要考量此拋沙子的舉動帶來的傷害，是否大過將會帶來的療癒。棠雅的狀況下，她是在檢驗自己所感受到的安全感，所以界線的方面就顯得重要，在這情況下是合宜的。

≫ 大型氣球不倒翁

大型氣球不倒翁能讓治療師知道非常多有關兒童的特質，藉此看出兒童所感受到的無奈或衝突，有些兒童可能會相當粗魯，這也可能是他在生命中經歷的事情，或是他期待獲得力量及報復。有時此不倒翁可能扮演了加害者的角色，但也可能是提供安慰的角色（如：床或是可到達安全地方的船）。就像是枕頭一樣，使用方法差異可能會很大，完全要看兒童的創造力，以及他們所感受到的議題。

≫ 鯊魚

鯊魚可能代表較為殘暴的人，兒童用鯊魚來傳達他們的害怕，來代表支

配他們的人，可能是加害者，或是不當使用權力的人。

　　有個星期四的早上，兒童保護機構接收一位五歲的小女孩，她的名字叫
作克里斯汀，當她到幼稚園時她身上有許多傷，除了到處都有瘀青，她
的眼睛也因腫大而無法張開，她的鼻子、嘴以及臉頰縫了許多針，她的
父母也否認傷害她，不只母親否認，父親更說當天早上都沒發現任何異
狀，克里斯汀隨即被送到該機構來保護。

再來的星期一早上，克里斯汀去看了一位遊戲治療師，她並沒有花任何
時間去認識治療師或觀察環境（這意味傷害仍在進行中），她拿了一個
塑膠小人及一個煎鍋，拿起黏土做了十個小球放進煎鍋中，之後拿了一
隻鯊魚放在煎鍋旁，再來她拿了小人放進鯊魚的口中，讓鯊魚咬、甩，
並丟此小人，她把小球都放進鯊魚口中，到第八個時嘴巴滿了，她繼續
非常努力把剩下的硬塞進去（此努力的狀況也顯示出個案有許多的情
緒），當時球都被塞進後，她就拿了一張小床讓鯊魚躺，她不斷重複，
一直到治療師告知時間到了。

雖然社工員有詢問傷害她的人是誰，但目前為止她仍不願意回答，所以
社工員詢問治療師，治療師則告訴社工員目前克里斯汀仍無法打破此家
庭秘密，她無法讓別人知道到底發生什麼事，但從治療中的比喻、聯結
以及代表中，可以看出加害人是食量很大且常睡覺的人。

這時社工員感到相當驚訝而往後坐，她說不光是克里斯汀的媽媽約有
三百磅，而且去家訪四次，克里斯汀的媽媽都在睡覺，她之後也去面質
克里斯汀的母親，而克里斯汀的母親也坦承曾打過克里斯汀。

　　透過比喻，克里斯汀說出經歷也被聽到了，兒童常常會間接表達他們的
狀況，所以治療師務必學會聆聽這語言。

≫士兵

　　士兵讓兒童可以顯現他們所感受到的衝突、憤怒、力量、生與死之間的掙扎，以及被摧毀的害怕，此與鯊魚的使用方式略有所同。兒童也有可能利用士兵排列，來代表在團體的感受。

　　喬伊是個用鯊魚或士兵來傳達情緒傷害的男孩，他將一些士兵放在沙中，再拿著鯊魚在這些士兵頭上游著。每當鯊魚經過，喬伊就會將士兵往沙裡推，喬伊重複此動作直到所有的士兵都在沙中。其實喬伊傳達的是他感到相當痛苦，但沒有人可以瞭解他的感受，因為他把所有的感受都藏起來了，而鯊魚傳達的是他所感到的壓力。

≫空間（盒子、帳篷、房屋）

　　某些封閉的空間，可以讓兒童去隱藏、設限、接納、信任、尊重，以及表達羞愧，更能夠提供心理上的距離，這讓兒童可以控制他的存在，以及與他人的接觸。

　　讓兒童有可隱藏的空間是相當重要的，假如沒有地方可以躲，治療師可以將桌子放離牆壁一段距離，只要足夠兒童躲藏即可，所以兒童就可以藉此隔絕周遭的環境，所以沒人看到他們，他們也受到保護，在治療室放個帳篷也有類似的效果。有時候兒童會爬進小盒子裡，而且身體彎曲就像出生前的樣子，並要求在盒子上面加上蓋子。有時候被單也有類似的效果。

≫劍

　　通常劍是用來表達忿怒、自我保護、防衛以及力量，這也能讓他們有足夠的距離感來處理他們對某件事上的挫折。劍也能代表他們被干擾的生活，簡單來說，劍代表他們面對侵害、痛苦、掙扎或衝突，所採取的自我防衛。

另外，當兒童拿著劍來切身體，他們是在表達自己在不同關係中，所感受到的痛苦。

≫ 錄音機

錄音機讓兒童有機會感受到被接納，這讓他們可以感受到自己的存在。治療師也能透過錄音機來觀察兒童對人際關係的處理方式，當兒童控制著錄音機，就像手電筒一樣，都讓兒童感到有力量及掌控權。此外，錄音機也能給兒童感到一致性。

兒童喜歡聽自己的聲音，所以都很喜歡玩錄音機，這可以讓他們有存在感。有些較自卑的兒童會因為錄音機感到緊張，他們會因自卑而感到不自在，所以他們的舉動會變得格外小心。有些兒童會自己帶些輕柔的音樂，來紓解他們的情緒。錄音機也可以變成敘述家中故事的工具。

≫ 標靶

標靶可能代表他們對自己的自信心。假如兒童站得太近，就是說他想要表現的很好，也對自己能力感到不足。站得太遠，可能是代表自信心低，不覺得自己有成功的可能。

兒童玩標靶的方式，也能讓治療師知道兒童是如何設定並達成目標的。例如：兒童所設定的目標是否合乎他該有的能力？他所設定的目標是不是一定會失敗？他是否讓自己不冒任何風險？在治療時，玩標靶的方式可能會不斷改變，這也意味著兒童在適應跟調整。

兒童玩標靶時也是一種心智狀態的遊戲，他們與標靶之間的距離，意味著他們對完成事情能力的自信心。假如有兒童拿了五支飛鏢，並把它們都放在中心位置，這就意味著他害怕失敗也期望可以達到完美。有些兒童會站得非常遠，卻又連靶的邊都打不到，這常見於過動的孩子，在傳達他們對自己不抱持希望，不管怎麼做也都沒機會，所以拿到飛鏢要趕快射出。

　　治療的目標在於看兒童遊戲方式的調整或改變，一直到合適的距離，就是五支飛標中可能會有一至三支成功。這就像生活中的情況一樣，有時會成功有時會失敗，兩者都可以被接受。若有個兒童會將所有飛鏢都刺在中心點，在下一次治療中，可能就是退後一步再把飛鏢都刺在中心點，接下來的治療就會在距離上做改變，此可間接看出治療的進步或退步，最理想的就是兒童可以有實際的期待。

　　當兒童玩的方式變得適當之後，兒童可能會受他當時生活的影響，所以表現可能還是不斷會改變，所以標靶與兒童的距離，也是在告訴治療師有關兒童的日常生活。

　　通常兒童不會重複玩標靶，除非他們感到競爭性，而這競爭性意味著他們會不擇手段的去達到目標，就算是自己一個人玩，他還是會感到競爭性，這類的兒童在感受到成功之前是不會罷手的。

　　競爭性強的兒童常常會想跟治療師比賽，但總是讓兩者分數相當懸殊。例如：兒童有七百萬分，而治療師只有三十五萬分，兒童會不斷要求治療師玩，但自己必須是勝利的。

　　在進行遊戲治療時，遊戲本身最好是沒有競爭性的，所以治療師務必確保競爭性不存在，這通常要在依賴期之後，也就是兒童已經面對自己的議題了，直到治療中的成長期，兒童漸漸的會讓治療師贏幾場，這時候治療師就可以嘗試將競爭性移除。例如：治療師與兒童可以一起得分，或是兒童可以在數字後面加零之類的，如此一來，兒童還是會贏，但他漸漸的學會鼓勵治療師，協助治療師成功，所以治療就可專注在合作、支持或鼓勵等團隊精神，從競爭到合作，兒童展現出更整合及堅定的人際關係。

≫泰迪熊

　　泰迪熊被公認是可以引發安全、被照顧、溫暖以及友誼等感覺的，這也可能與內在敏感的安全感有關，而可能代表著另一個自我，一個想取得安全

感的自我。通常觸覺較敏感的兒童會選擇這個。

　　許多的兒童都會拿起泰迪熊，一邊玩一邊與泰迪熊建立關係，隨後讓一些不好的事情——令人害怕或擔憂的事情——降臨泰迪熊，不論是發生什麼事情，多半都是兒童在日常生活中所經歷的事情。

≫ 電話

　　電話在遊戲治療中是相當重要的工具，就像在日常生活中是不可或缺的一樣，這是兒童溝通的重要工具之一，同時也提供兒童足夠的距離感、安全感、掌控感以及力量。當兒童感覺到過大的心理壓力時，也能隨時抽身。

　　在探索期，五歲的安妮在治療室中走來走去，看著不同的玩具，看到電話時她馬上拿起電話大喊：「救命！救命！救命！他們把我吊起來了！」隨後大力將電話掛上，便去玩別的玩具了。治療師雖然不明白安妮的需求為何，但也立即發覺安妮明顯的求助方式，治療師也更加留意安妮所感受的痛苦及恐懼，治療師向安妮表達她聽到了呼救，而說：「嗯，聽起來是個相當重要的電話。」
　　我們可以看到安妮藉由電話可能習慣沒人接聽，用此比喻來傳達她被傷害，而卻沒有人發現，直到最近才發現她被性侵害了。

　　有些兒童會用電話來跟某些人溝通，也藉此維持距離而不受傷害。例如：有個小孩還用對講機跟他的父親講話，他想親近他的父親，但他的父親性侵害他，此電話就提供足夠的距離來保護他。

≫ 建造玩具／樂高

　　建築性的玩具，可以讓兒童展現他們如何達到目標與如何保護自己，他們在日常生活中可能沒有什麼架構，而這類玩具提供他們某種架構。此外，

當兒童在治療中感到焦慮時，類似的架構能幫助兒童穩定自己的情緒，尤其是在治療成長期時，兒童會透過這類的玩具來為治療的結束做準備。拼圖有類似的用法，在治療的尾聲，兒童會透過拼圖來傳達他們已經準備好了、他們更完整也被整合了。

當兒童想要保留他們所創造的東西，治療師最好要讓兒童知道，治療師無法確保創作作品的完整性。事實上，多半在下次治療中可能就不在了，但讓兒童知道他們可以再一次創造他們想要的東西，這樣兒童容易覺得自己有力量，而且當別的兒童破壞創作作品後，他們也有心理準備了。

有時候兒童所建造的東西無法被保存，但若在治療上，必須讓兒童離開時仍看見完整的建築，治療師可以讓兒童先行離開，自己隨後在下一個治療開始前將物品歸位。假如有被保存的必要，治療師可以選擇用照相機將景物拍下，在下次治療開始前組裝起來。

≫ 工具

工具代表了兒童的資源以及他們改變環境的機會，讓他們有機會去做決定，並從中獲得信心，這讓兒童提供改變的機會以及處理困難的機會。

常常兒童都會拿工具來修理壞掉或故障的東西，他們可能會拿起一個壞掉的玩具試著去修理，某些程度上，他們可能也在修理自己壞掉的部分，就如同用醫療工具那樣，不過醫療工具跟一般工具比起來，是比較內在及關係取向的。有些兒童需要去修理東西來取得安全感，所以當兒童選擇了一部壞掉的玩具車時，除了他們可能心理認同這部車以外，他們可能也表示無法敞開自己的內心。

≫ 環境

遊戲的背景對治療也相當重要，有時候物件的意義需要環境來突顯，環境可能代表了情緒。將情緒納入觀察，治療師能更清楚的明白治療中所表達

的觀感或內容，就像驚險的叢林跟平靜的海面就有不同的意境。透過環境，兒童表達他們的感受，治療師需要透過所有的蛛絲馬跡，來進入兒童所創造的世界。

　　銀行　銀行代表了兒童感受到的自我價值及尊嚴，他們將這些都藏在銀行中，包括他們感受到的多寡、待遇，以及誰有進入的權力。通常銀行代表只有特定人物才能進去的地方，所以只有一部分的人才能進去，因此有秘密的意思。此外，銀行也能看出兒童的家人怎麼對待他，假如銀行被打開或被搶劫導致裡面完全沒錢，這可能意味兒童感到沒自尊、安全感，以及價值感。所以說，銀行被搶就是兒童感到自尊或價值感被奪走，在被性侵的兒童身上，常會看到這樣的表現，因為他們的尊嚴被奪走了。

　　海灘　海灘代表了安全感、自由、遊玩以及稚氣。海灘充滿了一種觸覺，是個讓兒童可以跑、叫、丟沙，以及玩水的地方，兒童可以盡情在當中遊玩，兒童的手與身體都能與沙接觸，也就能讓治療師看出兒童感受到的自由度。在夢幻故事中，這可能是個去休息的安全地點，一個人可以選擇主動或被動，不用那麼正式，並也允許兒童可以更像兒童，甚至可以退化一點。

　　橋梁與河流　橋梁與河流，當兒童建造橋梁或需要跨越河流，可能意味著兒童想跨越之前不敢跨越某種限制，這常見於兒童在經歷一些改變或過渡時期，也可能是他們想離開某個地方，或是跟某個地方做聯結。可能是兒童想要去但從未去過的地方。這也可能是代表少了某些東西，當兒童感到空虛，若此空虛沒被處理，他們很難去滿足自己的需要。被性侵的兒童常常會用橋梁來連接他們的身體與情緒，如此一來，他們可以接納自己的身體，而不會被過度強烈的情緒如焦慮等所困擾。

　　遊戲時，兒童可能會假裝走在路上遇到河，就會想辦法要跨越河流，這

河流可能就代表了力量（如分隔的力量），一個旅程、界線或限制。流動的河可能代表著衝突、力量、困難、資源、力量或需要方向。假如兒童需要跨越河流，也就是一條界線必須被跨越，或是某件衝突需要被處理。有時候很難明白河流的深度及強度，是否要跨越河流可能是蠻難決定的。當然河流可能提供了方向，兒童可能想向上或向下走。同時，河流可能隔離了兒童的需要，兒童也明白無法得到此需要。

鬼屋　鬼屋可能不是遊戲室中的玩具，但兒童可以將房屋或其他物件做成有鬼的樣子，通常鬼屋代表兒童對某件秘密感到害怕，或是某種潛意識在兒童專注時就消失的事情，甚至是家中有讓兒童無法處理的事情。有時候與兒童過去模糊的記憶也有關，這通常是兒童在大家庭時，兒童去找某位親戚或朋友時，可能發生了令他害怕的事情。例如：兒童去找叔叔或阿姨時被性侵，此兒童就會說這房子是鬼屋，或是年幼時被某位家長性侵，在父母離婚後，兒童可能提起之前所住的房子為鬼屋。

鬼屋可能是尚未處理的議題，此議題仍相當困擾兒童，而想到這議題時，會讓兒童感到害怕，治療師應該想辦法讓兒童感到有能力，並讓兒童在他自己的時間將事情透露出來，假如治療師太早詢問有關鬼屋中的事情，兒童可能就會停止遊玩。

當兒童玩鬼屋時，通常在家裡都有些困擾，假如房屋裡有鬼，這鬼可能代表兒童所害怕的某人、令兒童非常害怕的事情、兒童過去的記憶，或有關報復的事情。簡單來說，有鬼的時候都比單純鬼屋，代表了更大的痛苦，或許是兒童少了什麼東西卻無法辨別出來，他們只是覺得損失了什麼，有種疑惑或不完全的感覺。

手術　當兒童玩手術時，不論是一個玩具，還是一組玩具，甚至是自創的手術工具，兒童處理的議題可能是危機、介入、侵害、活動、威脅、問題

解決、掌控、弱點或醫治，透過這類的玩具，治療師可以知道兒童想改變的意願、現在的處境，以及現在感受到疼痛的部位。手術的種類、位置以及疼痛度，都透露出兒童如何面對不同的議題。例如：心臟痛跟心臟手術是最常見的，假如是被子彈打到，有立即的疼痛，應該是近期才發生的；而心臟病應該是兒童過去發生的一些事，在兒童的記憶中慢慢累積的。

　　有時候，真的歷經手術的兒童會感到焦慮及創傷，在治療中他可能就會讓自己再次被手術，處理他之前手術的部位，藉此來處理他的創傷經驗。

　　假如兒童情緒上受到傷害而對自己的記憶沒有信心，或常被罵笨而沒有自信心，此兒童可能會進行換腦手術，或腦部相關的手術，因為這是他最沒有信心的部位。

　　彩虹　彩虹代表希望及改變。兒童可能藉此傳達知道能更好、也相信能達到目標。當兒童在圖畫中畫彩虹時，他在表達自己所感受到的希望，這跟戰爭是對比的（戰爭傳達是痛苦，而他們無法穿越此痛苦）。彩虹是正向的改變，兒童感到有能力去改變，或許處境不好，但是他們能以不同的觀點來看整件事。但是，在治療一開始看到彩虹可能是不好的，因為兒童可能試著要隱藏，假裝每件事情都很好，但他有相當強烈的痛苦，假如圖片中有彩虹跟太陽比較好。在治療的尾聲，彩虹通常都是在太陽的旁邊，代表改變已經發生了，兒童也因此感到希望。

　　要看治療室所需的玩具清單，請看附錄 A。要看玩具與其象徵意義，請看附錄 B。要看環境與其象徵意義，請看附錄 C。要看動物與其象徵，請看附錄 D。

第3章

在遊戲治療的初始晤談中評估兒童

✥ 簡介

初始晤談（intake）過程最主要的目的，是瞭解轉介原因及主述問題。當治療師由孩子和其家庭獲取資料後，有助於治療師提供相關資訊來幫助他們瞭解孩子及其問題。很重要的是，治療師與父母進行溝通，幫助他們瞭解其家庭的情形和運作方式有哪些可能影響孩子目前經驗到的困難。

透過由初始晤談獲得的資訊，就有可能找出主述症狀的病因。然而，確定疾患的病因看似容易，實則困難。無論如何，就如同以下例子所闡述，找出孩子困難的病因，對於決定如何治療有十分重要的影響。

南西是一位三歲大的孩子，當她目擊到自己的父親毆打母親後，就變得沉默不語，因此被轉介到治療師這裡。她被認為是罹患了「選擇性不語症」，治療師同意與她一起努力。然而，在第一次的單元中，治療師發現，事實上南西試著想講話，但卻有口難言。

懷疑可能是生理上的原因造成，治療師嘗試與許多社區機構接洽，並考慮是否有再轉介的必要。治療師與社區中心基金會（這種機構在大部分的社區中都有）的代表詳談，並將第一次單元的情形描述給他，顯然再轉介是必要的。基金會安排廣泛性的篩檢及檢查，結果發現南西已罹患腦瘤，因此妨礙到她的語言功能。

✥ 第一次會面

≫ 與父母單獨會談

第一次晤談的進行最好由治療師與父母單獨進行，不要有孩子在場。通

常父母都有不願意在孩子面前討論的事情。這樣做可以避免讓孩子獨自留在等待室的困擾，也可以避免父母一方面與治療師溝通，另一方面又要顧慮孩子在場，而使談話內容多有限制。第一次晤談時如果孩子在場，將使父母處在一種必須保持模糊、也感受到挫折甚至困惑的狀態。相反地，如果父母可以單獨與治療師會面，將更能暢所欲言。

每個孩子在家庭裡都是獨一無二。家庭動力中有種種原因影響著孩子的發展，而那種動力從一位孩子出生到另一位孩子出生都會有所改變。後面的孩子誕生時，父母可能已經變得較為成熟，經濟上可能更穩定或更不穩定。婚姻關係可能發生問題，或者與另一個孩子有相處上的困難。因為這些特殊性，所以當詢問父母有關孩子在出生之後的發展，將可獲取豐富的資訊。有關孩子出生排行的資訊，可讓治療師對於孩子的某些議題有立即性的瞭解（Hoopes & Harper, 1987）。例如，當治療師對一個男孩執行初始晤談時，發現他有個比他小一些的妹妹，由於女孩往往發展得比男孩來得快，治療師可以立刻開始思考這個男孩是否正掙扎於如何才能表現得夠好（Harris & Liebert, 1984）。因此一般男孩子，特別是稍微大一點的男孩子，總被期望有完美的表現，這個男孩子卻因妹妹表現出驚人的競爭力，而掙扎於如何才能表現得夠好。他很有可能最終感到挫折並放棄努力。

父母對於孩子的知覺也是我們在初始晤談中必須加以確認的事。可以這樣問：「我從來沒有看過你們的小孩，可以描述一下他嗎？」某位父母可能會描述生理上的特徵，另一位父母可能表現出良好的觀察度及敏感性，深入描述孩子的人格、優點以及掙扎。在大部分的情況裡，父母們都必須要花一段時間來適應，才能夠自在地與治療師公開談論孩子的情形。可能必須由治療師主動發問，才能夠對孩子及其情緒問題獲得必要資料。

如果父母告訴治療師不知從何說起，可以這樣告訴他們：「好的，你就隨意地談，如果我有問題，就會在對話當中深入詢問。」這樣的反應將對父母比較有幫助。其他的問句，如「你的孩子一直都是這樣嗎？請你告訴我，

你從什麼時候開始發現孩子有一點改變。」當然，一定會有家長這麼回答你：「喔，他打從出生就是這副樣子了！！」

許多時候，家長可能會回答你：「她以前是個很甜的孩子，但是最近六個月，她突然變得又孤僻又愛抱怨，情況愈來愈糟，一直到她變成現在這個小惡魔。」這其實是一個發掘引起行為改變背後事件的好機會。這可能讓父母瞭解到其實孩子的改變可能有著促發因素。為孩子的行為改變找到可能的原因，通常可以增加父母的耐心，而使得孩子間接受益。

每位父母如何與孩子互動則是另一個值得探索的領域。孩子在家庭中扮演怎樣的角色？對於父母，他是不是很特別？他是不是在一個都是女兒的家庭中唯一的男孩，或反之？孩子是不是在多次流產之後，唯一順利存活的嬰兒？這些資訊相當重要，因為它會決定父母如何對待孩子，以及他們在有意無意間放在孩子身上的期望（Hoopes & Harper, 1987）。例如，一個有五個小孩的家庭，其中一個是男孩，他排行在中間，父母將所有的期望都寄託在此男孩身上。知道這些資訊可以解釋家庭的動力，以及瞭解孩子在遊戲治療中的表現。然後，治療師可以探索此孩子對於家庭動力的真正反應以及感受。有些小女孩最愛當家裡的小公主。另一方面，被認為是家裡有成就的人，將會持續帶給孩子不小的壓力。

父母如何彼此對待會影響孩子的正向感覺。通常，孩子被帶來接受諮商是因為父母認為孩子有問題，但事實上，問題往往是出在父母之間的關係。這樣的情況下，孩子往往不得不表現出叛逆，以便父母可以將注意力放在孩子身上，而不是他們之間的關係。此傳達出的訊息是，孩子認為維持父母的婚姻是他的責任，希望家庭可以保持完整。雖然家庭治療相當重要，但許多父母不願承認他們有接受的必要，有些乾脆就拒絕，有些則設法讓自己抽不出時間來參與。一旦和父母及孩子的關係建立好，治療師可以在適當的時機，技巧性地給予建議——除了孩子的遊戲治療外，可以進一步讓全家參與家庭治療。這個建議帶著疏離家庭的風險。因此，治療師必須發揮臨床上

的判斷力，為孩子做最好的決定——是要在失功能的系統中支持這個孩子，或是基於系統太有破壞性而建議全家接受家庭治療。這是一個相當複雜的情況，因為在一個失功能的家庭中，孩子通常難以從其他家庭成員中獲得任何情緒支持。

這並不是家庭無法接受家庭治療的唯一情況。有時候孩子被法院判定離開原生家庭，甚至被拋棄而放在寄養家庭裡。在這樣的情況下，諮詢寄養家庭的家長與諮詢親生父母或領養者一樣重要。當遇到被拋棄或拒絕的議題，治療師和孩子的關係將更為重要。

在第一次會面的時候必須和父母建立良好關係，確保父母以合作的態度和治療師一起為孩子的身心健康努力。假如關係沒有建立好，當孩子在治療過程後期經歷過度依賴治療師的階段時，此時就會對治療產生負面影響。此時，若治療師未和父母建立良好關係，家長可能會開始感到威脅並想中止治療；相對的，如果家長感覺和治療師站在同一陣線，他們對治療師的信任將讓他們放心繼續接受治療。

在第一次的會面時，許多父母會詢問治療師如何跟孩子解釋為何要接受遊戲治療。《孩子的第一本遊戲治療書》（*The child's first book about play therapy*）這本書是相當好的參考（譯註：此書已有中文版，由五南圖書出版公司出版）。此書有很清楚的說明，讓父母和孩子都對遊戲治療有所瞭解。

以下是問話清單，可以提供更多的資訊。

1. 有關孩子問題的歷史檔案？（也就是，孩子讓他們最為擔心之處的總覽）
2. 照顧者對孩子人格的評估如何？（特別聚焦在孩子的長處）
3. 家庭的組成為何？
4. 延伸家庭中任何人有類似的人格或問題嗎？
5. 孩子由受精、出生開始的相關藥療史為何？

6. 孩子的發展里程碑為何？（注意：David Looff 醫師在他的著作《認識困擾兒童》中，包含了一份廣泛的兒童發展問卷）

7. 孩子生活中是否有過任何身體或心理上的壓力源嗎？（如搬家、父母離異、死亡、虐待等等）

8. 孩子對壓力的反應如何？

9. 父母的管教方式為何？他們如何處理管教方式的不同？孩子的反應又是如何？

10. 目前家裡情形如何？家裡對酒精的飲用習慣？

11. 孩子在家庭中被有意或無意指派的角色為何？孩子跟其他家庭成員有哪些相異或者相似之處？

12. 孩子對一方或雙方家長是否有其特殊意義？

13. 治療師在初始晤談時，對家長的觀察為何？他們在會談中的互動如何？在重要事物上是否達成共識？哪一位是比較主導或者控制慾較強？是否有正面的分享或認可？他們是否提供給治療師關於家庭聯盟的訊息？

≫ 與孩子第一次會面

在與家長會談並盡力獲取所有關於孩子的資訊之後，接下來，治療師就可以在他們第一次會面的時候，將所有的注意力放在孩子身上。僅僅只是走去等待室看雙親和孩子的互動，就可以給予治療師許多關於家庭系統的寶貴資訊。或許某位家長和其中一個孩子坐在沙發上，給他所有的關注，而另一個孩子卻自己坐在地上玩。這可能是一個孩子被家庭排斥而顯得畏縮的典型樣子。接下來，在和孩子互動的過程中，治療師可以進一步觀察是否有相關證據來支持這項猜測。

第一次會面也會透露出，孩子在不熟悉環境中如何與陌生人應對。有些父母會警告治療師，如果沒有他們陪同，孩子並不會想進入遊戲治療室。但

當這些孩子有機會到一個充滿玩具的房間時,他們通常立刻一頭栽入。這時候,如果父母說:「等一下,難道你不想要我陪你去嗎?」治療師便可以開始意識到,誰才是真正有分離焦慮的人。如果孩子真的很害怕和治療師一起進入遊戲室,治療師可以邀請其中一位家長陪同。在這樣的情形下,治療師的目標就是慢慢的讓家長由遊戲室中回到等待室。

當家長真的陪同孩子進入遊戲室時,治療師要特別注意將焦點放在孩子身上,而不是父母。這個時候,治療師和家長的談話並沒有多大助益。孩子需要感受到治療師的注意力是放在他身上,但卻不會多到令他感到不安的程度。這份注意力從在等待室中就開始了。

父母必須尊重孩子的分離焦慮。通常,孩子都被迫要達到父母的期望。例如,孩子們被要求親吻他們不喜歡的親戚、遵照保母的所有要求做,或者在沒有父母陪同下被要求進入一個新的環境。若不允許孩子有拒絕的權利,將會導致不健康的後果。除非孩子拒絕進入遊戲室的原因純粹是抗拒,治療師不應該堅持孩子和他單獨進入遊戲室。反而,應該尊重孩子保護自己的需要。同時,在拿捏身體上的親近以及如何友善對待孩子方面,也應尊重孩子的自在感受。他可以安靜並保持距離,只要他感到放鬆。這也是一個好的時機,讓治療師降低身體高度,與孩子平視並增加眼神交流。有時候,這只是很單純地看看孩子身上的配飾,並加以讚美一下,或者如果他帶著一個玩具,比如娃娃,也可以用這個玩具當作話題(通常保持一定距離,尊重孩子想要維持安全及舒服的期望)。重要的是,治療師從一開始便告訴孩子,他會等待並尊重他的期望。

第一次會談時,有些治療師對於進行結構性會談比較自在。如果治療師對於非結構性的方式比較自在,可以直接藉由觀察及發問來從孩子身上獲取足夠的資訊。例如「你以後長大想要當什麼?」或者「你會不會害怕什麼東西?」

故事問話也可以相當有趣。例如:

「你記不記得阿拉丁和神燈的故事？好，阿拉丁這個小朋友有一天出去散步，他走啊走啊，發現了一個神燈。這是個很久很久以前的故事，所以這個神燈跟你平常看到的燈都不一樣。這個神燈比較像你平常看到的茶壺。因為這個燈太久沒被發現了，所以上面滿滿都是灰塵。當他在清理這個燈的時候，他擦了擦燈，接著神奇的事情就發生了。突然間冒出了一團煙，裡面出現了一個精靈。我不知道你曉不曉得什麼叫精靈，嗯，他們是種有魔力的生物。然後，精靈說道：『喔，謝謝你，謝謝你拯救了我。我已經在這個燈裡被關了一千年了。我好高興自己被放了出來，所以我答應你三個願望。任何你想要的事情都可以成真。』」

「讓我來假裝是精靈，你是阿拉丁，擁有三個願望。你可以要求世界上任何你想要的事情，那你想要什麼？」

大部分孩子會回答：「喔，我想要一個新的電動玩具」或者「我想要更多超級英雄玩偶。」令人驚訝的是，另一種常見的回答是：「我想要一個新的家。」進一步詢問後，孩子通常會解釋為什麼他想要一個新家，例如「因為這樣媽媽就會比較快樂。」這會給治療師一些有關孩子和母親之間關係的想法。如此看來，孩子的良好感覺和媽媽的正面情緒有相當大的關係。透過類似的問話，治療師可以進一步瞭解孩子的反應，並且得到更多的資訊。（例如：你腳踏車換的新輪胎有什麼特別之處？）

動物也可以在這類問話中被運用，例如：「如果你可以當任何一種動物，那你最想當什麼？」「告訴我，當（動物名）有什麼特別的地方？」畫圖也可以提供豐富的資訊。邀請孩子來畫一張他家人一起做某件事的圖，從其中可以充分觀察到孩子的家庭動力。有趣的是，請一位父母剛離婚的孩子畫一張有關其家庭的圖，孩子仍會把他的家庭畫成完整的家。有時候，即使家庭很完整，孩子在圖畫中仍會把一位家人放在圖的一邊，其他的家庭成員則放在遠遠的另一邊。

為了要獲取更多孩子的資訊，可試著問以下其他的問話：

1. 身分資料（例如：姓名、綽號、年紀、學校、態度，以及對於來看治療師的想法。）

2. 「誰是你最好的朋友？」「你有很多朋友嗎？還是只有幾個呢？」「你最喜歡跟你的朋友做什麼？」

3. 「如果你可以改變自己的某些東西，你想要改變什麼？」「你有的時候會不會對自己感到生氣？為了什麼事情？」

4. 「你會害怕哪些事情？」

5. 「你長大之後想當什麼？」「你喜歡那個工作的哪個部分？」

6. 「你喜歡自己的哪些地方？或喜歡媽媽的哪些地方？爸爸呢？」「你想要媽媽改變哪些部分？爸爸呢？」

7. 「小男生和小女生常常會做白日夢，你的夢想是什麼？」

8. 「可不可以告訴我，你所做過的一個好夢？一個很恐怖的夢？」

9. 「如果可以變成一種動物，你想要變成什麼？」「為什麼特別想當這種動物？」

10. 「如果你可以許下三個願望，任何你想要的事情都可以成真，那麼你最想要什麼？」（每個願望逐一詢問）「如果你可以改變自己家庭中的任何事，你最想改變什麼？」（選擇性問題）

11. 「如果你在路邊撿到一千元（或者一百萬元），那你會做什麼？」（Looff, 1987）

12. 「讓我們來假裝，有一艘太空船要從地球這裡一路發射到月球再回來，你就是船長，可是太空船只能載兩個人，你會帶誰去呢？」（Looff, 1987）

13. 用不完整的故事來引出特定的主題。例如：探索遭受性侵害的可能，可以試著說這樣的故事：「一個小朋友和一個大人進入了臥室。大人

告訴小朋友說，他們要一起玩個遊戲，你覺得他們接下來會做些什麼呢？」〔註：The American Journal of Orthopsychiatry for January, 1946. 列出了對兒童很重要的十個主題之十則虛構故事（Despert, 1946）〕

14.運用「畫一個人」，問孩子以下關於圖畫的問話：（Lord, 1985）

a.「這個人幾歲？」

b.「這個人去學校還是去工作呢？」

    (1)「如果他有工作，他做什麼工作呢？」

    (2)「如果他去學校，他在學校裡唸得如何呢？他喜不喜歡老師？」

    (3)「他有沒有最喜歡的老師？為什麼他最喜歡他？」

    (4)「他有沒有不喜歡的老師？為什麼？」

    (5)「他最喜歡什麼科目？」

    (6)「他最不喜歡什麼科目？為什麼呢？」

c.「他結婚了嗎？」

d.「這個人在做什麼呢？」

    (1)「他最喜歡做什麼？為什麼？」

    (2)「他最討厭做什麼呢？」

    (3)「他覺得做什麼事情是最糟糕的？為什麼呢？」

e.「你想要假裝他家裡有幾個人？把每個人都說給我聽好嗎？」

f.「可能他從來都不會主動跟別人說這件事，可是你可不可以偷偷告訴我，在家裡他最喜歡誰？或者比較喜歡一點點的？為什麼呢？他比較不那麼喜歡誰？為什麼呢？」

g.「這個人最大的擔心或問題是什麼？」

h.「我們來假裝這個人有一天發現了一輛卡車，你知道卡車是什麼嗎？現在，用你最快的速度來回答我的問題。假裝這輛卡車裡面有各式各樣的衣服，為了好玩，他會選怎樣的衣服穿著……趕快回

答！！！」

i.「假裝這個人做了一個夢。這個夢可能是他只做過一次，卻終生難忘，或者是一做再做的夢。這個夢是怎樣的夢呢？夢裡發生了什麼事？」

j.「假裝這個人可以變成隱形人？他會去哪裡呢？又會做什麼？」

k.「什麼是他最喜歡的故事或電視節目？為什麼？」

15. 屋－樹－人。問孩子以下有關於房屋、樹木以及人的問題。

a.「這個屋子最特別的地方是什麼呢？」

b.「這個屋子最糟糕的地方是什麼？」

c.「這棵是什麼樣的樹？」

d.「這個人是男孩還是女孩呢？」

e.「他在做什麼呢？」

f.「他現在覺得怎麼樣？」

g.「他有沒有想要改變這屋子的哪裡呢？」

h.「這屋子裡有沒有可怕的地方呢？」

16. 動態家庭圖。問孩子以下有關於家庭繪畫的問話：

a.「為這個家裡的每個人取個名字。」

b.「他們家在做什麼呢？」

c.「這個家最棒的地方是什麼呢？」

d.「這個家最糟糕的地方是什麼呢？」

e.「這個家庭有沒有秘密？」

f.「他們家會一起做什麼事呢？」

g.「如果你可以改變這個家庭中的一件事，那麼你希望是什麼？」

h.「誰是這個家庭裡最被喜歡的人？」

i.「大家相處得好嗎？」

j.「這個人對自己的感覺如何？」

　　當然，以上的問話清單太多而無法一一列舉。應該從其中審慎地選擇一些符合孩子的狀況、個性，以及主述問題的問話做詢問。

　　從初始晤談的這種問話模式中，孩子會相當自在地坐著並回答問題，或者一邊在房間裡玩一邊回答問題。然而，有些孩子對於你問我答的方式不能接受。在這樣的情況下，治療師有必要讓孩子直接進入遊戲狀態。雖然可以等待適當的時機來詢問，但其實從遊戲中就可以得知許多訊息。

　　基於初始晤談的目的，在觀察孩子的遊戲時，必須注意以下幾點：

1.孩子對玩具的態度以及怎麼玩玩具。有沒有任何遲疑的反應？會不會經常換玩具或刻意迴避某些玩具？遊戲的偏好、遊戲時說的話、玩玩具時的創造性、是否有攻擊性、精力程度，或者會無法在缺乏結構性的狀態下玩嗎？

2.孩子的遊戲是否符合其年齡？

3.遊戲中是否有重複的主題？

4.孩子的遊戲類型（也就是，他會不會檢視玩具的材料，發揮這些材料的功能，或者進入幻想遊戲。）

5.孩子開始和結束遊戲的能力。

6.有沒有些不尋常的表現。

7.孩子在遊戲時有沒有說話？他的口語表達能力好嗎？

8.孩子有沒有邀請治療師參與他的遊戲？

9.孩子遊戲的強度如何？

在每次單元中都要做，但第一次單元時特別重要的臨床觀察包含：

1.孩子的身材大小以及外表、協調能力、語言發展（包含質與量），以及大概的智力發展情形。當然，如果沒有利用更正式的評量方法，並

無法達到很確定的評估。然而，大致上觀察可以提供我們是否該做進一步的評估，或是必須做特定的轉介。例如：一個需要遊戲治療的孩子，往往也需要接受語言治療。

2.孩子對人際關係的能力。

　　a.孩子跟治療師之間的關係建立得如何？

　　b.孩子跟父母容易分開嗎？

　　c.孩子是否友善、具攻擊性、控制慾，或者需要被認可？

3.孩子的情緒基調。孩子是否感到害怕、生氣、焦慮、悲傷、冷淡或顯得對立？孩子的活動量如何？孩子的遊戲是否符合他的情緒基調，或者不符合？

4.孩子對環境的利用。他是不是只躲在一個小角落玩，或是只玩特定的玩具？是不是總坐在一個特定的地方，玩相同的玩具？當他熟悉了環境之後，是否顯得較為放鬆？

　　廣泛利用遊戲技巧有一個很好的評估工具，稱作世界技法（World Technique）（Lowenfeld, 1939）。這一開始是在英國由 Margaret Lowenfeld 所研發。之後的 *Erica Method*（Harding cited in Sjolund, 1981）便是由世界技法發展而來，並運用了類似於羅夏克投射測驗的結構（Rorschach, 1921/1942）。事實上，這也可以稱為遊戲治療的羅夏克測驗，因為它執行的格式以及用來解釋的方式都相當接近。治療師用計畫清單來描述孩子的沙遊……其中包含孩子的創造力以及治療師的詮釋。在用這樣的方法之前，最好先有兒童發展方面的知識，因為在不同的發展階段中，同樣的活動所代表的意義可能南轅北轍。例如：一個三歲大的孩子，利用五個玩具來建構他的世界；和一個十二歲大的孩子，拿出同樣的五個玩具來創造自己的世界，其意義是大不相同的。

　　Erica Method（Harding cited in Sjolund, 1981）描述了櫃子裡應該要放哪

些玩具。有三百六十個小物件，各自代表了孩子世界的組成成分。這些小物件有的是靜態玩具，有的是交通工具，還有的是各式各樣的生物。它們由具攻擊性到溫和的類別，一一分門別類。特定地說，分類中包含人物、家畜或野生動物、交通工具、建築物、傢俱、籬笆、爆炸物、大砲等等。同時，還有一個壞掉的玩具。孩子如何對待這個壞掉的玩具，將會顯露出他的人格。玩具被分組並放置在十二個格子中——被馴養的動物一組，野生動物一組等等。

　　孩子進入遊戲間之後，只要簡單指示他利用櫥櫃內的玩具，在一個裝著沙子的大箱子裡，建構任何他想要的世界。儘量少給指示，以免影響孩子的建構。這是評估單元而非治療單元，因此治療師並非真正參與這個建構的過程。寧可讓孩子獨自建構他的世界，而治療師在一旁觀察並做記錄。例如：有的孩子會站著好好將玩具看過一遍，再決定要選哪些玩具；有的乾脆將所有的玩具由櫥櫃裡倒出來，通通放在沙子上，再決定接下來要怎麼做。

　　當孩子說他完成了，或者已經過了四十五分鐘，治療師就會喊停，並把成品拍照記錄下來。接下來，治療師就會開始詢問（例如：告訴我，你創造了什麼東西？），有些孩子能夠建造一個有意義的整體世界，例如：他會鋪平沙子、像梯田一樣整理沙子、在沙子上創造高低起伏的地形，甚至在山坡上建立一座城堡、山腳下做一個池塘。另一種極端是，孩子只把小物件都丟在沙子上，導致有一半的物件都蓋在沙子下面，這讓治療師感受到孩子世界裡的混亂。

　　建構與觀察的過程在三次連續的單元中進行，時間間隔愈短愈好。一次的單元雖然可以蒐集到某些資訊，但無法有個全面性的瞭解。（例如：有的孩子對於第一次接受治療感到焦慮，也因此影響了他的創作。）如果觀察到三個不同的創作，治療師便可開始看出其中所發展的主題。這些主題與它們之間的關係，就是治療師所藉以評估孩子的東西。另外，分析創造過程的形式層面也要考慮。孩子在過程中的選擇以及遊戲的類型，也對

於他的功能提供進一步的資訊。若要對世界技法有更完整的瞭解，讀者可以研讀 Margret Lowenfeld 的著作，《*The World Technique*》（1979），以及 Margareta Sjolund 的指導指南，書名為《*The Erica Method*》（1993），與 Allis Danielson 的《*Hand Book of The Erica Method*》（1986）。

≫ 案例史：和喬安的第一次單元

喬安，西班牙裔的八歲男孩，因攻擊行為而被國小的諮商師轉介來接受治療。他向其他的孩子勒索要錢，並威脅他們若不給錢就揍人。他對老師也十分對立。許多老師承認，他們對待喬安的態度是根本不希望他在教室裡上課。在學校生活裡，喬安給人的印象就是個流氓老大。

喬安原本參加學校諮商師所帶領的兒童團體。這個團體最主要是在辨識情緒，以及在不同情境下孩子可能會如何感受及反應。從初始晤談中，喬安的某些言談裡透露，他顯然由學校團體經驗中學習到某些東西。然而，學校諮商師認為他需要與治療師有更多密切的互動。

初始晤談過程的結構，是和孩子會面、問問題、獲取資訊，以及組織案例。這時要決定一個診斷，並建立治療的目標，治療於是開始。第一次和孩子會面，通常是一段探索的時間。然而，和孩子互動通常需要使用較為彈性的晤談方式。有的孩子可能願意坐上一小時回答問題，有的則根本不願意參與那樣的過程。任何介於這兩種極端的反應，都有可能會發生。無論如何，不管是哪種過程，都可以獲得資訊。如果孩子（特別是年幼的孩子）只想玩，而不願意坐好回答任何組織好的問題，透過觀察他的遊戲，也可以蒐集到一些資料。這可能要花比較久的時間，但能獲取更進一步的資訊。

以下是與喬安第一次會面時的摘錄，這是一次初始晤談合併著探索經驗，治療師詢問喬安一些問題來蒐集資訊。喬安第一次踏入此房間時，他看到了一個出氣娃娃，他走過去撿起它，再把它拋在地上，用膝蓋壓著娃娃的脖子，就這樣把娃娃固定在地上一陣子才放開它。接著說道：「我的父親現

在是空軍。」這次的單元中，他有攻擊性行為，並不斷地提到父親，兩者不斷交替出現。由這樣的模式看來，這個孩子可能最近或者過去長期持續遭受父親身體虐待。事實上，喬安已經三年沒和父親見面了，但受虐記憶仍然對他引發強烈情緒。攻擊行為由父親帶頭示範，成為他對待別人的模式。

單元	說明
1.喬安：（站著等待治療師，揮舞著手臂，同時揍充氣娃娃的臉。當他連續兩次出拳正中娃娃的臉時，他說道）我只是在練習。	1.當他們第一次一起走進這房間時，便為他們之間的關係打下了基礎。因為不曉得會發生什麼事，喬安隱喻性地表達他對關係的知覺——而打東西是他預演生活式的遊戲。
2.喬安：（踢充氣娃娃的臉後，又補上一拳。喝！！）我父親總是這樣打我的背，他打傷過我的背。	2.這是喬安的隱喻，意指他的心靈及安穩感遭到破壞，逐漸顯示自尊遭到破碎這項主題。
3.治療師：他這樣對待你，一定很傷你的心。	3.當孩子顯露他的掙扎時，表現你的同理心是很重要的，雖然有時候很難做到。
4.喬安：（不斷打充氣娃娃的臉。）我只是在練習，這樣下次打架的時候，就可以打中別人的臉。 治療師：所以你想要在他傷害你之前，傷害他。	4.打架是他此時處理人際關係的方法。
5.喬安：（用手把充氣娃娃撿起來，擠壓它，再把它遠遠丟到房間的另一邊。）我父親總是這樣對我……像熊一樣緊緊的抱我。	5.喬安顯露出他對家庭生活的觀感，這是由他和父親的關係而來的。當他和父親在一起時，父親在身體上占絕大優勢。他曾拋棄喬安，並棄之不管。

6.喬安：嗯，這樣其實也不錯啊。	6.喬安這樣下結論，因為他認為，被父親虐待總比失去父親來得好。對孩子而言，和具虐待性的父母保持關係，比自己遭受虐待還重要。
7.治療師：自從你在德州離開父親，搬到科羅拉多州以後，你想念他嗎？	7.當孩子在初始晤談中被問及施虐者時，常會喚起不好的記憶。
8.喬安：（失去專注力）專心想我父親很難，有時候，我甚至無法透過任何人聯繫他，我實在沒辦法忘記他。 治療師：「喔，你不斷想起他，所以變得很難分心去想別的事。」	8.突然間，喬安關於父親的創傷經驗浮現並淹沒他。喬安從來沒談過他遭受虐待的事。當治療師不經意提及施虐者，由於創傷經驗及造成的痛苦被引發，喬安失去了焦點。所以，喬安感到困惑，並且失去個人感。這樣的情形是個警訊，應探究他和父親的關係以及虐待的可能性。
9.喬安：（撿起緊身衣，用它來綁住充氣娃娃的脖子）對不起，大肉腳，你現在死定了。	9.他這樣使用緊身衣，是一種內心痛苦的反應。
10.治療師：你家裡的情形是如何呢？ 喬安：（往後退）身在我家對其他人而言都不容易。當我母親被父親強暴的時候，母親很傷心。 治療師：當你母親被父親強暴的時候，她很傷心。我想你一定很不喜歡這樣的事發生。 喬安：對，我很難過。	10.因為虐待發生在家庭裡，所以這對於喬安是個非常強烈的問題。他往後退，是為了與治療師及這個問題保持距離。當他退離治療師時，表達著他需要保護並遠離痛苦……「對其他人而言」，是跟遭受侵犯引起的傷痛有關之困惑及失去個人感。 喬安吐露來自於其家庭裡的暴力關係。

治療師：你覺得傷心是因為母親受到傷害，所以，你希望父親不要這樣做。	（強暴不該是個八歲小孩所知道的語彙）顯然的，他曾聽到某人用這個語彙來定義他父親對母親所做的事。不管他是否曾親眼目睹暴力的發生，他相信母親曾被父親──這個對他如此重要的人侵犯，這樣的痛苦將更難以忍受。一旦兩個他如此在乎的人彼此折磨，這讓他處於極為難受的境地。他感到痛苦卻不能用直接的憤怒來掩飾。喬安真的很苦惱，家庭的互動，造成他極度的痛苦。
11.喬安：（不斷拍打充氣娃娃後，他拿出了槍，指著充氣娃娃的臉。）吃子彈吧，瘋子。 治療師：看到家裡發生的事，你一定很痛苦。	11.釋放能量是為了要避免傷痛而做的反應。在關係建立好之前，最好不要帶孩子進入太深的痛苦。重要的是，將情緒氛圍維持由個案決定的程度上。這並非意味著治療師要在情緒上遺棄個案。同理反應不但具支持性，同時也有利於關係的建立。在這個陳述中，治療師尊崇孩子，並表達同理、接納以及支持。
12.喬安：（轉著槍）我們和父親一起住的時候，我不需要做家事，還一起做一些好玩的事。 治療師：當你和父親一起住的時候，有些事是比較好，但你並不喜歡他對待母親的方式。 喬安：（用槍指著充氣娃娃，手指轉著槍，再度用槍指著充氣娃娃	12.他正在重新經歷治療師所提到的經驗（例如：當他和父親住在一起的時候。），這時他的情緒開始上揚。他拿出槍，是因為他回到警戒狀態。外表可能沒有出現情緒，但遊戲中卻往往一覽無遺。用槍指著充氣娃娃，代表當父親在家時，必須要有的警戒態度。為了補償遭受父親虐待的無助感，他變成其他

的臉。)	力量象徵的專家。他轉槍的熟練技巧，是為了展現他假定自己擁有的能力。他寧願展現出能力非凡的樣子，也不願意感受他所經歷的痛苦。
13.治療師：你最喜歡什麼電視節目？ 喬安：美女與野獸。 治療師：你喜歡這個節目是因為你想要當野獸嗎？ 喬安：我欣賞他，因為他總是好好地照顧她，以及打點一切。 治療師：你想要當野獸是因為他很有力量，同時也喜歡他敏感以及關懷的另一面。	13.野獸照顧及滋養美女的主題，是喬安喜歡此節目的最大原因。孩子通常都只注意被照顧，而不想去照顧別人。因此，這十分耐人尋味，提醒我們觀察他在家庭裡的照顧者角色。假如事實上在家中真是如此，代表他和母親角色互換。 注意：喬安敏感及關懷的一面，並未被學校中多數人觀察到。
14.喬安：(撿起一個打泡泡的拍子和一顆球，用拍子把球打到空中)這很好玩嘛。(打了大約三次，然後放下來)我喜歡這個。	14.這是四十五分鐘初始晤談裡，唯一一次自發、孩子氣的動作……但只維持了十二秒。
15.喬安：(走到櫃檯邊，拿了兩個小型動物，把它們隔開二至三英吋，接著把它們撞在一起。)你死定了！！！	15.這和之前他把充氣娃娃踢到房間另一邊所使用的精力一樣。無論喬安用的是粗動作或細動作，其中所表達的感情是一樣的強度。
16.治療師：你還有沒有其他喜歡的電視節目？ 喬安：喔，我喜歡變形金剛。 治療師：你喜歡它們充滿力量…… 喬安：對啊。	16.重要的是，治療師必須對卡通人物、電影，以及孩子從大眾傳播媒體接觸到的人物感到熟悉。這會幫助治療師瞭解孩子所認同人物的個性以及遊戲的主題。治療師也能因此認清任何孩子從角色

治療師：……還有它們怎麼抓到壞人 喬安：那些壞人都是大騙子。 治療師：你也想變成其中一個大騙子嗎？	上，學到的偏差概念。
17.喬安：我以前這樣想過，可是再也不這麼覺得了。我曾經想當一個大騙子，但現在我只想成為一個卡車鐵金剛，我想要當鐵金剛的領導人。	17.喬安表達出尋求角色認同的事實。換句話說，他曾經認同過負面的角色，但現在慢慢地去認同正面的角色。
18.喬安：（撿起望眼鏡，用它來看房間。）克里斯多福‧哥倫布發現美國大陸。	18.他正在隱喻性的表達出——「喬安正在尋找認同。」
19.喬安：（把一輛小車推下櫃檯，並一邊做出緊急煞車的聲音。）拜拜。 （撿起一隻恐龍）恐龍！！！ （撿起車子和乳牛）我喜歡車子，我喜歡乳牛。 （把車子和乳牛相撞，並發出低沉的碰撞聲音。） 治療師：你的車子撞到乳牛了。 喬安：不，是它（指恐龍）做的。	19.再度的，喬安表達他看過父母之間暴力，只是這一次他採用了不同的主題來表現。他利用車子和乳牛的動作。他說自己喜歡車子和乳牛的這個陳述，將他正在掙扎的狀況帶入意識中。這麼做的時候，他感受到痛苦。為了要迴避痛苦，他否認汽車的行為。潛意識中，他對父母間的關係感到心煩意亂。他並不想把這些感覺帶進意識中。在他的家庭中，他所知道的關係就是一個個連續劇般的暴力故事。 孩子在遊戲中運用愈多的喉音（如低沉的嚎叫等），遊戲的內容就愈對他有意

	義，也更貼近問題的核心。在創傷遊戲中，喉音很常見，並代表了強烈的情感創傷。
20.喬安：（撿起一個玩具槍，並對治療師的方向揮舞） 治療師：哇，等一下。我不希望你…… 喬安：（把槍指著另一個方向，射擊，並且正中他瞄準的地方。） 治療師：（拍手表示「射的好」） 喬安：賓果！我甚至連側面也打得到。（走到一邊並撿起槍。他看到自己站在雙面鏡中。他把槍上膛，並瞄準鏡中的自己。） 治療師：我不希望你對鏡子發射子彈。	20.在建立一種安全感、保護以及信任的關係前，治療師先對他設限。這段尊崇的時間太短，使他無法建立起安全感。因此，在他可以成為一個值得被信任的人之前，就先設下了界限。 這看起來只是個小小的限制，但是對喬安而言，這卻使他彷彿再度感到過往的束縛──並害怕遭到身體上的報復。
21.喬安：（拿著槍，轉到一邊去，對牆射擊。）	21.這個簡單的動作，看似尊重之前所設的限制。儘管如此，喬安還是以拿槍射擊來結束交流的過程。如此一來，他就不必再被經歷過的情緒所淹沒。這個反應是為了保護自己免於情緒衝擊。
22.喬安：我可以用槍射這個人（充氣娃娃），拜拜。 治療師：你想讓他知道誰是老大。	22.一旦治療師定義孩子如何玩出他的憤怒（例如：你想要去打他。你真的想要狠狠踢他。你想要一路踢他到房間的另一邊等等），這樣的陳述恐怕會被當成建議，甚至使他認為這是被允許的狀況，而可能真的增加孩子的暴力行為。

	在這樣強烈的情境中，讓孩子維持在他的情緒狀態是比較恰當及有利的做法。例如：你想讓他知道被傷害的感覺如何，或者你想讓他知道，他再也不能傷害你。這樣的方法，有助於孩子釋放能量。
23.喬安：對，就在我想要的地方打到他。（拿槍發射）我現在試著要正中它的嘴巴。 （打中充氣娃娃的嘴巴）我打它嘴巴看看。（再度打中充氣娃娃的嘴巴）正中我想要的地方「對不起，你死定了。」 （把充氣娃娃打倒，再度拿槍瞄準充氣娃娃。）就像克林伊斯威特說的——「來吧，讓我爽一天。」	23.現在他把焦點放在嘴巴，這可能暗指除了身體虐待外，他還受過語言暴力或性侵害。
24.喬安：（把充氣娃娃往後挪，以增加它們之間的距離。射擊並打中充氣娃娃的頭。）「我就是打中他的頭（暫停），我父親以前是個警察。」	24.之前近距離射擊充氣娃娃這麼久，現在則把它往後挪，喬安隨著時間正努力修通他和父親的關係。一開始，在比較近的距離，代表著他的父親曾與他一同生活。接下來，把娃娃往後挪，代表這段時間和父親分離。所以，接下來的射擊，顯露了這段關係的歷史。

　　從這段摘錄中可以明顯看出，比起直接的你問我答模式，喬安在隱喻性遊戲中透露出更多的訊息。事實上，此案例若直接採用你問我答模式，將會喚起他更多的痛苦。通常，在初始晤談中詢問孩子時，要小心留意他的回答。然而，更重要的是要觀察孩子在遊戲中的轉換。這些遊戲的轉換，將會透露更多潛意識的訊息。非口語訊息比口語表達來得更為正確（O'Connor,1991）。

　　在建立孩子的治療計畫過程中，重要的是必須保持一貫的哲學觀，那就是孩子有解決內在衝突的先天趨勢。在孩子維持遊戲的方向同時，治療計畫就可以被執行。在遊戲的脈絡過程中，要把握機會插入特定的陳述或行動，以執行孩子的治療目標。例如：對於害怕手足誕生的孩子，治療師可以扮演孩子，而孩子扮演母親的角色。在這個脈絡下，治療師可以模仿孩子的聲音或動作，要求「母親」多陪他、說自己害怕變得不重要、嘟嘴巴，甚至把小嬰兒藏起來等等。有些治療的目標，例如喬安的例子中，是遊戲治療情境所固有的東西。（例如：重新對彼此建立信任）

　　在喬安的案例中，有許多已被觀察到的動作及態度，支持了學校老師對他原有的負面想法。然而，超越這些外表之外，此孩子表現出一些不明顯的特質，若善加辨識及引導，可將他導上正途。其中的一項特質是敏感。喬安曾參加學校兒童團體，他善加利用一些他在那裡學到的技巧，並瞭解此團體所傳達的概念，因為他是一位如此敏感而關心別人的孩子。然而，他尚未自在於以一種可能會讓他感到脆弱的方式，來運用他的敏感特質。遊戲治療中，在一對一的情形下，他受到尊崇和尊敬，因此開始對於和治療師互動感到自在，並開始打開心扉，這是他在其他會被貼上標籤的環境裡所無法做到的。有些告白甚至連自己都無法察覺到。這些告白包含：他其實是個敏感的孩子，在意別人發生的事，還有他感到痛苦。（例如：當父親強暴母親的時候，他很難過。）這些是他吐露的事實。現在，有必要利用已知的知識，來幫助他邁入健康的生活。

對所有孩子的主要目標，是讓他們可以自由地表達內心情感。當他們表達後，治療師辨識這些情感，並支持孩子尋找解開心結的方法。因此，在對喬安的治療計畫中，他將被鼓勵表達感覺並加以探索，並且將他的敏感發展成他的資產。在目前的情形下，因為他個性敏感，所以感到強烈的情感衝擊。於是他採用攻擊來表達內心的強烈情緒（例如：受傷、羞愧、關心）。

遊戲治療的目的之一，是幫助孩子切斷強烈情感和攻擊行為之間的聯結，並將其轉為較正面的回應方式。既然在過去已有人示範攻擊行為給他看，他就會將權力與攻擊誤認為解決問題及互動的模式。他同時也親眼目睹女性被當作攻擊的目標。若他接受了這樣的態度，往後將難以和女性維持親密關係。接下來的目標，是將他的強烈情緒帶離攻擊行為，並重新轉移那種攻擊性的目標。從學習尊重女性，修正觀念來接受女性自有其堅強處，以及擁有促進關係的能力，他將會有所獲益。喬安的治療師是女性，在這段治療關係裡，她被賦予治療師的力量，將會回應他的感受並給予保護。由於他不需要照顧她，他對女人的觀感將會獲得矯正。

在家裡和母親相處時，喬安一直是個親職化的孩子（例如：他被期待提供母親情緒上的保護）。擔任這樣的角色，剝奪了他的童年。一旦孩子被剝奪童年，他將變成充滿憤怒的年輕人。在此情形下，往往導致酗酒、結交幫派、暴力等等下場。另一個治療的目標，是讓喬安放下親職化的角色，讓他重新獲得童年，如此他才能投入自發性的遊戲之中。

喬安正處於發展的關鍵時刻。這段期間以來，其他人可能抱持負面態度看待他，但他身上確實有某些特質，未來可能為善，亦可能為惡。除了之前所提到的敏感，他還具有領導才能，這在他吐露自己想成為卡車鐵金剛領導人時，可以看出這點。從轉介資料亦可發現，他在遊戲場會指揮及主導其他小朋友如何玩。到目前為止，他的領導潛能尚未用在正面的方向；若稍微不慎，這項才能可能誤入歧途。顯然地，如果採用負面的認同，他的領導能力將會朝向那個方向。因此，治療目標就是引導他採取正面的認同。如此，他

就能以一個正面的領導角色貢獻社會。

　　透過將喬安對傷痛的反應，由攻擊性轉為溫和，透過幫助他以建設性的方式運用敏感度，以及透過將女性是受攻擊的對象這種觀念，轉成女性可以被平等看待以及相處愉快，他的領導風格將會吻合他改變後的價值觀。然後，他將被認為是一位可親近及有功能的孩子。

　　在遊戲室中藉由治療師的協助，他將有機會致力於處理失去父親的感覺以及傷痛事件的反應。他將學習去接受自己的敏感，並將其視為資產。他也有機會重拾童年，並學習對待女性的新角色。如果學校諮商師和老師意識到他的優點，將他的優點運用在有意義的追求，並通力合作來重塑他的行為，喬安的治療效果將會更大。

　　治療師和喬安一起進行了九個月的遊戲治療。在這之後，天下無不散的筵席，她必須離開並結束這段關係。在這段他們共度的時間裡，喬安的治療目標已大有所獲。他能夠自在地表達感受，而且負面感覺和攻擊行為之間的聯結也已被切斷。他的攻擊行為漸漸減少，但尚未完全消失，有些粗魯的行為仍舊存在。然而，在有負面感受時，他不再公開出現攻擊行為。他同時學習和他的感受共處，加以體會，並在遊戲中表達出來。喬安對女性的觀點也漸漸改變。透過在遊戲室中允許治療師照顧他，他得以經驗到正常的兒童和照護者之間的關係，而不再是之前在家裡必須擔任母親情感照顧者的角色。當治療師尊重並尊崇他，她就是在將這些良好特質示範給喬安看。也因此，他開始學習尊重並尊崇她。這些與女性新的互動模式，改變了之前在家中所學習到的觀點，並說明了女性擁有各式各樣的能力。

　　在必須轉手給另外的治療師時，哪一種性別的治療師對他比較有幫助的問題就浮現了。治療師的性別通常是次要的問題，最重要的是孩子可以得到最有效的治療。無論性別為何，只要是有效的治療，就可以完成該有的進展。例如：如果孩子的治療師是男性，治療議題可能會以某種次序展開，並且採取某種路徑，但目標還是會完成。若治療師是女性，議題或許會以不同

的次序展開，而且路徑也不相同，但同樣會達成目標。換句話說，有能力的治療師都會達到治療效果，性別並無影響。先考慮的是治療師的能力，性別問題倒是其次。

如同在喬安的案例中，治療師若有不同的文化和種族背景，接納議題就必須面對。作為一個遊戲治療師，這個角色應該具備尊重及尊崇能力，但無法保證每位治療師都能夠自動地接納孩子。在有文化及種族差異的案例中，僅僅尊崇個體並不夠，認為彼此之間相同多於差異的態度亦不足夠。種族及文化的認同，賦予個人人格、安全感、確認及包容，這是個人生存的基礎。孩子必須知道，他的種族及文化獲得尊敬及尊崇。確認好後，孩子和治療師再進一步經營他們的關係，孩子才會允許治療師去保護他。重要的是，要讓孩子知道他的種族認同及文化背景是被尊重的。

美國到處都有文化中心。當一個文化背景迥異的孩子來會談，而你對他的文化一無所知時，可以從文化中心獲取資訊。各個特定文化的傳說故事，通常會深受喜愛並具療癒作用。熟悉孩子文化中的某些象徵，也有利於瞭解孩子的隱喻。治療師的責任是努力尊重不同的種族及文化風格，讓孩子感到他的獨特性獲得接納，也因此瞭解自己的傷痛將被接納。

✜ 進展紀錄：當天的主題

要詳述孩子在特定一天所進行的遊戲，可能必須花上大量的時間，事實上，只有極少數的治療師有時間這樣做。這種記筆記的方式，也可能造成某些人（例如：個案管理者、代理人、法官，或者其他涉入訴訟過程的心理師）誤認為治療師的心沒有放在遊戲治療。因此，比較有用的方式是檢視兒童遊戲中所包含的隱喻，然後將資訊統合到兒童的進展紀錄中。詳細描述遊戲過程中的細節，也可能讓其他不瞭解這孩子的人，以成人的眼光來解釋其意義，而非從兒童的經驗世界來解釋。比較有效率的做法是，只記錄某特定

單元中孩子的遊戲主題。治療師若認為某個場景或一連串行動，甚至一段話語的引用特別重要，可再詳加描述。

在孩子遊戲中經常出現的主題，包含力量與控制、憤怒與悲傷、關係中的信賴或不信任感、拒絕與拋棄、不安全感，以及被侵入和干擾的感受。保護、界限以及被滋養的需要，常會相當明顯。有關孩子自尊以及充滿（或者缺乏）自我賦能的指標，也很常見。孩子會玩出他的害怕及焦慮、困惑、寂寞、失落、忠誠及被背叛的感受。對於自我認同的掙扎以及對改變做出調整，也經常出現。值得注意的是，這些主題並非互不相容。就像在真實人生中一樣，這些主題在遊戲中也常並存。在每次的單元中，孩子可能多達四至五次用幻想遊戲的方式，來表現自身面對的各種議題。這些議題能以許多不同的場景來呈現，但其中都由一個特定的主題來連貫。

舉一個父母正在辦離婚的四、五歲小女孩為例，這個小女孩可能不太瞭解正發生什麼事，但在遊戲治療中，她撿起了一些玩具動物，假裝它們都在叢林之中，當其他動物都彼此互動遊玩時，卻有一隻猴子孤孤單單地待在樹上。通常孩子傾向於一樣東西只玩三、四分鐘，有時候長達十五分鐘，非常少會持續一整個單元。於是，她停止玩這個有猴子的遊戲，跑去玩娃娃家庭。她設定了一個場景，這個娃娃家庭一起去野餐，回來的時候卻發現有一個娃娃不見了。接下來，她開始在沙箱裡玩車子，卻讓其中一隻車子被掩埋了，或者她會用積木去建造一道牆，再從牆底下抽掉一塊積木。這些都說明她對破碎家庭的知覺。單元結束後，治療師開始思索並試圖找出這些遊戲過程中的共通主題。雖然背景各不相同，明顯的是每個場景中都有一個人或項目被屏除在外。每個單元的主題可能有所不同，有時候這女孩會玩出她對情況的憤怒，有時候則玩出對即將發生事物的恐懼。在這過程中，她會不會失去自我認同呢？然而，在觀看主題的模式時會發現，它們全部圍繞著中心議題（Landreth,1993b）。需要反覆練習才能妥善蒐集當天的主題，不過，在這麼做的過程中，卻幫助治療師帶出瞭解及焦點。

　　有時候孩子會進入無內容的遊戲（也就是無幻想遊戲）。幻想或有內容的遊戲，對治療師傳達出有關於孩子議題發展的重要資訊，但無內容的遊戲卻表達出孩子對議題的感受。當孩子玩沙、著色（通常是無形式的任意塗鴉）或玩球的時候，治療師會在這些活動中觀察孩子或與孩子互動。治療師不只觀察孩子的風格（例如：孩子玩遊戲時是遲疑，還是充滿信心等等），同時也要留意在互動時的感受。例如：如果孩子請治療師和他一起畫畫，但卻又不停批評治療師的畫，孩子是在表達出他的難以取悅別人及不適當感，以及在他的世界裡所感到的笨拙。事實上，在遊戲室外自己畫畫時，這些感覺根本不會產生。他利用畫畫作為表達自己在環境中，所接收到的訊息及感受的一個形式。

　　這並非意味著治療師對遊戲時發生的每件事都能清楚地瞭解，並將它們與當天的中心議題做聯結。不過，要能夠對孩子有所促進，並非絕對必須辨認出孩子的主題。所幸，如先前所述，存在遊戲治療中的尊重、接納、尊崇氣氛，本身就是最有利的促進工具。然而，若治療師能覺察到存在於孩子遊戲中的主題，成長與解決的過程就可以加速進行。

✴ 家長諮詢

　　對父母的持續諮詢，是兒童的治療過程中不可或缺的部分。這段時間可以放在孩子每次單元結束之後（例如：一個小時的最後十五分鐘），或者週期性的一段時間一次，但至少一個月一次。基本上，孩子的遊戲治療是屬於父母的，除非父母認為和治療師並肩作戰對孩子有幫助，否則家庭或父母可能會在任何時間點突然中止孩子的療程。除非法院勒令必須進行週期性的治療，否則這項可能將一直存在。但即使是在這樣的情況下，除非父母受到治療中造成的改變所鼓勵，否則他們仍可能試圖妨害治療進展。

　　與父母在一起的時間，應該作為增進孩子福祉的諮商時間。重要的是，

治療師必須銘記在心，與父母會談的唯一目的是孩子的福祉。這段時間可以用來教導父母適切管教孩子的方法；更為常見的，這段時間用來給予父母資訊，幫助他們認識及接受孩子；也可以用來給掙扎不已的家長提供支持。相當有用的是讓家長知道，天下的父母都一樣為扶養孩子所帶來的類似問題所掙扎。

　　一旦父母感受到治療師提供的支持關係，常有父母要求治療師也一併成為他們自己的治療師。我比較不建議這種做法，因為這樣的情形本身就帶有一些利益衝突。當然，某些特殊情況下，例如此治療師是這一帶唯一的心理衛生專業人員，他可能就必須兼任這兩種角色。如果這種情形真的發生，治療師必須銘記在心，偶爾他必須多花一些時間來處理雙重角色所造成的議題。例如：孩子可能覺得被背叛，而對治療師感到憤怒，並在治療時間內玩出他的憤怒。機靈的治療師能分辨清楚，孩子的這種憤怒是因為他感到自己的領域權利受到背叛。

　　假如治療師與第一個孩子建立穩固的信賴關係後，再接手治療他的兄弟姊妹，同樣的議題可能就會出現，而且是以更強烈的情況出現。除非孩子們一起開始接受治療，一起參與團體遊戲治療（由兄弟姊妹組成團體），否則一位治療師同時治療兩位以上手足個案並非上策。如果與治療師一開始的接觸是家庭治療，後來決定除了家庭治療以外，還讓孩子接受遊戲治療，類似的利益衝突議題也會很明顯，雖然還不到手足後來加入治療的程度。相反的，如果治療師一開始是孩子的遊戲治療師，他不應該再轉換角色成為家庭治療師，因為這個新的角色會被孩子認為是對他的遺棄。孩子將會用憤怒及困惑來表達這種被遺棄的感受。

✣ 辨識健康兒童與障礙／受虐兒童的遊戲

≫ 對非促進式遊戲所能帶來助益的質疑

如果孩子的環境具支持性，遊戲本身就能夠有足夠的治療性。在這樣的環境中，孩子最主要面對的問題就只有生活調適的困擾而已。當然，仍有些不尋常的情況發生，例如父母不預期的死亡。即使如此，孩子和剩下的家長仍舊能相互提供安慰。類似地，在離婚之後，細心的父母仍然能夠提供孩子情感上的需要。

若孩子的生長環境相當混亂、暴戾或者極度失功能，或者基於種種原因，父母無法提供孩子必要的支持時，那光靠遊戲是不夠的。父母失職的原因可能是當時情況不允許，屬於短期的問題；或者是因為父母個性的因素，屬於長期的問題。當孩子在一個長期失功能的環境中長大，他們的情感發展會變得挫敗，之前十年有關這方面的所有著作中，都對此舉證歷歷（例：Kempe & Kempe, 1984; Putnam, 1991）。此時，遊戲治療必須提供一面反映世界正面事物的鏡子。以下是說明遊戲對健康孩子治療本質的一個好例子。

惠妮九歲的時候盲腸破裂。緊急情況發生後幾乎一整個禮拜，醫生都尚未意識到真正的問題。那個時候她幾近死亡，腹膜嚴重發炎，她和家人在醫院裡經歷了一段可怕的折磨。十天後她被允許回家，因為醫生和護士已竭盡所能。現在就只剩惠妮的身體與求生意志支持著她。她花了六個星期療養，才再度回到學校。

離開醫院的時候，惠妮帶了很多房間內使用的物品，例如點滴袋、可拋式橡膠手套、小瓶、小盆等等。她的媽媽終於回去工作，有一次黃昏下班回家時，發現惠妮將所有從醫院帶回家的東西都拿出來，跟動物娃娃一起放在客廳裡。每個娃娃都被包紮好。她媽媽說：「天啊，妳今天真

是忙碌！它們在接受什麼手術呢？」

惠妮回答：「喔，盲腸切除，媽媽。這是我唯一知道的手術。」

五天後，清理屋子的人詢問是否要把這些東西移走。她的媽媽回答道：
「不用，只要她需要，就一直把這些東西留在那裡。」接下來的六個
月，這個家庭跟這堆東西一邊清掃、工作和生活。慢慢地，東西漸漸由
房間中消失了，一直到今天，惠妮仍談論著將來想要成為醫師的夢想。

大致而言，健康孩子的遊戲是為了成人生活做演練（Lewis, 1993）。
透過遊戲，孩子練習著去獲得成人功能所需的技能，這被稱為發展性遊戲
（Butler, 1978）。惠妮的例子說明，健康的孩子可以利用遊戲來解決暫時性
的擔心或困惑。但對於一個有障礙、來自嚴重失功能的家庭，或是可能遭受
過虐待的孩子而言，情況又大不相同。接下來是一份有關於健康兒童，與障
礙或受虐兒童遊戲動力的比較。

≫ 健康兒童與障礙／受虐兒童遊戲動力的比較

健康兒童	障礙／受虐兒童
1.與治療師的關係	1.與治療師的關係
健康兒童會與治療師建立比較開放、直接的關係。	障礙／受虐兒童比較會意識到治療師的存在，但可能會刻意忽視他。
他們會投入直接的對話，包含眼神接觸。	即使有，他們的眼神接觸不多。
他們在互動中會有自發、好奇，以及真實的情感。	他們會有以下風格中的一種：
他們願意分享每天的生活經驗及態度。	(a)治療師在場時，他們會感到不自在。
例如：「喔，對啊，我們上星期去動物	(b)他們會乖乖坐著等治療師的指示。在穩固的關係建立之前，他們會很快的

園，看到熊還有斑馬。你知道斑馬有條紋嗎？」

就過度投入治療師。

健康兒童會以下面一種或幾種關係風格做互動：

(a)獨立。無論是獨自遊戲或者和治療師互動，他們都感到自在。遊戲的時候通常很開心，會唱歌或哼出聲音。

(b)可以合作。雖然很多孩子都對自尊問題感到掙扎不已，比賽贏了固然很好，但這些孩子較能接受人生有輸有贏的事實。因此，他們不會有強烈的競爭和依賴風格。

(c)有互動性。這些孩子對於問治療師問題感到自在。他們可能一進來，就會問遊戲室的規則。

障礙／受虐兒童會以下面一種或幾種關係風格做互動：

(a)依賴。他們會等待治療師來為他們做事，想要被告知該做些什麼，且傾向用以下的問題來煩擾治療師，例如「這是什麼？」「你怎麼玩這個？」「我該做什麼？」

(b)競爭性。因為缺乏信任感，障礙／受虐兒童可能想要與治療師有更多的接觸，但同時會想去掌控這段關係。這樣的孩子每次都想贏，甚至為勝利而不擇手段。如果治療師已穩操勝算，孩子甚至會在遊戲結束前，就中途喊停。

(c)攻擊性。從治療一開始，孩子的遊戲方法就顯得充滿攻擊性，導致治療師必須在遊戲一開始時，就必須對他經常設限。然而，一旦度過測試階段，治療師就不需要再設下那麼多限制，雖然偶爾仍有必要。這樣的孩子甚至可能對治療師有攻擊性。

2.遊戲顯得有彈性	2.遊戲顯得僵化
健康的孩子，會自在地熟悉遊戲室。他們也會利用較多種的玩具及遊戲素材。如果他們在布置一個場景，而其中一個必要的部分無法獲得，他們會很有彈性的利用其他不同的玩具來假裝。當這個遊戲場景結束後，他們可以利用同樣的玩具來創造一個新的場景。	這些孩子傾向於多次聚焦在可以用來重新建構其世界，或受虐事件的玩具。內在驅動他們演出受虐場景，使得他們無法利用這些玩具在其他場景中。如果他們無法找到確切的玩具來複製想要的場景，他們可能會全盤放棄這個場景。
3.強度	3.強度
健康的孩子會對遊戲或其中的特定物品，抱持著輕度到中度的強度。他們會利用遊戲來探索情感，或表達無法在學校或家庭裡安全表現的暫時性緊張或衝突感。 他們偶爾會安靜地玩遊戲，但即使在靜謐之中，仍氣氛充滿著安適的強度。他們的遊戲就像是孩子對世界的觀察，並為未來的生活做演練。	障礙／受性虐待孩子的遊戲、動作、語言都顯得強烈。雖然他們的活動可能快速變換，但在不同的遊戲內容中，都保有其強烈程度。每一單元結束後，治療師可能會感到精疲力竭。
4.開放性的遊戲	4.主題模糊的遊戲
健康的孩子可以直接表達負面的情緒或態度，可能透過對話或遊戲進行。如果在遊戲中進行，其中的角色就會公開地對其他角色表達不滿。因為遊戲的主題主要是表達孩子的感受，因此容易加以分辨。孩子會持續表達這些感受，直到他感到釋放或滿意為止。	孩子的遊戲主題顯得較為模糊（例如：他們的遊戲並不會直接表露感受。）幻想遊戲通常是離題、充滿困惑、無次序或模式，或者會固著在某一特定情緒，例如攻擊性。這些特質使得主題難以辨識。雖然這容易使治療師感到挫敗，但務必記得，孩子遊戲的隱喻並非總是可以被轉譯成大人的認知，來加以理解。

5.具整合性	5.分裂
健康的孩子對同一人物、議題、經驗或場景，可以同時表達正面和負面的態度。例如：妹妹娃娃和弟弟娃娃一起遊玩，為了某件事而爭吵，吵完架又玩在一起：「來啊，我們一起去做個……」這的確是真實生活的反映。他們的負面情緒比起障礙/受虐兒童來得溫和……輕度到中度相對於重度。	對於障礙/受虐兒童，治療師可能會觀察到遊戲角色的分裂。一個角色不是大好人就是大壞人。這些孩子沒有辦法看到一個人物，可能同時具有善與惡的特質（Shapiro, 1992）。通常會規則性的出現以下場景：一堆壞蛋、一個受害者、（當孩子在治療中有進展時）可能還會出現一個大英雄。
6.解離性	6.解離性
某種程度的解離是兒童期的正常現象，並不一定就是解離性認同疾患的指標（Putnam, 1991）。事實上，這可以被視為一個進入幻想遊戲的工具，用以解決孩子內心對自我的掙扎。	障礙/受虐兒童有時候會解離。這些解離會表現在從一個未完成的活動，頻繁地轉移到別的事物、衝動或粗心、對剛玩的遊戲健忘、明顯的失神狀態，或行為與遊戲方式明顯改變。（Putnam, 1991）

初始晤談單元應該儘可能用來判定孩子的性格及生活狀態，其中包含之前歷史、症狀呈現以及目前生活環境。資訊同時也應包含孩子的運作風格，以及接觸世界的方式。

有許多蒐集這些資訊的方法，包含與父母會談、與孩子會面、觀察、投射性繪畫，或者正式、結構性的評估工具。若有需要，孩子的治療師必須有彈性地調整方法來獲取資訊。成人感到舒適或習慣的模式，孩子不一定會合作。如果要觀察孩子的互動及遊戲，必須特別注意其中重複的主題。

重要的是和孩子的照顧者保持合作的態度，以利於孩子的蛻變。照顧者與治療師的通力合作，將可使雙方都對孩子有更深入的瞭解。治療師可以提供孩子的經驗及知覺，而照顧者能夠將這些經驗放入脈絡中。例如：在與孩

子相處過一段時間之後，治療師可能發現孩子感到被控制、挫折以及恐懼。照顧者能提供事件背後的相關資訊——原來，最近鄰居間有個壞孩子經常恐嚇她。

　　經過審慎的評估後，診斷可以確立，也能決定最適合孩子的治療模式以及計畫。

第 4 章

達成診斷

✸ 簡介

　　一旦治療師完成初步晤談並觀察了孩子的遊戲，就必須做出診斷。對孩子進行診斷的難度比對成人高，主要是因為孩子不能對他們的症狀給予明確的語言描述。因此，診斷時不但要重視父母、個案工作者、學校老師提供的訊息，更要留意孩子在遊戲時所透露出的訊息。既然遊戲是孩子的溝通方式，它當然也會成為孩子表達苦惱的方式。既然這種溝通方式不如語言溝通那麼明顯，要瞭解孩子的訊息需要比成人更長的時間及涉入。不同的疾患會在孩子的遊戲中呈現出獨特的樣貌。要確定孩子的訊息，必須注意孩子在遊戲中一再重複出現的主題。

✸ 疾患

≫ 品行疾患—兒童期初發

　　品行疾患孩子的遊戲十分相似於對立性反抗疾患的孩子，例外之處是對人及對動物的不尊重及攻擊性、對物品的蓄意破壞以及慣有的偷竊或欺騙（APA, 1994）。父母或照顧者也常反應這些特質常出現在家中。另外，品行疾患的孩子在遊戲中，會一再幻想遊戲中出現對玩具的攻擊，但不像在受虐兒童的遊戲中出現明顯的加害人。換句話說，當孩子重新呈現加諸在他身上的虐待時，在攻擊遊戲中並無一定的模式。這些孩子有時會需要更長的「測試保護階段」，因為他在遊戲室中會破壞物件。

　　經歷身體或性虐待的孩子，在學校、家中常會攻擊他人或具破壞性，但在遊戲中有可能出現加害人。品行疾患孩子的遊戲並不會出現加害人，這點與上面相反。同時，許多孩子會想從遊戲室中把物件帶回家，但這並不是偷竊，而是當作一個提醒，讓他記得在遊戲室裡所感受到的安全。因此，兒童

期初發的品行疾患不能單靠這個準則來診斷。

　　此疾患所展現的許多特徵十分類似於依附疾患，因此詳細的初始晤談是進行診斷時所必需。關鍵因素是父母與孩子之間的依附史，如果在孩子出生的第一個月內，孩子與照顧者有長時間的分離，或是出現照顧者長時間的疏忽，此時的診斷應該是反應性依附疾患。

≫ 對立性反抗疾患

　　父母常形容這些孩子頑固、可憎或很干擾。治療師會感覺到這孩子在他的世界中，遭遇到這麼多認知及情緒上的挫折，他的行動外化只是將其內心的混亂及失控具體呈現。一旦他成為其所處環境中的混亂來源，他就可以操弄混亂的強度並引起旁人的情緒混亂，如此一來，他就可以不必去面對內心的狂暴。然而，藉著這種方式來對環境取得控制，可能會為孩子引發更多的壓力，因為別人所給予的都是負面評價，而這些額外的壓力又會帶來挫敗感，進而又引起更多混亂，如此一直循環。

　　這類孩子在遊戲中會很抗拒並一再挑戰限制，另外，他也會變得挑剔，對玩具的狀態或自己玩遊戲的方式處處尋錯。他甚至會在遊戲中選出一個挑剔的角色，來批評其他角色。

　　對立性兒童通常不會讓治療師一起玩遊戲，如果他讓治療師加入，他就會對治療師有挑剔的控制。

　　賈許七歲時開始進入治療，有一次，他向治療師說：「注意，我拿卡車，你拿直昇機，我們到那邊碰面。」當治療師開始飛行直昇機並發出直昇機的聲音時，賈許停下手中的卡車，問道：「你在做什麼？那是什麼吵鬧聲？」
　　治療師解釋那是直昇機的聲音時，賈許說：「這太蠢了，你不可以這樣做！你來開卡車，我來飛直昇機。」

治療師開始玩卡車並發出卡車的聲音，賈許停下來，問：「你要去哪兒？」當治療師告訴他卡車要開去哪兒時，他說：「不是來這裡，是要去那邊！」雖然賈許不久前才指定治療師說卡車應該要去別的地方，但治療師沒說什麼，仍然依照新指令前行。

經過無數次類似上述的情境，治療師在單元結束之後感到挫折，並對同事說：「本來我以為我瞭解孩子，但現在我不這麼確定了。」

在這種控制及批評的情況下，與對立性反抗疾患兒童一起遊戲，會讓治療師感到挫敗，而這也正是孩子在平常生活中所經驗到的感覺。正是如此，假如治療師接納並尊崇此孩子，如同第一章及第五章所言，孩子會開始遊戲並會引導治療師進入遊戲，如此，治療師就會開始知覺到孩子每天所經驗到的同樣感受。治療師通常會想要避免經驗到這些感覺，因為這令人很不舒服。如果是與成人一起工作，治療師會跟個案談他們的感覺，但因為孩子對感覺是經驗多於討論，因此治療師也必須先體驗這些感覺而非思考。不管這會引起怎樣的不舒服，卻是幫助孩子往安適感前進的重要步驟。

≫ 焦慮疾患

過度焦慮疾患　這類孩子害怕被世界所淹沒，他的遊戲要不是很沒活力，就是太有活力，而且會很快速地轉換活動。焦慮讓孩子很難長時間專注在一個活動裡。這種焦慮有兩種表現方式，孩子可能會變得不受拘束，快速地轉換活動，並問及許多屬於定義的問題（例如：這是什麼？這要怎麼玩？這麼做好嗎？那樣做可以嗎？）；另一種相反的呈現是，孩子在活動中很拘束、壓抑，他害怕探索遊戲室、不敢主動玩任何遊戲或與治療師互動。

過度焦慮的孩子很渴望獲得別人的贊同，結果，他會擔心犯錯以及面對不被贊同或拒絕的焦慮，因而較少出現冒險行為。既然遊戲室是個可以練習冒險的安全環境，治療師應該好好利用這個機會讓孩子經歷焦慮，並冒一些

必要的險來克服它。如果沒有這些必要的步驟,孩子永遠不會知道何謂冒險與成功,而這都是成長過程的重要部分。

分離焦慮 這類孩子最早可以從父母親所描述關於孩子的恐懼中,被發現出來。在初始晤談中,孩子會抗拒離開父母,不想要單獨跟治療師進入遊戲室,在這種狀況下,允許父母一起進入遊戲室是適當的做法,但必須對父母強調的是,父母在那裡是為了提供孩子情感上的支持,父母與治療師之間的討論必須儘量減少,因為孩子仍是關注的焦點。治療師也要特別注意,在孩子感到自在之前,不要將注意力放在孩子身上。在這種情況下,治療師應保持一定的距離,試著用口語介入開始互動,然後在孩子出現邀請時,就可以進展到更多遊戲性的涉入。父母則是慢慢地移出孩子的視線,最後離開房間。注意:當父母要離開房間時,一定要得到孩子的允許。孩子必須知道他可以對父母及治療師期待些什麼,他的感受必須隨時受到尊重。這整個過程會需要經歷好幾次單元,而最重要的就是保護孩子的安全感與信任感。

一旦孩子覺得與治療師單獨留在治療室內相當自在,就會出現一個有趣的現象:他開始抗拒與治療師分開。這看起來好像是孩子對於情境的轉換有困難。通常我們會在單元結束前五分鐘預告結束,因此孩子會知道只剩五分鐘的遊戲時間,但是對此類孩子,最好比五分鐘更提前告知,讓他對於離開提前做調適,「我們還有五分鐘,之後我們就必須把玩具放下並離開。」有時甚至要在結束前十至十五分鐘就先預告只剩五分鐘,這樣孩子才有機會可與治療師在一起處理他的分離焦慮。這樣可以減少孩子在離開時,仍處於對結束的焦慮。父母無法隨時能敏感於孩子的情緒狀態,而提供必要的支持,然而,父母總是會強調自己有時間壓力,讓他們無法對孩子的感覺給予該有的注意。

小女孩妮可的治療師在還有二十分鐘才要結束單元時,就先預告只剩

五分鐘，妮可便坐下來，前後搖晃身體說：「哦！我不想走，我不想走。」

治療師坐到她身旁說：「哦，我知道，這很難，真難，我也不想這麼做。」這會持續十至十五分鐘，讓妮可解決她的焦慮，而她才能舒服地離開遊戲室。

經過抗拒、掙扎，直到最後接受她與治療師的暫時結束，妮可便可以平靜地離開治療師與遊戲室，回到照顧者身邊。

創傷後壓力疾患　此類兒童的遊戲，十分類似於過度焦慮疾患兒童的遊戲。然而，經歷過創傷壓力的兒童會對任何與此壓力事件相關的事物，表現出失去賦權感（disempowerment），而這種失去賦權感可能會以焦慮、憤怒或無助來呈現。通常孩子會發展出一套因應之道，來應對這些與創傷有關的大量焦慮（Terr, 1990），他可能會截取事件中的某一小部分，然後一再地重新演出。倘若觀察者並不知道孩子經歷過創傷，單獨看重複行為其實很難發現它與創傷事件之間的關聯。當孩子有了比較強的因應技巧，他就可能在遊戲中用較易辨識的方式，一再重新演出完整的事件。或者整個事件可能以隱喻、不易辨識的方式，作為事件的重新呈現。在這種情況下，在下診斷時必須考慮其他症狀。

父母親常會先注意到孩子的行為模式突然改變。孩子可能會突然變得害怕與帶來安全感的大人分開，變得不喜歡嘗試新經驗，並會開始做惡夢（Dulcan & Popper, 1991）。他也可能會出現發展上的退化、遺尿、遺屎或是退化的語言模式。

在遊戲及日常生活裡，孩子很努力想重新取回被這突然、巨大事件所奪走的控制感，而這種控制感會以僵化的行為模式要求來呈現。在遊戲中，孩子可能會一再想要建立界限，有些是身體的界限，例如：「你是虎克船長，

我是彼得潘。記住，我們應該這樣玩。」如果真是如此，這孩子可能是以創傷後壓力疾患合併強迫特徵來呈現。若這種僵化伴隨著孩子的憤怒與暴怒，他可能是以對立性反抗疾患或兒童期初發的品性疾患來呈現。儘管如此，遊戲行為會在幾個方面有所不同。在遊戲中會出現壓力事件的主題，也有可能出現可指認的加害者。被認定為加害者的人，固然可能出現違反他人權益的行為，但是在遊戲中以及在與治療師的關係中，對他人的整體尊重仍然保有。

　　有一些特徵可以區辨出經歷急性創傷（例如：死亡車禍）的孩子與經歷過（或正在經歷）慢性長期創傷（例如：重複的性虐待）的孩子。

　　經歷過急性創傷的孩子，在遊戲中可以很快有效地運用他與治療師的關係；而經歷慢性長期創傷的孩子，則會因受虐之故而在關係中掙扎。對後者而言，信任關係的建立是治療的必要部分，就算已經進入工作階段，孩子還是必須持續監控治療關係是否足以支持自己來處理受虐議題。經歷急性創傷的孩子，會出現較高的焦慮；而經歷慢性長期創傷壓力的孩子，則會有較多的憂鬱。經歷急性創傷的孩子，其遊戲會從創傷之前的遊戲出現改變，當孩子開始在遊戲中重演整個或部分的創傷時，遊戲則進入新的境界。處於慢性長期創傷壓力的孩子，其遊戲則是在虐待開始之後就會有改變，但他一直用已經改變後、且與創傷有關的遊戲模式在玩，使得這種遊戲風格對他而言看似正常。他的遊戲並不能減輕他的症狀，因為遊戲並沒有關照到創傷，創傷也無法被消除。他的遊戲已經將改變融入，成為失功能的生活適應模式。

　　鮑比是被凶猛的牛頭犬攻擊過的七歲男孩，他走在一部停好的貨車旁時被狗攻擊，牠跳過籬笆並瘋狂攻擊他，在他臉上留下疤痕。因此，現在他害怕走在停好的車旁邊，也特別害怕狗。
　　第一次與治療師碰面時，他非常安靜，經過一段簡短初始晤談的問與答之後，治療師告訴他可以開始玩遊戲，他們可以玩任何他想玩的。鮑比

很快地選了一支手電筒，拿起娃娃屋，開始用手電筒燈光上上下下照這屋子，他非常仔細地把這屋子每個角落都照到。

治療師馬上發現在第一次單元很少出現這種遊戲，他走過去並在靠近男孩的地方坐下來。看了一陣子之後，治療師說：「哦！你想要看清楚這房子。」過了幾分鐘，她說：「你要確定這房子不會有讓人驚嚇的地方。」在這次遊戲結束時，她說：「你想要確定這是一個讓你可以待下來的安全地方。」

鮑比的過去經驗讓他學會，在接受任何新環境之前要先存疑。他以檢查娃娃屋的方式，表達他對於新環境的不安全感。請注意治療師與鮑比的對話，治療師很聰明地沒有在一開始就說：「你想要確定這是一個可以待下來的安全地方。」在一開始時，很重要的是要給一些沒有威脅的陳述，可以在某種表淺程度上提及孩子的議題，同時仍可聚焦於孩子的情緒。例如：陳述他檢查房子是個好的開始。很重要的是，一開始先反映孩子的行為，然後再移到情感性的陳述，同時允許孩子設定步調。

≫ 身體化疾患

在父母描述孩子的症狀之後，身體化疾患通常就會很容易診斷出來。一般而言，有身體症狀的孩子在轉介之前已先看過醫師，因此，相關的人就會知道此疾患的病因屬於心因性。孩子的遊戲通常可以看出引起心因性反應的壓力源。

≫ 適應疾患伴隨憂鬱心情

兒童的適應疾患伴隨憂鬱心情有可能很複雜。他們可能會出現與成人類似的症狀（例如：沒胃口、對日常活動失去興趣、嗜睡等等），也有可能出現正好相反的症狀（例如：變得十分活躍——行動外化行為、易怒、情緒疏

遠），這常常會導致孩子被診斷為對立性反抗疾患，但事實上，孩子是處在憂鬱狀況，這也因此顯示完整初始晤談的重要性。這孩子的遊戲主題會圍繞在失落與哀傷，而且會重新玩出促發事件，儘管它將會在不同的遊戲脈絡中呈現出來。失落有可能不是很具體，例如父母死亡、父母離婚或分居，而是比較抽象的，像是失去自尊或安全感。

≫ 自殺的兒童[1]

比適應疾患伴隨憂鬱心情更要有診斷精準性的是自殺的兒童。這類孩子的遊戲常可見到無望感、無助感、自我破壞的主題，他們可能會玩出悲傷、失落、無法挽回與沒有價值感等主題。當他們看見遊戲室內的槍或刀這些玩具，他們不是像一般人向外瞄準，更常見的是他們朝自己瞄準（例如：把槍抵著自己的頭、把刀架在自己的脖子上）。他們並不看重自己的身體，有時他們會扮演超級英雄，但不幸的是，至少在那個時刻他們會沉溺在神奇想像中，並相信這是真的。因此，治療師必須很注意這類孩子，以免他們做出超人的舉動而傷了自己。

目前已觀察到一個令人不完全瞭解的現象：這些孩子常會將小玩具從娃娃屋的窗戶裡扔出去，或是在家中把東西丟出窗外（Pfeffer, 1979）。在感到絕望之際，他們想要讓某個人知道他們那種沒有希望的經驗，但是他們也覺得不論他做了什麼，都無法改變他們的環境。

對這些孩子的治療工作中，有一部分在於協助孩子看到他的行為，可為其所處的情境帶來正面的改變，因為經驗到這樣的因果關係能賦權孩子。在遊戲中要達成這種賦權的方式，就是每當前面的某個行為帶來改變結果時，便讓孩子注意到。例如：孩子設的一個場景中，有一群孩子一起玩，有個孩子卻掉進一個深洞中，這個孩子（在遊戲中）受到驚嚇並害怕再也無法爬出

---

[1] 這並不是 DSM-IV（APA,1994）的診斷類別。

洞外。就算孩子不允許遊戲中的角色爬出洞外，治療師仍可指出：「雖然他現在還沒辦法爬出洞外，但他仍然撐在那兒，他知道自己夠強壯，可以撐到他想出辦法爬出洞來。」

在遊戲治療過程剛開始時，這類遊戲比較會出現，隨著時間過去，每一次的遊戲都會順著賦權的方向有所進展。以上述的例子來說，在下一次的遊戲單元裡，孩子可能就會呼喊別人（很有可能是治療師，或是孩子要求治療師在遊戲中扮演的某個角色）來幫他爬出來。接下來，他可能就能夠找到某個東西來幫助自己爬出來；再之後，他可能就會先看到洞口，而不會再跌進去了。

從這個遊戲過程中所獲得的賦權感，並不吻合過去那種無望感及無助感（Gunsberg, 1989）。

≫ 飲食疾患

患有飲食疾患的孩子，其遊戲中心主題是權力與控制。由於孩子覺得自己無法控制遊戲室外的生活，他們就會在感到安全、接納的遊戲室裡，展現他們內心對控制的渴望。這類孩子的遊戲與對立性反抗疾患的遊戲十分相似，但前者更為侷限（constricted），例如：對立性的孩子會對治療師提出要求，而飲食疾患的孩子則會展現對遊戲的控制，而非直接控制與治療師的關係。吃的這個主題有可能會出現，但不必然。

≫ 認同問題

有認同問題的孩子很忙碌，在遊戲裡他會實驗性地扮演好多個角色，同時也會希望治療師也這麼做。當然，還有哪裡會比遊戲室更適合這麼做呢？他們玩裝扮遊戲、戴眼鏡、玩捉迷藏等等，但當需要他們做決定時，就會很有困難。某種程度的認同混淆會出現在兒童期，以及特別是青春期早期，因此孩子是否達到過度認同混淆的一個良好指標，就是治療師因為孩子不斷地

改變角色（孩子及治療師的角色）、改變遊戲場景與遊戲脈絡，而在遊戲中顯得困惑。

在某次單元中，凱莉要求治療師扮演父親，過沒多久，她又要治療師扮演母親，接著扮演妹妹，最後治療師想到：「等一等，我忘記我現在是誰了。」

在這次的遊戲單元裡，治療師開始對於她被指派的角色產生困惑，而當這種感覺出現時，這就是孩子平時普遍感受的一個良好指標。如同先前所提，孩子主導遊戲的方式常是讓治療師去複製孩子的角色，雖然此角色可能被偽裝成別的角色。因此，透過融入角色，治療師就會經驗到該角色的感覺，而這也正是孩子將他所處情境傳達給治療師的溝通方式，如此治療師才能真正同理孩子的感覺。

≫反應性依附疾患

與有認同問題的孩子很類似的是，有反應性依附疾患的孩子。兩者除了在遊戲上的相似之外，後者會在一次一次的單元中出現起伏性的兩極化情緒，例如：某一天孩子會將治療師看成是世界上最棒的人，治療師會在這次遊戲結束後認為進步很多，但在下一次，治療師卻必須花上所有的時間來制止孩子傷害他。此外，孩子會選擇一個主題，例如遺棄，然後一直堅持下去。

通常，與這類孩子工作時，要採用比在遊戲治療時更指導性的方式，不過遊戲治療還是可以當作是親近孩子的媒材。從遊戲中，有關他的行為對旁人（例如：治療師）的影響這方面的訊息可以轉知給孩子，界限也要加以設立，而治療師也要傳達對孩子的關心。但由於這種疾患的本質使然，這些訊息要以溫和但堅定的方式傳遞給孩子。此治療過程的時間可能會不成比例地

拉長，就有點像是遊戲治療中的測試保護階段。一旦診斷成立，若治療師還是想利用遊戲治療幫助這些孩子，則必須改編這種特別格式，或是轉介他們到擅長此疾患的治療師那裡。

≫ 解離性身分疾患

解離性身分疾患的患童，可能在四至六歲時就開始出現分身（Courtois, 1988; Kluft, 1985）。孩子患有解離性身分疾患的指標之一，包括孩子曾經受虐但卻無法記起整個事件。其他指標包括孩子每天、甚至每個小時，在技能、知識、食物偏好、運動技能等這些應當是穩定的特質上面，展現出明顯的差異，特別是字跡、數學知識、工具的使用以及藝術能力等（Courtois, 1988）。父母或老師最容易發現這些差異，而在遊戲室中，治療師也會注意到不同的分身會展現不同的人格形態及遊戲模式，例如：孩子會提到某一部分的自己，甚至會要求在不同的日子用不同的名字（例如：希望今天被稱為鮑比，另一天則是羅伯特），而且他的穿著也會不同，像是某天會穿髒又破的衣服，舉止粗暴、狂暴，而另一天則是穿著乾淨考究的衣服，舉止得宜且有禮。

解離性身分疾患的患童，通常對很基本的事情，會有不尋常的健忘或混淆，例如：老師與朋友們的名字、重要的事件、自己擁有的物品等。他們可能會出現快速的行為退化，或是展現與年紀不相符的行為（例如：十歲仍一直講嬰兒般的話或是畫作像三歲小朋友）。即使證據非常明顯而立即，他仍然堅決說謊或否認他有做過某個行為，這可能代表其實是分身所做的行為，而本尊並不知道這件事（例如：一邊說「我沒有吃餅乾」，但嘴裡仍有餅乾屑）。

另外，超過六、七歲的解離性身分疾患患童，常被發現常與想像中的玩伴對話（Ross,1989）。要注意的是，單獨出現這些症狀之一，並不足以做解離性身分疾患的診斷，此時更需要做的是，找出更多的指標來確定診斷。

≫ 強迫性疾患

強迫性疾患兒童的遊戲很侷限，他會扮演被指定的角色而非充滿幻想或象徵性的角色，他也較喜歡有結構性的遊戲，因為他要明確知道規則並確實遵守。很難從強迫性疾患兒童的遊戲中，獲得太多的詮釋價值。治療師首先可以為孩子做示範，讓他知道不按牌理出牌是充分被允許的，這樣孩子的遊戲才會更有擴展性。若有必要，治療師可設定一個情境來讓孩子體會在慣有界限之外的寬廣經驗，例如：當他們在沙箱玩時，治療師可以「不小心」將一些沙子推出箱外而掉到地板上，然後接著說：「哦！那沒關係」。

≫ 自戀型兒童

自戀型兒童很明顯對於他人的感受缺乏同情或同理心。每當他在某一天有某種感受，他就會以為周遭的人也和他有著一樣的情緒強度，而且當下的感受是通通都相同，有時還很有破壞性。例如：有一天孩子來遊戲室，心中覺得被老師騙了，因為老師並沒有在班上的話劇中，指派給他所想要的角色，接下來他的所有行為都會從這件事開始衍生。他會把每個與他互動的人，都視為欺騙他的人，他的假設是認為，治療師也是用這種角度在看待世界。當然，他的感覺並不理性，但是他沒有辦法從另一個角度來看這件事情。若是有人想用說理的方式安慰他，或是要他替別人多想想，他的憤怒會發洩在這個人身上，因為要他這麼做，就如同希望太陽繞著地球旋轉一樣不可能。

自戀的孩子容易在遊戲中感到無聊，並表現出明顯的抑制，並將之合理化為無聊（Kernberg, 1989）。一開始這類孩子會從事有結構性的競賽遊戲，但是，任何的失敗都會帶來強烈的焦慮或發脾氣。取決於孩子當天的情緒，他的遊戲也時常在改變。在遊戲中要跟隨他的主題相當困難，因為當下他認為這個世界究竟是接納或拒絕他的這種知覺，有著極大的波動。這類孩子會

過分要求治療師，而那方面的特性也會蔓延在遊戲中。

　　若遊戲室中有錄影設備，孩子喜歡自拍，他們也很喜歡上臺表演或演出布偶劇，因為布偶會讓焦點放在孩子身上，同時在展現情緒方面可以有距離，也不用擔心被認為有錯。

≫ 精神分裂的兒童

　　精神分裂兒童的父母，會說三、五歲之前孩子的發展正常，而在這個年齡當其他孩子的合作遊戲能力開始增加時，他們的孩子卻開始退縮，他們的語言也開始減少，甚至完全放棄說話或是發明新的字彙。他們會出現怪異的幻想，因此他們的遊戲，如果他們願意玩的話，也都有著怪異的內容，例如：他們會害怕某種生物體可能來抓住他們進行共生關係，因此他們會失去所有對自己的控制及感覺。

　　由於大部分的孩子都有想像的朋友，而這並不表示孩子就是有嚴重的疾患，所以父母親起初常無法理解這個朋友是否算是異常。然而，這類孩子很難從幻想中抽離而回到現實，甚至分不出當中的差異。治療師無法在遊戲中找到模式，因為遊戲常是相當鬆散及斷裂。若確定有此診斷，就該停止使用遊戲治療來作為改變的方式，因為當這些孩子處於住院治療情境，並可在二十四小時觀察的狀況下，遊戲治療對這些孩子才可能有幫助。一旦他們的意識處在比較清明的狀態，他們可能可以透過遊戲、沙遊或藝術創作，來與治療師溝通。

第 5 章

探索階段

✣引言

每個孩子都有獨特的成長過程與生活經驗，故遊戲形式和內容都各具特色。然而，在遊戲治療的過程中，我們仍然可以區分出某些階段。這些階段將會以在治療過程的兒童遊戲中所共同具有的特點來描述。在這些特點或原則之下，每個孩子表現出自己的個性，也有屬於自己的問題。

第一個階段是「探索階段」，這個名稱的由來是根據兒童在此時期的活動本質。這個階段有兩個主要的治療目標：第一，讓兒童熟悉遊戲室而且在裡頭能覺得自在、舒適；第二，治療師開始和兒童建立關係。

這個階段從兒童第一次進入遊戲室、單獨和治療師相處的時候就開始了。對孩子來說，這是嶄新的經驗，跟從前被父母帶去給家庭醫師或者小兒科醫師看病完全不同，也跟上學不太一樣，而且父母可能也沒事先告訴孩子會碰到哪些事情。所以，第一次的接觸就是要讓孩子認識治療師、瞭解遊戲治療。

兒童一進到治療室裡，就會對整個房間、房間裡的東西，還有治療師產生興趣。重點是，治療師要讓兒童用「自己的步調」，也就是用平常生活的方式來進入這個經驗。有些兒童會認為等著聽治療師的話比較安全，也有些兒童會直接去玩玩具。這時治療師要利用這個絕佳機會告訴兒童，這個房間就是給他用的，而且在這裡他高興怎麼樣都可以。

起初，看看玩具一定比和治療師互動來得不那麼可怕，也比較有趣。這時只要孩子不傷害自己，也不傷害治療師，治療師就應該藉著接受兒童的行為，開啟尊重過程的「構成階段」。治療師尊重兒童，接受他的行為模式，瞭解他不管是挑釁反抗也好、害羞退縮也好，都需要用自己的方式來表現自己（Axline, 1947b）。這樣的接納可以幫助兒童瞭解遊戲室對他來說，是情緒和生理上都很安全的地方。

✣ 初期探索

在初期探索中，兒童可能會對治療師說出對這裡的玩具有什麼看法，他的話可能從正面表達（比如：「哇，你有好多玩具！」），到比較謹慎、甚至負面的說法（比如：「這些玩具都不好，很無聊！」）。早期的這些評語通常暗喻著兒童看世界、看周遭人們的方式，也隱含在和治療師建立新關係時他所需要的保護，以及他所能信任的能力。此時治療師的責任就是，不管兒童決定怎麼表現自己，都要接受他的經驗與感受，並且陪伴他（Moustakas, 1959/1992）。此外，治療師尊重、接受這些評語，也是因為這些代表了兒童怎麼看世界。舉個例子，如果兒童很怕某個玩具，治療師必須相信這些恐懼都是真的，而不要嘗試說服兒童不去害怕。兒童的情緒及行為都基於兒童的知覺；對兒童來說，他們的恐懼都是真實的，應該被尊重。

還有，治療師要表達出對兒童知覺的接納，同時也要讓兒童知道他說的話有被聽到以及接受，做法是透過反映表達背後所傳遞出的保護需要（可以說：「玩具想要知道，玩遊戲的時候它們很安全。」）

在探索階段，兒童會繼續在遊戲室裡四處探險，選自己喜歡的玩具；他可能一個玩具只玩一會兒，然後再換一個。他可能會說些有關玩具或玩法的話，這些話通常很短，卻很有意義。在早期遊戲，兒童不會持續玩某種東西、也不會發展出主題，可是他們那些短短的話卻包含很有意義的內容，從內容就可以聽出日後他會發展出來的主題。治療師應該在適當時機，只用回應且配合兒童的表達方式，來確認理解這些訊息，比如「卡車想知道自己多有力氣」或者「魔杖裡有很多大家都不知道的願望」。治療師讓兒童知道他有聽到他的表達，也尊重這些表達。但是，探索階段卻不像初始晤談（intake stage）一樣，此時治療師並不指導兒童任何遊戲的方向。再說一次，這個階段的主要目的，是讓治療師尊崇兒童的自我表達。透過這個方式，治療師給兒童建立安全的環境和治療關係。信任治療師之後，兒童才能

投入遊戲治療的下個階段「測試保護階段」。（請參考第八章，豐富「遊戲作為隱喻」的過程，以更進一步討論這個治療階段的適當反應）

✤ 兒童在探索階段常問的問題

「這個（玩具）為什麼在這裡呢？」

這個問題背後的意思是，「我為什麼要來這裡？」治療師的回答應該針對背後的意義：「那個（玩具）很珍貴；（玩具）在這裡我真的很高興，因為這樣我就可以好好瞭解它了。」透過讓兒童最熟悉也最放心的玩具，治療關係逐漸建立起來。事實上，在這個階段中，治療師常常得和玩具說話，而不是直接跟兒童溝通，因為目前直接給兒童回饋，可能太過具威脅性或侵略性；相反地，透過玩具向兒童說話，可以讓兒童繼續保持安全感，也同時讓他體會到治療師所表達出來的尊重。兒童會覺得，終於有人能用小孩的角度瞭解我的想法，我說的話會有人傾聽、有人尊重，這個人還懂得我說的這些話對我來說真的很重要。

「這個要怎麼玩？」

孩子根本都知道該怎麼玩。所以，這句話其實是說「我跟你一起在這裡的時候，應該怎麼做？」你可以這麼說：「這裡的玩具想變成什麼都可以，比如說想變成大卡車、想變成太空船，就算想飛到月球都可以。在這裡，你希望東西變成什麼樣子都可以。」這樣的回答告訴兒童，在遊戲室裡，他可以放心做他自己，而且他之後在遊戲治療「依賴階段」冒出來的幻想遊戲，也都可以被接受。

「你玩過這些玩具嗎？」

隱含的意思是，「我玩的時候，你會不會陪我一起玩？」通常的回答

是：「玩具如果只想自己玩自己的，也可以。如果它們邀請我一起玩，或者希望我陪它們玩，我們就一起玩。」這傳達給兒童的訊息是，只要他邀請治療師，治療師隨時可以加入他的遊戲經驗。

「你也看其他的小朋友嗎？」

這句話的隱喻是，「我對你來說，有多重要？」治療師最好的回答方法是告訴他：「是啊，而且你在遊戲室裡面的時候，你就是最重要的人！」如此這般，治療師可以把焦點拉回到遊戲室裡的關係，也把重點放在兒童身上。這點非常重要。

「你為什麼要做這個工作？」

他要說的其實是：「你會不會站在我這一邊，按照我說的方法，看待我的觀點？」好的回答是：「因為我在乎小朋友。我小時候常常覺得沒辦法照自己的意思高興怎樣就怎樣，有時候大人也沒空理會我們這些小孩子。我想陪你玩，瞭解你的想法，聽聽你發生了哪些事。」這樣可以告訴兒童，治療師以兒童為中心。

這就是家庭治療和兒童遊戲治療不一樣的地方。在家庭治療時，和家長站在同一陣線非常重要；但在遊戲治療中，治療師卻要和兒童結盟。當然在家庭治療中，治療師也必須在某些部分和孩子聯合，但是如果太以兒童的觀點處理事情，可能最後連治療師都與家長對立而收場。這時重點就要仔細檢視這個孩子所處的家庭系統了。

「你住這裡嗎？」或是「你會不會一直待在治療室裡面？」

問這個問題，常常在遊戲治療過程比較後期的時候出現，不過也可能在探索階段快結束的時候出現。這個問題背後的隱喻是：「我可以跟你住嗎？我可不可以永遠跟你在一起？」對兒童來說，治療師代表著安全，所以他會

想說：「我想一直跟你在一起，因為我覺得在這裡比在其他地方安全。」

　　適當的回應是這樣的：「當我跟你在一起的時候，我會一直在這裡，我也喜歡跟你一起在這裡。」

✤ 啟動自發性遊戲

　　隨著治療第一階段的進行，兒童漸漸感到安心，而且可以謹慎地開始某些自發性遊戲，表示他的防衛心不再那麼強了。此現象的重要性在於顯示兒童正從「尊崇」的過程中，經驗到尊敬、照顧、接納、瞭解與陪伴，而其結果就是兒童能夠表達出安全感，並且對治療師有更多的信任、較少的防衛。兒童常常會表達出他們對第一次單元的喜歡，他們常用的說法是：「我也想要一間這樣的房間」，或是「我希望能夠住在這裡。」

✤ 結束第一次單元

　　兒童剛進入探索階段時，整個遊戲治療對他來說是個很神奇的事，而當第一次單元結束時，他會覺得自己得到治療師全心的重視，因此會很喜歡這個經驗。通常這樣的感受會讓兒童本來的干擾行為自動減少，看起來他的問題暫時有進步。但是，這種進步很短暫，因為他會用這種治療中形成的新安全感來面對治療師，以便建立更深、更安全的關係。現在，兒童知道這個治療關係包含了接納與瞭解，也準備好要面對及確定治療師能不能接納和瞭解其他人不能接納他的那些部分。這種更深的關係會在「測試保護階段」逐漸產生，並且進入遊戲治療的工作階段。

　　探索階段在圖1-1「遊戲治療的各個階段」中，指的是 A 點到 B 點的部分。

瑪莉亞的治療單元

以下摘錄的是六歲的瑪莉亞，第一次在遊戲室的情形。媽媽帶她來治療是因為她不聽話。（M：瑪莉亞；T：治療師）

單元	說明
1.M：（進入房間，走向沙盤，把手插到沙子裡頭去。）*這是什麼？* T：那是沙子。	1.小朋友走進房間時她會問，*為什麼我要來這裡？這裡是做什麼用的？*因為她碰的玩具是沙子，另一個主題是*你會關心我的感受嗎？*（請參考第二章「沙盤」）
2.M：我想也是。 T：是啊。	2.再度跟瑪莉亞保證這是給孩子玩的地方。
3.M：（環顧四周，有點緊張地笑）	3.她以某些焦慮及遲疑，感受著探索的自由氣氛。
4.T：*這裡有各種玩具，你想怎麼玩就怎麼玩。*	4.治療師為孩子的探索渴望，提供支持及鼓勵，讓她能在這個新經驗中獲得熟悉及安全感。這句話的隱喻是，*在這裡，你想怎麼做都可以。*
5.M：*你還有白板耶！*（緊張地笑）*真想不到！*（環顧四周） T：*是啊，我們有個白板。*	5.*有些我喜歡的東西，你居然也有。*遊戲室以孩子為焦點的布置，還有治療師關心接納的態度，都讓瑪莉亞很驚訝。
6.M：*你什麼都有呢。*（緊張地笑） T：*架子上有很多東西。*	6.這裡隱喻著：*我知道了，這個地方可以好好地照顧我，都我也可以放心跟你講所有的事情。*
7.M：（轉回沙子）*這個沙子真好啊，又細又軟，比學校的好多了。*	7.她知道這裡的經驗會比學校的安全，而且在這裡她也會有不同的體驗。

8.T：*你喜歡它的感覺。*	8.隱喻：*你喜歡你在這裡看到的東西，也喜歡在這裡的感覺。*
9.M：*嗯……只有一點，沙子會黏在手上。（把手上的沙拍掉）要做其他事情以前，還得先把沙子拍乾淨。*	9.隱喻：*我被那些感覺困住了，在我要做其他事情以前，這些感覺必須先處理好。*
10.T：*是啊，你得先弄乾淨。*	10.治療師重新確認上面的隱喻
11.M：*（環顧房間）這裡什麼都有。* T：*是啊，這裡、那裡都有很多東西。（指向房間的另一邊）*	11.隱喻：*我有很多想法要告訴你，可是現在我實在是太驚訝有這種機會了。*
12.M：*還有玩具電話。（拿起可攜式話筒）我喜歡玩具電話。我的電話、電話本子，還有電話線旁邊也有媽媽的話筒。* T：*喔，所以你喜歡講電話。*	12.隱喻：*我想跟人談談我的溝通問題。其實我想跟媽媽談，想跟她更親近，因為看起來她好像對別人比較有興趣，比較不想理我。*
13.M：*嗯，這些都是扮家家酒的啊。（把話筒翻過來按鈕）奇怪，按一個鈕，結果所有的按鈕都會凹下去。這是什麼？有個警鈴呢。（翻過來檢查）這個好像有點壞了。這個……（放回架上，拿起另一個）這個比較新。（看到手銬，很興奮地說：）噢，手銬耶！好好笑喔！* T：*我們居然還有手銬。*	13.瑪莉亞希望媽媽多把注意力放在她身上，而不要總是花很多時間講電話。那是我的願望（幻想）。可是我的願望沒有實現，我想那大概是因為我有些地方很奇怪，連媽媽都不能接受。我覺得心裡有個壞掉的地方，缺了東西。（覺得受傷） 我希望事情可以變好。 接下來，個案因為情緒驅動而投射到手銬上。

14.M：（拿起鑰匙）這應該是鑰匙。（檢查手銬）很奇怪耶……（緊張地笑）……不能用……要怎麼才能……把人鎖住？大概是這樣弄……我用錯方法了。（大聲說：）對了，真的弄錯了，瑪莉亞，這就是你做事的方法嗎？ T：唉……我也不清楚。不過看起來你把鑰匙放在正確的地方「鑰匙孔」囉！而且你也很努力要把事情做好。	14.手銬所代表的是控制的議題（媽媽和她之間的關係）。我要怎麼讓這個「重要他人」待在我希望她待的地方？她（媽媽）把我鎖在母女關係裡錯誤的位置了。瑪莉亞覺得自己犯了錯，需要別人教她怎麼辦。這就是我跟媽媽之間的關係。
15.M：也是啦，不過……還是鎖不起來。啊，我一定拿錯鑰匙了，我得拿到對的鑰匙。（繼續努力試鑰匙和手銬。）噢，錯的鑰匙。這把應該是對的了。嗯，我希望可以成功。還是不行！笨笨。（把東西放回架子上）他們製造手銬可是……	15.是啊，可是還是沒有用。所以囉，這個時候我就覺得我做錯了。 注意：目前治療是在探索階段，雖然治療關係還沒有完全建立，但主軸已經慢慢浮現，只是還不是一直維持這個方向。 瑪莉亞的退化性言詞是告訴治療師，她從牙牙學語的嬰兒時期就開始受人際（母女）關係的困擾。結果卻是一個她目前無法解決的負面經驗。她在母女關係中的挫敗感受，現在又重新浮現了，而且進入比較深層的部分，然後卡住了。這個線索可以引導她深入自己的經驗中，只不過目前的治療關係還尚不足以處理那些經驗。

16.T：要知道怎麼讓這些該死的東西好好運作很重要呢。	16.這隱喻著治療的內容之一，是要求媽媽改變她的控制，還有要多親近她。
17.M：（看著治療師：）對啊。（環顧房間四周）有個安全帽。啊！玩具刀子，真怪。（檢查刀子）不過滿髒的。	17.因為我沒辦法讓東西動起來（沒辦法控制），我需要什麼來保護自己的情緒不受傷。 這讓我覺得自己很奇怪……（第二次用到奇怪這個詞）……而且很髒……（覺得丟臉、羞恥）。 「刀子」本身並不「髒」。
18.T：嗯，我們有很多種不同的刀子喔。	18.治療師肯定瑪莉亞所說的「這裡的東西很奇怪」，也肯定瑪莉亞有時會感覺自己跟人家不太一樣。
19.M：這個壞了。這個很大。 　T：的確很大。	19.我生命中重要的那個大人壞掉了。
20.M：對呀，他們需要大的刀子。他們跟我們說的。（把刀子從鞘裡拔出來）嗯，拔出來了，真是一支好大好大的刀子。（把刀子放回架上）你知道我的姓怎麼寫嗎？	20.我需要她，她對我很重要。我必須知道，她是不是都在那裡等我。 「你知道我的姓怎麼寫嗎」隱喻著大刀子代表的人，決定了我是誰，就好像我的姓一樣。我們可以猜測她們的母女關係目前陷入糾結。
21.T：嗯……我猜妳知道怎麼寫。	21.我想用妳想表現給我看的方法來認識妳。
22.M：（走到白板那兒）我是知道。（緊張地笑，拿起一支白板筆）我現在要……（瑪莉亞把自己的姓寫在白板上，而且一邊寫一邊把每一個字母唸出來）我用拼音	22.我知道我希望自己是誰。我現在的身分、我希望自己是誰，還有我比較喜歡自己的樣子都不一樣。這讓她緊張。 當瑪莉亞說：「現在我要……」然後

的。（緊張的笑）我現在一年級。（看看白板擦）這個很好，摸起來很軟。	停了一會才接下去「我用拼音的」，這是在透過隱喻告訴治療師，她希望人家可以把她當孩子來瞭解，而不是期望她像個大人。 「我現在一年級」這句話強調她還是小孩子。 她對白板擦的描述「很好、很軟」指的是我喜歡你跟我在一起的方式，這讓我覺得很安全、很舒服。
23.T：妳已經會寫自己的姓啦！	23.妳喜歡妳現在的兒童身分，也喜歡表現得孩子氣。
24.M：嗯嗯，我也會寫我的名字喔，是這樣拼的……（瑪莉亞把名字寫在白板上）	24.我覺得跟妳在一起很安全，所以我要跟妳熟一點，不要太拘謹。
25.T：哦，妳會寫妳的名字還有姓了！	25.妳可以告訴我，妳的事。
26.M：（笑）	26.前面對話所隱藏的內涵，讓瑪莉亞有點焦慮。她覺得有點說太多了，怕太快進入這樣的治療關係。她會很矛盾，是否要享受這樣的關係，也會擔心這是不是會變得像她跟媽媽的關係。
27.T：妳會寫妳的全名。	27.這個回答會讓她進入比她預期更深的治療層次。這句話是要求瑪莉亞更進一步，就好像在生活中，瑪莉亞正在掙扎於其中的期望類型。

28.M：（笑）中間的那個字還不會，我還沒學會那個字呢。我中間的名字叫做 *Gloria*，有個同學也叫這個名字。我想應該是這樣拼的……*G*……（努力把音節拼寫出來） T：聽起來是這樣沒錯。	28.我願意告訴妳我知道的，不過拼湊起來好不好就不知道了。我願意試試看，跟妳說說我的經驗。
29.M：嗯，是啊，我想也是這樣拼。你有個籃球框，不過籃球在哪裡？（看架上） T：妳可以隨便用一顆球當籃球。	29.我會儘可能努力告訴妳，我是誰了。這樣的經驗就像她被人期望像個大人一樣，所以瑪莉亞把焦點從「大人」轉到籃球去。 籃球框給孩子一個和大人相處的經驗。大人，總是比他們高、比他們壯。
30.M：這個……（拿起海灘球。）很簡單。（投籃，結果沒進球）噢，我忘了。（笑）是有點難。（把球朝框下的牆面丟，大笑）哦……（大笑）好球！（丟球、進籃） T：哇！（鼓掌）	30.瑪莉亞覺在遊戲室裡，治療師的自信也傳到她身上，所以她會忘記原來有些事並不容易做到。然後她想起來其實沒那麼簡單。注意這時，瑪莉亞用嘲諷的態度評估自己的情形，然後才完成她要做的事。
31.M：正中紅心耶！ T：進一球！ M：（再投，兩球沒進） T：差一點就進了。	31.有時候我也會做對事情的！

32.M：好，準備好了。（跳投，又沒進）有時候，有的人會用跳投的，可是我不會。（射籃，沒進）噢噢，差一點又進了。（再射籃，仍然沒進）	32.我試著討好人（討好某人）。我一直跳、一直跳，想看看能不能成功。只差一點點就行了，可是還是不太夠。
33.T：就差一點了。	33.這句話是有鼓勵的意味，但是與她要努力克服的別人期望，其實有異曲同工之妙。比較好的回應是，你很努力地用妳想要的方式做事情。
34.M：（把球丟在一邊，拿起珠寶盒）我看看……我想這裡面一定有很多玩具鈔票。閉上眼睛。（打開寶盒） T：唔！好多錢哪！	34.瑪莉亞沒辦法達到期望，所以感到挫敗。她現在看到了珠寶盒，可是說裡面是玩具鈔票，這意味著她現在的感覺就是這樣，虛假的價值觀。閉著的眼睛，象徵沒有人能看到她內在的真正價值。
35.M：是啊，我也覺得好多錢。（把珠寶盒放回架上）喔，積木！（摸摸彩色的海綿積木）嗯……我想知道……（拿起皮夾）噢，裡面沒有東西！ T：你不太喜歡這樣。	35.瑪莉亞現在覺得自己沒有什麼價值，所以也看不出東西的價值。她的注意力轉向積木，然後她的情緒流動就堵住了。她又轉回來評論皮夾的價值，然後說裡面沒有值錢的東西。
36.M：沒有東西。（把皮夾放回去，拿起手電筒）不知道裡面有沒有電池。怎麼打開？搞不好又是騙人的。（亮燈，大笑） T：妳打開了！	36.有時候，瑪莉亞覺得在她生命中的重要他人——媽媽——的期望下，沒有自我價值的感覺，於是她開始覺得內心很空虛，沒有信心做好她平常能做的事，覺得自己被耍了。

37.M：（笑，然後把燈照在對面的牆上，一面叫）我看到了。（呻吟：）其實看不到啦，這裡又不暗。（關上手電筒，擺回架子上）	37.對成功的內在壓力，產生焦慮及釋放。她開始要確認自己成功了，但隨即又不願意肯定成功，因為房間不夠暗，看不清楚手電筒的光亮。她已經預測自己總是會失敗的自我預言。
38.T：我們可以把房間弄暗。	38.治療師想透過增加肯定，來嘗試打破失敗的預言。
39.M：對喔，可以呀。把燈關掉。這裡怎麼有奶瓶？	39.她還是維持之前的自我預言，沒辦法意識到自己的成功；透過把話題連接到奶瓶，她要告訴治療師失敗的預言其實從嬰兒時期就有了。
40.T：妳喜歡怎麼玩都可以。	40.在這裡，妳想當什麼樣的人都可以。就像妳想當個小寶寶也可以。
41.M：哇！布偶。（拿起一隻老虎布偶）我很會玩娃娃喔。（高聲說：）哈囉，我要把你們吃……掉……。 　　T：妳要把我們吃掉？	41.瑪莉亞聽到治療師強調，她可以在治療室裡照自己的想法做什麼都行。這讓她有了點信心，她也說自己很會玩布偶。布偶代表人與人之間的關係，而她告訴我們，她覺得自己的人際關係衝突有多大。她用比較高的音調，代表這些關係讓她很焦慮。
42.M：（低聲說：）哦，不要，不要把我們吃掉。（把布偶放回架上，走到房間另一頭）這裡還有其他布偶。（拿起蝴蝶布偶）這是什麼？手要從哪裡伸進去？（看看布偶裡面）噢，騙人的。 　　T：是啊	42.瑪莉亞懇求那些衝突不要成真，她小聲說話是要暗示自己，需要力量來阻止侵入。她選了蝴蝶布偶，找不到放手掌的洞，她直接假設這是騙人的東西。這已經是她第二次提到騙人，所以我們可以猜測，她常常被重要的他人要騙。

M：（把布偶內外翻轉）喔！ T：它翻過來囉！	
43.M：嗯，結果變成一隻……一隻……它應該黏在上面的。（放回架子上）	43.蝴蝶內外翻轉後，變成毛毛蟲，所以她現在專注於上面固定玩偶的魔術氈。她的經驗告訴她，現在要先控制好自己內心的感受。
44.M：喔……（拿蜜蜂玩偶）……有一隻蜜蜂。我知道這個怎麼用。（笑） T：你真的很懂布偶。	44.治療師肯定她對於布偶的諸多知識（象徵她對於和重要他人關係的內在感受）。治療師也讓個案知道，我相信妳。
45.M：我知道。（努力把手指塞到蜜蜂腳的空隙）太多隻手了，所以有隻手沒辦法放入手指頭。	45.有時候，我覺得自己格格不入，不管我喜不喜歡，都得適應別人的方式。
46.T：妳需要多一隻手指頭。	46.妳已經盡一切努力要把事情做好了。
47.M：那……就只好假裝多一隻囉。嗡嗡嗡……（蜜蜂飛舞，然後降落在她肩上）	47.我也有親近的人，她看起來很友善，但是如果她想要，也可以叮我。嗡嗡聲，表示她此時很謹慎。
48.M：好了！（把蜜蜂布偶收好，換狼的布偶。）噢，壞蛋大野狼。（把野狼布偶套在手上，小聲說：）我要把你們吃掉，我是大壞狼。	48.透過改玩野狼布偶，瑪莉亞指出「那個人」通常對她來說威脅很大，而且當這個有力量的人覺得不舒服時，說話也都會很凶狠可怕。
49.T：（畏縮地說：）嗚嗚嗚，那是大壞狼。	49.治療師扮演瑪莉亞遭受這樣攻擊時的畏縮角色。
50.M：我有很大的牙齒，妳看！（把狼的嘴巴扳開，給治療師看） T：真是好大的牙齒。	50.有了對攻擊的經驗性接納，瑪莉亞現在讓治療師知道這些攻擊的威脅，其實比之前她形容的嚴重得多。

51.M：不過，至少我很柔軟、很舒服。 　　T：這是隻柔軟的狼。	51.這裡提到野狼的外在特徵，這是瑪莉亞用自己的方式說「那個人」（媽媽），看起來比她表現得更好。
52.M：（笑：）是啊。（把野狼布偶好好放回角落，拿起另一隻野狼布偶）嗯，另外一隻狼。好吧。 　　（把先前的野狼布偶也拿起來，每隻手上套一隻，尖聲說：）我們是大壞狼。我們有好大的牙齒。我們都很好摸、很柔軟，我們都很會吃。我們的大尖牙……喔！我們都很小。（微笑，拿著玩偶一面擺著胳臂。） 　　T：它們很軟，它們有大牙齒，它們都很小。	52.因為治療師只確認柔軟的外在部分，瑪莉亞就笑一笑把野狼布偶放下。當她看到另外一隻野狼布偶時，她又再度感受到關係中的攻擊本質。現在，她把兩隻野狼加在一起，一隻大、一隻小。有時候我們很善良，有時候，你最好小心。她再度選擇認同攻擊者的角色。
53.M：而且它們要把你吃掉。（一邊笑一邊把狼放回角落。走到另一邊拿起一把劍）呃，這些是什麼？哦……（仔細檢視劍）我不知道這個怎麼用；不過，這應該是球棒。（把劍放在地上。） 　　T：看起來是很像球棒。	53.這個警告表示，她從不知道攻擊什麼時候會出現。因為她一直害怕攻擊，她開始懷疑自己的知覺。她也害怕自己會因為想保護自己對抗媽媽的語言傷害，而出現攻擊。
54.M：（拿起一隻河馬布偶）噢，還……有一隻。（把布偶套在手上）我不會把妳吃掉，我沒有大牙齒，我的牙齒都很圓、很好。 　　T：那隻的牙齒很圓。	54.瑪莉亞回到關係比較不具攻擊性的部分，這也是那個人比較安全、比較溫和的一面。有時候，我不像看起來那麼凶狠。

55.M：我的牙齒沒有很多，所以妳要幫我一起吃。吃很好吃的東西。我都吃魚。我吃……我住在水裡面。（把河馬布偶放在角落。） T：她住在水裡，而且吃魚。	55.那麼我希望妳可以照顧我和滋養我。注意在這裡親子關係的角色反轉了，她覺得自己把媽媽照顧得很好。我住在水裡面，意味著人們沒辦法看到這個人生活中發生的所有私密事件。
56.M：對呀。（拿起鯊魚布偶）嗚呀，鯊魚！噢，糟糕，鯊魚！（把布偶套上左手。）手不對了。（換到右手戴）我比較常用這隻手。（檢查鯊魚牙齒）哦，我現在又需要這隻手（右手）。其實，我需要兩隻手，布偶裡可以用兩隻手這樣弄。（把手塞得更進去，移動鯊魚的嘴巴） T：對耶，妳會用！	56.她現在表現給治療師看，「那個人」浮在水面的攻擊面。她說出她認為自己什麼事都做不好，她也不知道傷害她、怪罪她表現不好、行為不好的力量會有多嚴重。當瑪莉亞說……「我需要兩隻手」，她是在說，我必須付出一切來處理這些攻擊。
57.M：嗯，不過很難呢。（把鯊魚玩偶脫下來放回去）很難。呃，這是什麼？（拿起河馬布偶）喔，對了。（放下來，用手指指著布偶）我剛剛試過的那個。（走到沙盤，玩起來）	57.我安然度過這次攻擊，不過過程並不輕鬆。她回到河馬，意味著在強烈的攻擊過後，那個人（媽媽）回到原來的樣子，也就是別人看到的那個樣子。她又回去玩沙盤，繼續本來的探索經驗。

　　瑪莉亞的「探索階段」，就是典型第一次到遊戲治療的孩子會有的表現。她這種玩具換來換去的行為雖然每個孩子都會，但她的治療主題卻是獨特。這個階段最主要是要和治療師建立關係，同時她和重要他人關係中的衝突，也在遊戲中浮現。瑪莉亞在與治療師建立關係的時候，也在告訴治療

師，她對自己人際關係的看法。未來會顯現的主題在這次的邂逅揭開序幕，但是，這些主題目前絕對不會像之後的依賴階段一樣深入發展、加強。在探索階段，瑪莉亞能在安全、瞭解的環境中，自由地表達自己。

第 **6** 章

測試保護階段：設定安全限制

　　每個兒童都不一樣，他們會來接受治療的原因也五花八門，然而還是有個共通點──他們的情緒受創，需要人幫忙他們的情緒回到健康狀況。而遊戲治療師就在此時進入他們的生命。受到長期性侵害的孩子會害怕單獨和大人（治療師）待在同一個房間，因為害怕別人也會虐待他。很重要的人去世了，兒童可能會變得防衛心很強，因為他害怕另一個人有一天也會「被帶走」，而他會因此很傷心。不管是哪種情形，當兒童首次接觸治療師時，會突然感覺有個瞭解他的人，尊重他，跟他輕聲說話，甚至會安慰他。對很多兒童來說，這是個全然陌生的經驗，也因此他們會很難全心信賴這樣的關係，對這種嶄新的體驗感到迷惑，卻又同時覺得很舒服。

　　兒童會面臨的兩難困境是，雖然知道必須重新經歷過那些不愉快的感覺，才能把痛苦驅走，他仍然會抗拒再度進入那種討厭的情境。但是，在能揭露這些痛處之前，他必須先瞭解治療師會相信而且接受這些事情都很令人難過，因此他會有不安全感，不願意把事情說出來。慢慢地，經由治療師適當的反映所滋養，兒童就會漸漸信任治療師。

　　初期單元到了某一階段，兒童會發現自己已經和治療師更熟識，也更能在彼此相處的尊重中感到安心，於是準備好要建立更深一層的關係。他會開始問自己：

> 「我跟這個人在一起，是不是真的像我想的那麼安全？來測試看看是不是真的安全好了。」
>
> 「嗯，我已經讓他看到我所有的優點了。現在我要給他看一些不太好的地方，看看他是不是能像表面上的那樣接納我。如果我讓他看到那些別人不喜歡的地方，他真的還會繼續跟我待在這裡嗎？他能控制我的情緒不失控嗎？」

　　這些疑問當然都是潛意識的，但是其中的動機就會讓兒童開始檢測和治

療師的關係。的確，為了要繼續進展到更信任的關係，兒童需要測試治療師。他們想確定治療師會保護他們免於行為或情緒失控；他們多少知道，脫韁的激烈行為或是大幅宣洩情感，都會排山倒海地淹沒自己。綜合起來，如果沒有人在一旁保護著，這些強烈的行為和感覺都可能非常危險。

多年以前，治療師被教導要在兒童一進到遊戲室，就要說好這裡的限制，這樣一來就會形成權威專斷的外在束縛，而不能讓兒童透過測試治療師的過程來建立信任與安全的關係。換句話說，如果一開始就定下規則，兒童就會陷入矛盾的境地：他沒辦法測試治療師會怎麼照顧他。反而，他會抗拒這些規則，透過抗拒治療師來建立完成治療所需要的關係。兒童必須冒著弄壞關係的風險，才能體會治療師的接納與瞭解，同樣地，也必須經過這些，孩子才能安心地揭開他們心底的痛苦。基本上，在此階段孩子的主要目標就是測試治療師，以便從中發現這個關係是安全的；而治療師的任務就是讓孩子知道，他此時此刻瞭解、也接納他們的需要。

兒童最常用來測試治療師的方法是變得叛逆，而這種叛逆又和他本身的議題無關。舉個例子，有個小孩用的測試方法就是說「我在家也需要這把槍。」除了測試之外，這個孩子也在告訴治療師，他希望自己更有權力。雖然玩具可能和兒童的議題有關（比如，需要更多呵護的孩子要奶瓶、拿了魔杖的小朋友希望生活環境能改變，還有這個例子中拿槍的小孩是希望更有權力），但這些行為本身和孩子的議題卻沒有關係。而兒童反抗治療師或變得叛逆就是要測試，要治療師用接納和關心的態度回應他的行為。

叛逆可以有很多方法，可以是溫和，例如：「我希望今天可以不必離開」，也可以堅決地像「我今天就是不走！」有些比較害羞、被動的兒童，可能不會直接測試治療關係，而是比較隱晦地表達（比如說「我好希望可以把這個玩具帶回家」）。不管用什麼方式提出反抗，也不管反抗的力度有多強，只要兒童開始測試治療師，治療師就必須用非常關心和瞭解的態度來回應他們。治療師要能看出他的叛逆要求，還有背後所代表意義。兒童的叛逆

反抗並不是在玩權力遊戲，而是在表達自主權的同時，要求人家尊重他。不管用直接或間接、溫和或強烈的各種辦法，治療師都必須回應兒童個別的測試行為，讓他瞭解治療師仔細傾聽他說的話，也能包容他、瞭解他。

這樣的表達表面上，可能聚焦在遊戲情境之外，但治療師必須把焦點拉回遊戲室以及他與兒童之間的關係。基本上，測試變成一種此時此地，我和你的情境，如此兒童才能相信治療師能瞭解他、保護他。舉個例子，當孩子說「我在家也需要這把槍」，適當的回答是「你希望確定你很安全，而且能得到所有需要的保護」。這可以讓孩子知道，治療師聽懂了他的要求背後所代表的意思，也會用關心和瞭解的態度來回應這些需要。

接下來的對話舉例，解釋治療師如何回答比較恰當：

C：我要把這把槍帶回家。

T：這把槍很重要，你想把它帶回家。

C：我要把它放在家裡。

T：有個能讓你覺得安全的辦法很重要。

C：才不呢，我要這把槍。

T：看得出來，這把槍對你很重要。

C：對呀，我自己要這把槍。

T：我知道那把槍對你來說有多重要，所以治療室需要有那把槍，這樣
　　你和我才能在這裡玩它。

C：我想帶著它啦。

T：我懂你想帶它走，不過我們這裡還是需要它，這樣你來遊戲室的時
　　候，我們才有槍能給你玩。

C：可是我自己想要這把槍啊！

T：我瞭解你很想要這把槍，也瞭解槍對你很重要。我們只是需要把槍
　　放在這裡，這樣你跟我下次在一起玩的時候，就會有槍玩了。

C：我可不可以把槍藏起來，下次再拿出來？

T：你可以把槍放在這個房間裡任何你喜歡的地方。

C：（把槍藏在娃娃屋的後面）下次我回來的時候，它還會在這裡嗎？

T：我不確定它還會不會在你藏的地方，不過當然囉，它還會在這裡，
　　我們兩個又可以在一起玩，你就有槍可以玩了。

C：（朝門走去）我這麼久以後會回來這裡……（小朋友伸出五根手指
　　頭）

T：再加上兩根手指頭那麼久，而且槍也會在這裡喔！

C：耶！（孩子懂了，打開門，離開遊戲室）

✣ 路易的案例史

　　然而，有些小孩會用比較複雜的方式，來測試治療師是否能保護他。以
下舉個例子。

　　小男孩路易和父親一起開車上山。他的父親年紀很大了，在途中突然心
臟病發而過世。於是，車子滑出路旁，滾過堤防，衝進了溪谷裡。路易
和父親被鎖在車子裡整整一個小時才被人發現，然後再過一個小時才從
車裡被救出來。

　　經過這樣的創傷事件，大多數的家長會馬上讓孩子接受治療，但路易的
母親根本沒發現這件事情對兒子有多大的傷害。

　　大概一年後，路易的祖父開車載他出門。突然，祖父心臟病發作，車子
衝出路旁撞上一棵大樹。這次路易能自己爬出車外求救，可是還是來不
及救起祖父。

　　路易的母親還是不能體會到路易受到這兩次創傷有什麼感受，也完全沒

有想辦法幫他處理這兩次目擊到死亡的經歷。六個月後，她再婚了。又過了四個月，她完全不懂為什麼路易就是不能和她的新丈夫建立關係，於是她決定帶路易來接受治療。畢竟，路易的傷痛還是影響到了她的生活。

路易此時的狀況，根本不可能進入治療，然後告訴治療師：「哇，你是受過訓練的遊戲治療師呢！我要跟你建立關係囉！」如果他這麼做，失去父親和祖父——這兩位他生命中的重要男性——所有的傷痛都會在內心怒吼翻攪起來。甚至，我們還花了四次單元的時間，才能讓他願意開始測試治療師。最後，在第四次單元結束前，路易開始變得叛逆起來。他一面玩著車子，聽到治療師告訴他：「我們還剩十分鐘」，他開始玩得更起勁。五分鐘過去，治療師說：「嗯，還有五分鐘，我們該把玩具收一收了。」突然路易開口了：「我不要收玩具！」他不想離開。在玩玩具車的過程中，他進到了失去父親和祖父的痛苦情緒裡面，覺得很脆弱無助。為了要重新找回自控的力量，他把這股傷痛的感覺用叛逆的方式來取代。

這時治療師告訴他：「我瞭解離開並不容易，不過已經是該走的時候了，而且離開前，我們得把玩具收好。」

然後，路易踢了地上某個玩具，說：「我才不要收！」

治療師說：「我知道你不想走。我很高興你喜歡這裡，不過現在該走了。如果你再踢玩具一下，我就會抓住你，確定你沒事。」

路易說：「不要！我就是不要！」然後又踢了玩具一下。

這時，治療師必須抓住路易，停止他的破壞行為，幫他重新控制自己的情感。在目前這個治療階段，通常只用說的就夠了。但是路易比較特別，他就是還要踢玩具。因為玩具是孩子的延伸，所以當路易開始踢玩具的時候，其實代表著他在踢自己。治療師瞭解這點，因此絕不能讓路易傷害自己。

當孩子已經得到了治療師適當的尊崇之後，他們很少會需要身體約束，然而有時候卻是例外，有必要約束，因此一定要適當地執行。在這個個案中，為了要約束路易，治療師從他身後靠近，抓住他手腕和手肘之間的位置，把他的手臂交叉起來固定著，這樣就不會造成受傷或疼痛。而且治療師並沒有抓路易的手指，因為如果抓手指的話，小朋友會在約束過程中用力扭動而弄痛自己；捉手腕也是一樣，可能會拉扯到韌帶或肌腱。約束孩子的重點是為了保護，而不是處罰他。

如果治療師從路易的前面接近他，就會侵入他的私人領域，讓整個衝突更嚴重，接下來孩子困擾的核心問題，就真的會在治療師和他中間爆發。在另一種情形下，比如一個可能曾被人從後面攻擊的孩子，那這種從後面靠近處理的方式，也可能讓孩子的問題加劇。

> 治療師知道如果路易用力往後甩頭，就會打痛他的臉，所以轉過頭，讓臉和路易的頭距離有大概半吋遠。路易往前傾的時候，治療師也往前傾，這時的姿勢是路易的耳朵在治療師的嘴附近。治療師開始用一種安撫、保護的聲調跟路易說話，想幫他把內在長久積存到現在才爆發的能量做重新導向。這時如果治療師和路易發生權力鬥爭，只會對治療產生反效果。

約束的時候，治療師可以告訴孩子：「我現在數到十，如果你可以冷靜下來，我就放開你。」接下來，他就這麼數著：

一、生氣沒關係，沒關係。（停一會兒）
二、雖然生氣沒關係，我也不會讓你傷到我。（停一會兒）
三、我瞭解你有些感覺想要與我分享，而這些感覺都讓你很生氣。（停一會兒）

四、在這裡（在遊戲室裡），只要沒有人受傷、你也安全的話，你可以
　　說出你所有的感覺。（停一會兒）

五、我瞭解你有很重要的感覺要分享，我希望你很安全，也希望你知道
　　在這裡（遊戲室裡）你會很安全。

六、我想瞭解你所有的感受。有時候，這些感受是很生氣、很讓你難
　　過。我要你表達自己的感覺，也要你知道在這裡，沒有人會受傷。
　　（停一會兒）

七、現在，你又覺得比較安全了，把你的感覺說出來，然後好好玩遊戲
　　都可以，都沒有關係。（停一會兒）

八、現在，你會沒事的，你覺得好多了。一切都沒事的。（停一會兒）

九、我要放開你了，你現在也可以控制自己，一切都沒事了。（停一會
　　兒）

十、放開孩子。

這次，治療師已經數到十，可是路易並沒有靜下來。

數到六以後，路易還在扭動掙扎。這天治療師穿的是短袖襯衫，抓著路
易一段時間以後，他坐了下來。路易這時開始吐口水到治療師的手臂
上。這位有經驗的遊戲治療師對孩子有充分的同理心，也非常瞭解他們
的言行隱喻著什麼，他第一個想法是，「你也知道，這個小男生失去了
生命中重要的男性有多痛苦，所以他吐口水其實是代表他想哭出來的眼
淚，還有他非得經歷的悲傷。」因此，他讓路易繼續吐口水。雖然有時
候治療師必須給予孩子設定某些限制，但這時他覺得讓路易吐口水很重
要。

突然，路易彎下頭，把牙齒放在治療師的手臂上。治療師很快說道：
「路易，我瞭解你心裡有多痛，我也知道那些事情讓你很難過，可是你

不必用咬我的方式，讓我知道你有多痛苦。你不必那麼做。」

有趣的是，路易坐起身來又開始吐口水。治療師覺得路易沒有咬治療師的手，就是以他自己的方式表達尊重。治療師又再從一數到十，這次還沒數完路易就平靜下來，所以治療師就把路易放開了。這次單元很快就結束了。

藉著這種反抗，路易表示他很害怕再度經歷到從前創傷的痛苦感受，也要傳達出他對於和治療師建立關係有些恐懼。他的意思基本上是這樣的：

「如果我和你這個治療師建立關係（治療師是男的），我會重新經歷到以前失去我生命裡兩個重要男人的那種痛苦。為了接受你是個男的，那我也得接受我自己的痛苦。」

當路易在治療師的手臂上吐口水的時候，他是想要藉此傳達給治療師，他如果要敞開心胸面對治療師還有治療本身的時候，可能會掉的眼淚以及可能會有的痛苦感覺。治療師靜靜地抱住路易，一邊數到十、一邊把路易的這種隱喻轉達出來，就是在告訴路易會好好照顧他，陪他走過悲傷、痛苦、憤怒、受創的泥淖。反過來說，如果治療師拒絕接受路易的暗示，叫他好好控制自己不准再吐口水，那就會傳達出權力鬥爭而不是瞭解，如此一來，路易就不會願意繼續接受治療了。用權力來控制孩子的行為，只會阻礙治療師療育孩子的工作和能力。

當路易結束這次單元時，他很激動也很悲傷。下次單元雖然他還是有點警覺，仍然拿起玩具，馬上進入遊戲中。因為治療師在路易碰到自己處理不了的痛苦時，照顧他、幫忙他，所以路易就能與治療師建立信任的治療關係。

✳ 遊戲室的基本限制

考量到兒童與治療師的安全，遊戲治療室必須有基本的限制（Axline, 1947b/1969），這些限制主要可以分成三類：

1. 絕對限制。這些限制主要和安全有關，是不可以改變的。
   A. 兒童在遊戲中，不可以傷害自己。
   B. 兒童在遊戲中，不可以傷害治療師。
2. 臨床限制。這些限制包括臨床上常遇到的問題。
   A. 玩具都必須留在遊戲治療室裡，不可以帶出去。
   B. 每次遊戲治療時間沒有結束以前，兒童不可以離開治療單元。不過，顯然在某些情形下有例外，比如兒童身體不適或者要上廁所的時候。
   C. 遊戲單元結束時，兒童必須離開遊戲室。
3. 應變限制。這些限制隨著個別狀況不同而定。

這些應變限制根據兒童的需要和個性而產生（比如有些兒童想要破壞玩具或者破壞遊戲室），通常都是在治療師訂定絕對限制和臨床限制以後，視個案的反應而來訂立。兒童在治療關係中可能沒有足夠的安全感，來接受並遵守這些臨床限制和絕對限制，這時他們就會開始有些其他的行為，試圖給自己更多機會來增加對治療師的安全感。

刻意破壞玩具是兒童常常挑戰的一種應變限制。兒童不可以故意、或是為了表達自己的痛苦而弄壞玩具。顯然在遊戲治療過程中，玩具可能會壞掉。處理在家中目睹的暴力事件時，有些小孩會用很粗暴的方式玩。如果在這類遊戲中玩具不小心壞了，兒童可能會很注意治療師的反應。來自暴力家庭的兒童，常常會很快瞄一下治療師，看看他的反應，這就好像小朋友認

為自己弄壞玩具會被打的時候，那種緊張、被嚇到的樣子。這時治療師應該說：「嗯，沒關係。你只是在玩，我也知道是車上的零件脫落了。這是個意外。」兒童感到恐懼，所以這時需要治療師給他一些讓他安心的話。這種狀況下弄壞玩具，和為了反抗限制而弄壞一個又一個玩具的狀況並不相同。

✣ 泰勒的個案範例

泰勒是個被父親毆打的五歲男孩，雖然現在父親已經不住在家裡，母親卻忽略泰勒不管。泰勒的症狀之一是，貧乏的語言內容。

在某次泰勒的治療單元中，治療師限制不可以弄壞玩具。那時候，泰勒轉身離開，好像在說：「我不懂你為什麼要限制這個！」他當下覺得很受傷和沒有安全感。接下來的是該次單元的摘要紀錄。

單元	說明
1.C（孩子）：（撿起幾個玻璃珠）*看到這些玻璃珠嗎？它們會一直飛上天嗎？（開始數）一、二、三、四、五。五塊錢噢！*	1.泰勒用隱喻的方式，計算他的焦慮：你定了限制，所以我現在很焦慮，我的焦慮多到天空那麼多。所以，當治療師設定限制時，泰勒又感覺到和過去經驗一樣的痛苦情緒。 另外，當泰勒標示出他的計算（也就是錢），他是以隱喻的方式在呈現安全感和賦權。這時候，治療師使用力量或安全等等語彙回應，幫助泰勒重拾自己對自己的賦權。

2.C：（把玩具錢塞到口袋裡） 　T：口袋裡放這些錢，讓你覺得自己變得真的有力量了。 　C：（往口袋裡塞更多玩具錢） 　T：它們在你口袋裡很安全。	2.治療師以隱喻的方式表達：你跟我在一起會很安全。
3.C：（拿起手槍和刀子，塞進褲腰帶）	3.泰勒在表達自己需要保護。
4.C：（把過去的經驗和現在的狀況聯結）以前我頭髮裡面有一隻老鼠。	4.註解：有天晚上睡覺時，一隻老鼠跑過泰勒的床，鑽進他的頭髮裡面。現在，泰勒開始把對這次單元正要發生的事與這隻老鼠後來發生的事聯結起來。換句話說，泰勒把自己對於限制的焦慮與家裡的暴力行為聯結起來。
5.C：（假裝用玩具刀子切治療師的手）	5.泰勒這個行為的目標，是造成治療師的無效能，也無法對他造成身體上的傷害。這也代表他在努力奪回自己的賦權感。
6.C：（撿起積木，開始走向治療師，打算傷害她） 　T：我不會讓你受傷，我也不會讓你傷害我。	6.在測試階段，治療師要抓住孩子身上浮現的議題，並把議題帶到立即的關係上。這裡治療師的話，會直接聚焦在與泰勒的關係上。如果是在比較後期的治療階段，可能治療師會採取不同的治療方向。然而，以此階段而言，泰勒需要知道治療師在彼此的關係中會如何保護他。換句話說，她會保護他，在他因為內心的痛苦而情緒失控時，會給他安全感。她會幫他重新控制自己的狀況。

7.C：（把好幾個玩具往櫃子下丟。伸手拿一個裝了三百個玩具士兵的小桶子，也想往櫃子下丟。） T：我知道你很生氣，沒關係；不過，我們不能再往櫃子下丟玩具了。 （把手放到櫃子上，阻止更進一步的破壞行為）	7.一旦泰勒丟第二個玩具，這樣的行為就變成具有重複性質，所以治療師必須限制他，否則這樣的行為會持續到治療師設下限制為止。 治療師的話告訴泰勒，她知道也接受他的感受，可是她也不會允許這些感受失控。如果治療師說：「你想要把整個櫃子的東西都丟掉」，那只是設定不適當的目標。這種回應的目的是同理，但在測試階段中，這種說法會讓遊戲變得更具攻擊性。所以治療師應該在此時介入處理。
8.C：（停下來，伸出手臂和治療師平行）	8.藉著模仿治療師的姿勢，孩子表示「我接受你的規定」。
9.同次單元稍晚的時候： T：我們今天還有五分鐘可以玩。 C：（開始在口袋裡塞滿玩具）我要把這些帶回家。 T：（沒有對泰勒所說在離開時，也要帶走玩具的話設定限制） 五分鐘後： C：（開始往門外走，口袋裝滿玩具） T：時間到，該走了，你要把玩具拿出來。 C：不要！我要把它們都帶回家。你	

不要！我要把它們都帶回家。你把玩具拿走，我回家就要離家出走！

T：我知道你想把它們都帶回去，可是它們必須留在遊戲室裡面。下個星期你再來的時候，它們都會在這裡。（開始幫他把玩具放回去）

C：（把一些玩具放在櫃子上，就是治療師之前設下限制時手放的地方。然後，他把這些玩具都掃到地上。不過，他沒有超過剛剛治療師放下手設定限制的那條線。接下來，他直接跑向門）

T：（再一次先走到門邊，擋住門）我瞭解你真的很想把它們帶回去，你也很氣我，因為我不讓你那麼做。你生我的氣，沒關係，可是帶玩具離開不可以。現在，我要檢查你的口袋，確定口袋裡沒有玩具。

C：（勉強同意）

T：（口袋裡沒有找到任何玩具）我們可以離開了。

9. C：不可以！不可以！我們還不能回家！槍盒還在我的腳下……我是

9. 泰勒表達的是，「現在我可以信任你，把一些你不知道的事情跟你說

說裝刀的袋子啦。你忘記裝刀的袋子了，它就在我的腳下面耶！（袋子已經從口袋的洞掉下去了）	了」。從這時起，泰勒開始相信治療師會保護他，也接納她當他的治療師。於是他就可以進入他的遊戲中，並透過聯想、幻想遊戲以及隱喻，來充實內容。

以泰勒的狀況來說，他最後終於能信任治療師，也願意離開遊戲室了。但是，如果試過所有辦法，孩子卻仍然不肯離開遊戲室的話，治療師應該怎麼辦呢？在這種情形下，治療師需要用一種關懷的語氣說：「我現在要過去牽你的手，陪你走出遊戲室，到父母那裡去。」如果孩子反抗治療師帶他離開，可以說：「我現在要走過去把你帶到等候室，回到父母那裡。」不過，說這些話的時候有一點很重要：你要跟他的視線一樣高，就算他坐在地上也是一樣。如果治療師站著，帶著權威的語氣朝孩子走過去，孩子可能會變得很焦慮，而且他的反應會與治療師想和他建立安全感的目標背道而馳。

當治療師說過這樣的話而且走向孩子以後，孩子通常就會跑出房間。重要的是，治療師設定一些限制，然後開始照著限制走。對於比較叛逆的孩子來說，治療師走向他的時候是非常可怕的，因為他瞭解到自己如果和治療師爭鬧是沒有好處的。

偶爾孩子會失控，破壞四周的東西。這時候就必須抱住孩子來約束他，直到他重新能控制自己為止。然後孩子和治療師就可以一起走出房間。

若是孩子拒絕離開，多耗了可能十分鐘左右時，治療師就應該採取一些方法來讓孩子學習尊重治療的時間限制。舉例來說，如果孩子比預定的時間多花了十分鐘，治療師可以在下一次的治療開始時，走到外面的等候室，告訴孩子：「喬依，我們要開始了。不過，因為我們上次多花了十分鐘，所以今天我們的時間就少了十分鐘。」然後，治療師就回到辦公室等十分鐘，然後再回去帶孩子進治療室。這並不是處罰，而是教導他尊重的方法。

　　當被虐待的孩子進入治療時，這種測試保護的過程可能會很艱困。治療師會有辦法判斷孩子是否已經快開始測試，因為他知道孩子已經做了多久治療，也比較熟悉孩子的互動風格。在治療過程的這段時間點裡，治療還有十五分鐘時，告訴他還剩十分鐘，這樣的做法可以給他足夠的時間準備結束，治療師也會需要足夠的時間來適當回應孩子的測試。因此，很重要的是治療師千萬不要對在遊戲中情緒很緊繃的孩子說：「噢，我沒注意時間，可是時間到了。我們把玩具收回架子上，然後出去吧！」這樣對治療有反作用力，因為沒有留給孩子足夠的結束空間。

✳ 一起收玩具

　　治療師和孩子應該一起把玩具收好，這是有理由的。舉例來說，孩子從他的幻想遊戲裡頭出來的時候，就是個幫他從沉浸在痛苦的狀況回到現實的好時機。這種從幻想到現實的轉換必須在遊戲室裡完成，這樣孩子才不會失去安全感，也才可以在離開以前適應原本的環境。這也是治療師賦權孩子的大好機會，可以藉此重新框架他的過去經驗。這時是投入直接治療類型的好機會，而這種直接的方式是平常在幻想遊戲中無法做到的。舉例來說，治療師可以說：「你看，你今天真的很努力喔。我發現你，變勇敢囉。」

　　這段重要時刻中，治療師可以幫助孩子把幻想遊戲中感受到的情緒做個收尾。孩子會一次次地重新感受他的傷痛，再一次次地走出來，而且也一次次地變得愈來愈勇敢、堅強，這也是療癒過程的一部分。如果治療師把孩子丟在脆弱的情緒中，這次的單元就失去意義了。每次單元的結束，其實也就意味著把痛苦了結，包圍孩子的傷痛也會逐漸地痊癒。因此，每次單元都有個結束對治療過程很重要。

第 **7** 章

治療的工作階段

✣ 依賴階段：面對傷痛

遊戲治療的第三階段叫做「依賴階段」（dependency stage），這是整個治療過程中的「工作期」，此時的情緒張力也特別緊繃。這個階段始於測試階段建立了信任關係之後；因為信任，現在遊戲方式和強度改變了，兒童也就可以依賴治療師，從他那裡得到情緒的安定和保護。

>> 辨識依賴階段的特徵

這個階段最主要的特徵是：

1. 兒童已經度過測試保護階段。
2. 兒童通常會開始進入幻想遊戲（fantasy play），改變遊戲內容。
3. 兒童會開始在遊戲中納入有個人意義的情緒主題。為了可以用安全的步調揭示這些主題，他們會用隱喻或幻想遊戲的形式，來表達這些主題。
4. 因為在之前就已經建立起信任關係，兒童現在願意邀請治療師加入他的幻想遊戲。
5. 兒童似乎急著要透過遊戲表達想法，所以他建構幻想遊戲的方法，都是很急切、充滿壓力。
6. 兒童的遊戲風格可能看起來退化了些，就像之前在他們剛進入治療主題時那種發展性、經驗性遊戲風格。

少數兒童不會邀請治療師進入他的幻想遊戲，這是因為在依賴階段早期，他們還是得抓緊對所有事件的主控權，之後才能允許別人也加入他的遊戲中。

>> 療癒之旅

此階段的幻想或隱喻遊戲是兒童為了不去碰觸生活中痛苦的真實事件，

所用的遊戲方式。另外，對兒童來說，這些遊戲也可以給予他們力量，來處理這些惱人的事情。在真實世界中，他們是環境中的受害者；但在幻想遊戲中，他們可以透過控制遊戲中的所有事件，來統治整個世界，尤其是情緒世界裡所發生的一切，然後也就控制治療過程的方向。這種由兒童掌控、設計、導演的遊戲，再加上治療師，就可以帶領著他們邁向復原。神奇的是，雖然兒童在意識上無法清楚理解，但內心深處似乎都知道什麼是正確的療癒方向。（Landreth, 1991; Nickerson & O'Laughlin, 1980）

這種自我創造的遊戲過程，就是所謂的「療癒之旅」。只要有足夠的玩具，兒童內在的智慧就會告訴他們怎麼創造出必要的治療情境，也會告訴他們要如何組織遊戲來重新體會傷痛，往療癒的目標前進，而每個孩子的療癒之路也都不盡相同。兒童若能整合自己的改變或療癒部分，就會推動遊戲繼續進行，治療師不能不顧他們的想法而推動遊戲進展，也不可以在兒童還無法把遊戲中學到的賦權融入經驗時，就逼他加速遊戲。

≫ 治療師的責任

在幻想遊戲的開始階段時，傾聽、觀察、接收兒童傳遞的訊息，是非常重要的，因為在此階段，在過去事件或人際關係中感受到的痛苦會顯露出來，同時兒童也會釋放出強烈的情緒能量。

因此，治療師在此階段的目標就是接納兒童在隱喻遊戲中，創造出的經驗情境和情緒主題，然後讓他們知道「我懂，我也相信這些都是你的真實經驗」。在跟兒童一起玩、一起體驗他們創造出的幻想世界時，治療師必須接納兒童以隱喻或偽裝的方式呈現這些故事；藉此，遊戲得以進入接下來更內在的層次，或者也讓兒童能重溫那些過去無力掌控的一系列不愉快經驗，最後把充滿力量的新經驗整合到自己的生命中。治療師愈能夠透過符合發展階

段的遊戲方式（developmentally matched play）[1]來傳達尊崇過程的部分，就愈能在療癒過程中加速腳步，進步也就愈明顯。

　　要讓此過程得以發生，兒童在這個過程中會依賴治療師提供的情緒保護與安全感。一旦兒童信賴治療師，治療師就必須繼續接納兒童的情緒表達，也保護他們免受可怕的回憶所驚擾。在這種新的保護中，兒童可以把本來用以保護自己的情緒能量，投注到治療中必須面對的新經驗。另外，兒童現在也瞭解只要他願意出言邀請，治療師就會加入與他一起玩，保護他的身體與心靈，也去接納、瞭解他。治療師的持續責任是認可兒童所創造的經驗，並藉著遊戲告訴兒童，他瞭解這些經驗的意涵，連裡頭的情緒起伏和張力，他都瞭解。

　　有時兒童會想在治療師面前一氣呵成地玩出自己的過去經驗，不被打斷也不被干擾。否則，除非是兒童覺得需要，而自己邀請治療師進入遊戲，而治療師的責任就是用觀察性評論，或甚至是在過程中保持沉默。此時治療師若提出任何反映，也應該是朝向玩具，或朝向兒童創造的整體經驗。治療師要儘可能避免直接對兒童做出反映，因為這時必須尊重他們的偽裝和匿名性。詮釋性反應應該要避免。若直接指出兒童用幻想與隱喻想要掩蓋的事，而不是反映遊戲本身，可能會使得兒童無法控制遊戲的步調，而放棄了原本的遊戲焦點。（詳見第八章，會更深入地描述各個治療階段的適當治療反應）

　　這時，兒童尚未允許治療師知道這些事件都是自己的經驗。強迫兒童面對現實就是侵犯他維持主控權的需求，也會打斷治療過程。治療師必須記住，兒童才是遊戲的導演，而且除非兒童選擇澄清，不然治療師只是在經驗事件而非理解事件。兒童通常要到能控制情緒痛苦後，才能把事件說出來，因為屆時過去的痛苦就不會一股腦地湧上，而使他的情緒無法負荷。事件主

---

[1] 兒童的遊戲形態會反應出他經歷重大事件時，正處在哪一個發展階段。

角或情境的確認通常要到「治療成長階段」（therapeutic growth stage）的最後階段才會呈現。當然，有時兒童也可能選擇永遠不要在治療過程中澄清創傷事件。

在這個治療階段，治療師變成兒童生命中的重要人物。父母不瞭解兒童到底想告訴他們的是什麼樣的傷痛，雖然他們可能很溫暖地支持兒童，但對兒童的幫助並不夠。因此，每個鐘點的治療都是一個星期中對孩子最重要的時刻。事實上，不管原因出自兒童還是治療師，只要跳過一次單元，兒童都可能覺得被遺棄或感到失望。這可能讓他下次來治療時看起來很生氣，也可能讓他在單元一開始時，退回到療程較早先的測試保護階段，會花一點時間測試治療師。兒童是下意識地在表示，被拋棄和失望的感覺必須有人可以瞭解。一旦兒童覺得治療師有聽到他的感受，那治療關係就會回復，兒童也會重新進入幻想遊戲。

所有的兒童都有這種被聽到的需求。不幸的是，若這個需求未被滿足，下一代就會嘗到苦果。若個案小時候被忽略，成人後他們也就學不到這個聆聽的技巧，於是也就很難維持親密關係。他們自己的孩子也會讓人感到很煩，因為他們一直在要求父母的注意。父母的這種態度如果很明顯，孩子就會比較容易受到虐待。

好的聆聽能力並非與生俱來，而是必須經由塑造和學習而得來。因此，治療師若能開始訓練父母這項重要技巧，會有很大的助益。很多家長慣於貶抑孩子的感覺，說：「喔，這又不是什麼大不了的事。你還小，以後長大就好了，不要胡思亂想」。然後，接下來的往往就是一連串的建議，比如告訴孩子應該如何處理這些狀況等等。可惜的是，其實孩子只是想要有人聽他說說難過的事，並且同理他。

潔咪的例子就告訴我們如何聆聽兒童說話：

潔咪今年十一歲，剛從國小畢業升上中學。她一直喜歡演牛仔，可是現

在男生玩伴開始會說：「我們不跟妳玩了，因為跟妳玩的話，別人會說妳是我的女朋友。」至於女生也不跟她玩，說她與她們都不一樣。潔咪哭著回到家，說：「我好像怪物！沒有人喜歡我，也沒有人要跟我一起玩！」

母親摟著她，聽她說，然後表達同理的感受：「對啊，真的很難過。覺得自己不屬於任何一群人的感覺，真的很糟糕。」幾天後，母親突然說：「妳知道嗎，我記得在跟妳差不多大的時候，我的朋友們決定她們不要再跟我一起玩了。那個時候心裡好難過噢，一直哭，覺得世界上沒有人喜歡我。」

潔咪看著母親說：「妳是說，妳也這樣子過？」知道母親也有同樣的經驗，讓潔咪覺得自己不再那麼孤單了。

又過了幾天，母親趁著睡前的談心時間，給潔咪說了個故事，內容是有隻小蝸牛的「朋友」把一根刺擺在路上捉弄她，她被割傷了，覺得很難過，所以決定躲著不再出來了。於是她就縮在溫暖、安全、舒適的蝸牛殼裡。過了幾天以後，她忽然發現肚子好餓，雖然努力不去注意自己已經餓到胃痛，但是肚子一直咕咕叫，讓她不得不探出頭找點東西吃。

躲在殼裡的時候，小蝸牛可以聽到外面其他蝸牛滑行過去的聲音，也可以聽到他們在玩遊戲，還有吃柔軟多汁的葉子的聲音。不久她實在太餓了，決定偷偷往外看看，是不是正好旁邊掉了一小片葉子。哎呀，可是沒有葉子，一點也沒有。她還是狠下心，堅持躲在殼裡。漸漸地，她的身體愈來愈虛弱，也知道自己如果不趕快伸頭出去，很快就會虛弱到一點也沒辦法動彈了。慢慢地，她從殼裡探出頭，隨著視野開展，她發現不遠的地方有一片很大的葉子，只要滑行幾分鐘就到了。但她的運氣不好，另一隻年輕女蝸牛已經在啃那片葉子了。於是她小聲地問那隻年輕女蝸牛：「妳介意分我一點葉子當午餐嗎？」

「我很樂意跟妳分享。」另一隻蝸牛回答：「這片葉子我自己吃也太多

了。我一直希望有別的蝸牛能來跟我一起享用，可是我不好意思開口邀請人家。」

她們一面大快朵頤，一面聊天，很快就發現她們都喜歡玩「追毛毛蟲」和「丟屑屑」的遊戲。一起吃完午餐後，她們花了好幾個小時在一起玩她們最愛的遊戲，還有發明新遊戲。沒多久其他蝸牛發現她們玩得很開心，也想加入一起玩。有一天，小蝸牛玩得又累又髒，回到家告訴家人：「我真的很高興，我最後決定走出我的殼。」

說故事的時候，潔咪沒說什麼。然而，幾天後媽媽送她上床睡覺時，發現她一臉得意。「你看起來就像一隻貓剛吞下金絲雀的樣子。」母親這麼說。

潔咪終於說：「我今天探出頭了。我主動去找幾個女生一起吃午餐！」

很多成人容易直接給孩子建議，而不是去聆聽他們說話。

在治療成長階段，有時候直接建議也是恰當的，但在依賴階段這麼做就太早了；因為要到了兒童能確實感覺到治療師理解他的傷痛時，他才會接納這些建議。就好像他們在吶喊：「要我聽你說話之前，你要先聽我說！」糟糕的是，如果治療師是用建議的方式開啟治療，而不是先聆聽，兒童可能雖然表面上服從這些指示，但更有可能他們沒辦法達成這些指示背後的治療目標。兒童必須啟動幻想遊戲才能夠經驗傷痛，他們只能面對情緒準備好可以負荷的部分，但可能會一再用各種方式重複這些遊戲，直到他覺得不那麼痛苦。由治療師啟動這個過程將會污染整個治療關係，並阻礙進一步的治療。

≫ 詢問與加害人有關的事可能會妨礙治療

在這個治療階段，司法相關的訊問對兒童創造的療效有害。直截了當的詢問會把兒童拖出具保護效果的幻想遊戲，強迫他進入真實的過去經驗，這會破壞治療關係所提供保護的神聖性。萬一真的發生，治療過程會受到阻

礙，也可能永遠停滯。鼓勵兒童再度回到治療的旅程會變得非常困難，因為他隨時都在恐懼可能會失去保護；過去在遊戲治療過程中那麼安全的情緒保護，現在卻變得隨時可能消失。這會讓兒童的遊戲重回防衛形式，甚或乾脆停止遊戲。若兒童繼續自己的防衛形式遊戲，無法創造遊戲主題、進入幻想遊戲，並且開始回到創傷發生時的發展階段，他的遊戲就會循環、停滯[2]。

≫ 兒童對防衛的需求

　　有些兒童會覺得內心非常需要保護自己免受目前經驗的傷痛所苦，因此他們的遊戲就會反映出一種保護風格，這種遊戲方式的特色是強烈的攻擊與敵意。當兒童開始覺得跟治療師在一起很安全時，他就會開始表達對過去經驗的憤怒和敵意。通常，這個階段的遊戲愈有攻擊性，表示兒童需要面對與解決的事件愈痛苦。

　　這種憤怒與敵意的表達方式有很多，舉例來說，兒童可能布置一群士兵在沙子裡打仗的場景，或是洪水淹死恐龍，或是假裝自己被堡壘中的人槍擊、幫忙防禦堡壘，或是持劍打退壞蛋。常常兒童會要治療師加入遊戲過程，幫忙防禦堡壘或抵抗入侵者。治療師加入遊戲時，也就藉此傳達給兒童知道，自己瞭解他內心需要保護與控制。而當兒童發現治療師相信他的遊戲內容，跟他站在同一國，就會愈有信心把遊戲帶往更深的層次。

　　這不是好玩的遊戲，而是極為緊繃的治療形式，讓兒童面對創傷事件，並釋放讓他不得安寧的痛苦。這些痛苦的感受可能會聯結到憤怒、羞愧、罪惡感等等他寧願從沒遇過的情緒。因此，治療師在這個依賴階段的單元結束時不可以說：「我們今天玩得很開心。」比較合適的說法是：「今天我們都辛苦了。」

---

2 循環式遊戲（circular play）也可能發生在目前被虐待的兒童身上。兒童會不斷重複這種方式的遊戲，一直到加害人離開他的周遭為止。就算已經沒有繼續被虐待，但只要加害人還在兒童附近，循環式遊戲就可能會繼續進行，進而妨礙治療。

>> 攻擊性的表達

　　我們應該注意兒童必須有表達攻擊傾向與敵意感受的自由，這樣治療才能繼續前進。很多兒童必須和創傷事件對抗，這在依賴階段格外重要。然而，這裡就會引出對兒童與治療師都很關鍵的一些問題，比如：這些攻擊對兒童的意義是什麼？對治療師的意義又是什麼？治療師要如何處理或如何忽略這些表現？除此之外，由於兒童表達憤怒及敵意而產生的反移情（countertransference），可能會讓治療師心生不快，這在經驗取向遊戲治療中尤其常見。

　　跟治療師相關的議題可能會影響治療師如何看待與處理兒童的攻擊，而治療師的看法進一步決定了療程的成功與否；治療師的反應會決定遊戲治療對兒童的療癒究竟是助力還是阻力。依賴階段是正在接受訓練的治療師最容易出錯的時候。治療師可能促使兒童釋放那些推動攻擊敵意的情緒能量，也可能以強化攻擊性遊戲來處理這些情況。表達攻擊是很關鍵的介入主題。若治療師反映給兒童的是他的外顯行為，就會強化這些攻擊行為。單純為了攻擊本身而強化攻擊行為是很不恰當的；另外，只要不是為了在初期發現孩子的表達強度，不論原因為何，都不宜強化攻擊行為。

　　攻擊行為若加以適當運用，可以幫助兒童重新獲得力量。要達到這點，治療師必須協助兒童表達攻擊行為的動機意圖。治療師要持續將外顯的攻擊轉化成表達促動攻擊的內在情緒能量。舉例來說，當兒童用力踢打充氣不倒翁時，治療師若說：「你打得很用力呢。你想要愈打愈大力，想要打一下又一下」，那麼就是在強化攻擊，對治療並沒有幫助。

　　較好的方式是，治療師透過表達行為背後的動機，來促進這些感覺的呈現。可以這麼跟孩子說：「你對那個人真的很生氣。」暫停一下。「你要他知道，你不喜歡他對你的方式。」暫停一下。「你想告訴他，不要再對你這麼過分。」再停一下。「你想叫他放過你，不要再傷害你了。」這種回應的

方法讓兒童感覺到被瞭解，而且，也不必把焦點放在他的表達方式（也就是攻擊）。

一旦兒童知道治療師瞭解他在事件中的情緒經驗，遊戲就會進到更強烈、更戲劇化的場景。換句話說，治療師的瞭解會讓兒童能夠繼續表達他對於關係或事件更深、更私密的感受。比如說，在治療場景裡兒童會開始把治療師擺在他自己，也就是受害者的位子，此時治療師就會經驗到兒童過去在面對事件或關係時的感受。這種遊戲互動包含了兒童如何看待這些關係或事件，此時他們的看法都是有意義的，不只是表達憤怒或攻擊而已。兒童的憤怒行為可能就是他用來表達這個經驗的工具。

遊戲的更深層面通常需要治療師一同參與，經歷事件當時兒童的感受。兒童想做的第一件事就是告訴治療師，身為受害者是怎樣的感覺。一旦治療師感受到兒童的無助且亟需力量，並把這些回饋給兒童，那麼兒童就會覺得自己的感覺有人知道。此時兒童就可以轉換角色，開始扮演受害者的部分，但卻是用充滿力量的態度回去面對痛苦的關係或事件。這就會把治療師擺在加害人的位置。現在，就是治療中最強烈的成長時刻，兒童創造經驗讓治療師去面對，然後治療師把這些經驗再回饋給兒童。當兒童重新經歷過去或現在的痛苦時，就會知道治療師真的瞭解他對於事件或關係的感受。藉由這種經驗性遊戲，兒童就可以在情緒上控制傷痛，也就不再那麼需要用攻擊的方式傳達訊息了。治療的進展和整合價值，也就得以更加鞏固。

≫ 非遊戲、口語治療形式的效果

治療師的經驗性遊戲回應可以像這樣：「真的好痛！你嚇到我了！我不要這樣！」另一方面，非遊戲的口語回應可以是這樣：「你很生氣。你很害怕。」後者屬於成人、口語、左腦、治療師、與經驗有距離的回應。這些非遊戲的口語回應，會讓兒童覺得治療師根本沒有感受到他的痛苦。因此，兒童會覺得似乎他必須重複這些遊戲（循環式遊戲），才能抓住這些經驗的意

義，並讓治療師回應他，讓他覺得被瞭解與被接受。每一次兒童重新演出事件時，就會用更多的攻擊性來表達痛苦；這種攻擊風格會被強化，但背後的意義並沒有被表達出來。非遊戲或口語治療形式會傾向使兒童表現得更有攻擊性。

藉著改變這個重要的治療動力，兒童會在整個療程中表現出較少的攻擊性，不過在短時間內的攻擊還是相當強烈。跟只用口語回應比起來，若能運用經驗性遊戲回應，兒童從傷痛中的恢復會快得多。如果治療中只用口語回應，則只是把成人的治療反映在兒童遊戲而已。在對兒童表達同理心方面，這會來得比較沒效。另一方面，當治療師受邀進入遊戲，然後以兒童的發展風格遊戲時，此時此刻的完整經驗就會傳達給兒童，也就讓兒童經驗到有人瞭解他的世界。

≫ 重新框架依附於創傷事件或關係的情緒

對兒童的經驗之瞭解，加上兒童從治療師那裡感受到的保護與安全感，可以讓兒童創造出主題遊戲的進展，使得他不只可以面對情緒的痛苦部分，也能重新拾回對這些部分的賦權感。這個過程每發生一次，因事件而起的強烈情緒就會少一些，而且兒童就能在內心重新建立合乎事件當時年齡或發展階段的安全感。隨著這些負面情緒的減少，漸漸地兒童就不那麼需要用不適當的行為或根植於傷痛的情緒來保護自己。一旦兒童持續這個過程，並加入新的意義到遊戲中，整個事件的情緒面向就會慢慢獲得重新框架，於是過去事件所引發的情緒張力，就會被內在新生的舒適感受所取代。換句話說，與初始經驗相關的情緒內涵會慢慢獲得重新框架，如此一來即使過去的記憶曾經造成強烈、氾濫的情緒痛苦，但不當的行為及態度不再繼續影響兒童。兒童的感受就會回到正常對一般事件的反應範圍，他就可以改變遊戲的內容，從面對傷痛轉換成發展遊戲，為將來進入成人生活做準備。

以上所說的看起來和減敏感（desensitization）很像，但過程上卻沒有那

麼形式化。大多數性侵害受害人最恐懼的事情之一，就是害怕自己被情緒所淹沒，因此個案在遊戲治療中所害怕的對象，就是和過去的經驗聯結在一起的情緒。在去敏感的過程裡，個案所畏懼的事物可能是已知的某因素，如怕蛇或怕搭飛機（Cormier & Cormier, 1991），但遊戲治療的重新框架過程並非如此。舉例來說，儘管我們可能知道兒童被性侵害，卻不一定要知道誰是加害人，也不必知道侵害的過程細節。的確，只要兒童已經受到保護，離開加害人，那麼不知道上述資料也能夠讓兒童進入治療。在遊戲治療中，兒童會用與某事件經驗有關的情緒來做重新框架。

除此之外，在減敏感的過程中，治療師會花一段時間慢慢把個案害怕的對象引進治療中（Cormier & Cormier, 1991），治療過程是奠基在這些對象的真實存在。然而，在遊戲治療就不一樣，裡面會包含幻想遊戲，而且兒童可以導引治療的方向。而減敏感的過程和遊戲治療比起來，前者雖然仍重視治療師與個案的關係，但並沒有那麼依賴這個關係來讓治療發生。

≫ 個案史：跟喬安持續接觸

我們在第三章已經討論過喬安的背景資料和第一次單元，而接下來要看看從依賴階段進入治療成長階段的過程。此時，正好必須給喬安介紹新的治療師（見第九章的過早結案，會討論更換治療師的過程）。新的治療師是個西班牙裔男性，這對喬安明顯有幾點好處，例如同樣的文化背景、種族和性別認同。另一個相似點是，治療師也來自貧困家庭，從小沒有玩具可玩。然而此治療師和喬安的父親卻是極為不同的男性角色模範，比如說治療師很溫和，但喬安的父親卻很凶。另外，治療師是個敏感、體貼的人，但喬安的父親卻從來無法真誠地表達關心。

在這個摘錄中，喬安的治療顯然進步了很多，現在他又拿起第一次單元時短暫用過的球和球棒。然而，這次他換了個方法使用：他已經準備好單純只拿這些東西來玩。這次單元中喬安決定玩棒球。學習接球是個文化經驗。

因為治療師在童年時也不曾有過玩接球的機會，所以他也不知道怎麼接球。這個問題讓他在接下來的某個場景中產生反移情。他開始覺得自己很笨（就好像喬安常常有的感覺），所以即使其實技術面沒那麼糟，還是符合喬安所謂的「很差勁」。

　　在接下來的幾個單元中，治療師的目標是協助喬安在安全的氛圍裡，體驗玩樂的感覺，這樣可以讓喬安回到童稚的狀況。遊戲中有一次，喬安教治療師投球，接著在壘前觸殺喬安。不過這點很困難，因為治療師根本接不到喬安打出去的球，結果玩下去喬安就得了很多分。

　　這是他們的第四次單元，關係也已經建立起來了。但在本次單元中，喬安變得比較孩子氣，也不再那麼故作堅強，對治療師的信任也變得更明顯。（J：喬安；T：治療師）

單元	說明
1.J：（擊球，跑向布置好的一、二壘。粗魯地說）哈哈，打中了！	1.喬安跑到二壘，表現出一種我逮到你了的態度，表示他需要比敵手（加害人，即父親）更優越。他知道自己很安全，但還是有競爭的態度，因為這時他還處在重拾他內在賦權感的階段。
2.T：哇！打得好！	2.治療師也肯定他有能力。
3.J：幽靈跑者在二壘。（走回來打擊）　T：準備好喔，球來了！	3.代跑象徵過去對喬安來說，太過痛苦但縈繞在記憶中的關係。
4.J：好！（擦棒球）擦棒球，這不算好球，是擦棒球，這一球會剛好飛過壘包。	4.喬安還是不覺得在治療師面前可以安全地示弱，所以他不肯承認這是好球，因為這麼做就代表示弱。他把球說成是擦棒球，而且擦棒球不算，他就可以把弱點消除掉。

5.J：（擊出高飛球。治療師伸出手，剛好接到球。喬安看到了，回身說）啊，我出局了！	5.喬安直接假定自己出局了，而不是評估發生了什麼事。
6.T：（球彈出治療師的手，掉到地上。治療師走過去撿起球）	6.因為治療師說他不會接球，他決定接受喬安說的出局。治療師現在經驗到喬安在遊戲中給他創造的自卑角色。治療師不擅長接球，而這就製造了反移情。
7.T：二壘上有人。	7.治療師把跑者說成是人，而不是幽靈跑者。
8.J：（擊球，跑壘，喘得很厲害）	8.喬安刻意顯示他很享受成功的感覺。他正經驗目前發展階段中的賦權感，尤其是有個父親形象在場的機會，儘管他還無法內化它。
9.T：全壘打！	9.治療師肯定喬安的經驗。
10.J：一人出局。	10.在遊戲的此時，喬安面對自己的脆弱而非成就。
11.T：不過有一個人跑回本壘了。	11.治療師再度用「人」來取代幽靈跑者。
12.T：還是一人出局。	12.再一次喬安面對自己的脆弱而非成就。他的肢體動作比前次打擊更自在、隨意，開始有些動作顯示自發與好玩的感覺，這正好是治療目標。他的音調變得比較溫和。當他愈進入好玩的狀態，就愈遠離之前表現的好勝。但是他還是著重在負面情況。（指一人出局）

13.T：*你真的很想打好這場球。*	13.治療師肯定他的內在動機，這可以讓「賦權」（empowerment）開始內化。
14.J：（擊球，跑得比較慢，每一壘間休息一下） T：*又一支安打！* J：（倒在地上咯咯笑。）*耶！*	14.喬安可以輕易跑過全部壘包，卻沒這麼做。跑壘時，他開始回到童年經驗，開始覺得安全。雖然對治療師還有防備，卻已經比遊戲剛開始時覺得安全了。
15.T：*又一支全壘打！* J：（咯咯笑）	15.這句話有再保證的效果，對喬安來說隱喻著，治療師在場時他很安全。喬安還對治療師仍有些警覺，也弄不清楚為什麼治療師一直漏接球。
16.T：*能做想做的事感覺真好。你對自己感到很驕傲。*（投球）	16.治療師肯定完成的感覺。除此之外，藉著肯定喬安的自尊感，也促進喬安內化這種感覺。
17.J：（擊球，跑壘，停在三壘）*安全上壘！*（倒下來傻笑） T：（四處跑，試著接球）	17.喬安現在表達出自己的安全感。他可以跑完全壘打，但選擇停在距離治療師較近的地方，並說「安全」。他往地上蹲，代表退化到較早期的發展階段。
18.J：*安全上三壘。*	18.喬安肯定自己的安全感。
19.T：（用球碰喬安）*你安全上壘！* J：（起身，走回本壘，撿起球棒）*幽靈跑者在三壘。* T：（揮動手臂要投球時，球掉了） J：（大笑） T：（投球）	19.治療師用球碰喬安，以觸覺表示確認——你安全了。

20.J：（擊球，跑到一壘，然後用比較輕柔的聲音說）啊，安全上壘！幽靈跑者在一壘。一、二壘有幽靈跑者。（回去打擊） 　　T：球來了！（球飛過喬安）	20.喬安只走到一壘，而且用適當的語調說：「啊，安全上壘！」這是表示自己在象徵更早年經驗中，感到安全。
21.J：你本來可以讓我出局的，不過我還是比你快。 　　T：（揮動手臂要投球時，球掉了） 　　J：（大笑） 　　T：（投球）	21.喬安還是覺得需要保留一些防衛，以處理他從過去所經驗到的脆弱。
22.J：（揮棒落空）擦棒球……不，是壞球，不算。 　　T：一壞球。（再投） 　　J：（擊球，輕鬆緩慢地跑壘）	22.喬安再重申他需要小心，不可以太輕易示弱。
23.T：（撿起球跑向喬安，這時喬安已經滑回本壘。拿起球，站在喬安旁邊）安全上壘！（用球碰喬安）做得好！	23.喬安回到本壘，治療師站到他身邊，這就形成了一種父子或親子的典範，並表達出：你很安全。然後他觸碰喬安，以動態方式確認安全。這點很重要，因為喬安之前被身體虐待。治療師再用口語肯定，「做得好」。
24.J：（又打出一支全壘打。跑壘） 　　T：你今天真棒！比數應該是五比零囉。	24.喬安擊出全壘打來自我確認賦權感，而且與治療師安全待在家的經驗有關。
25.J：才不是，是十五比零！	25.喬安改變比數——從五分加到十五分——表示他自覺目前的賦權程度。十五分意思不是分數往上飆，而是因為內在力量增加了，所以恭維治療師，增加的程

	度是治療師所感覺到的三倍。
26.J：你會投曲球嗎？ 　T：你想讓我知道，你能做得很好。 　（投球）	26.喬安用這個問題來告訴治療師，他覺得這個治療關係很安全，他們現在可以經驗一下關係中的各種不同變化。
27.J：（打擊，跑到一壘，帶著球棒跑到二壘，然後蹲低身子在兩個壘包之間跑來跑去，咯咯地笑）	27.喬安沒有一直跑壘，而是選擇待在離治療師較近的地方。他覺得這是治療以來最安全的時候。
28.J：兩個壘都安全上壘。（回到本壘，撿起球棒）幽靈跑者在一、二壘。 　T：（投球）	28.兩個壘都安全上壘，意味著他覺得現在比幾分鐘前只有安全上一壘時，有兩倍的安全。他的整體經驗中，已經重新建構起安全感。

　　喬安的治療目標之一——其實也是所有接受遊戲治療兒童的目標——是協助他重新獲得符合其年齡及發展階段的賦權感。若賦權程度在生活中被權威人物侵害，兒童必須用某些方式來補償，最常用的方法就是以不適當的行為來保護自己。喬安的補償方式就是在遊戲室的不當行為：語言與身體攻擊，以及偷竊、說謊、欺騙。有些兒童則是以恐懼和退縮來補償。當兒童獲得與年紀與發展階段相符的賦權感，他就不需要再用不恰當的行為來補償。喬安已經回到童年，而治療師也讓他擁有當兒童的權利。有了這種新的賦權感，他就不必那麼強烈地防衛自己了。

單元（續）	說明（續）
29.J：（擊中球，跑了一圈，表示全壘打） 　T：（漏接）	29.打出全壘打，是要確定自己內心新產生的正面感受。
30.J：（咯咯笑）我成功了。每次喔。 　T：你很喜歡打全壘打。（投球）	30.再度顯示當時內在安全感帶來的喜悅。

31.J：（打擊，然後輕鬆跑壘，用球棒碰壘包，一直笑）成功了！ 　T：又一支全壘打！	31.喬安重複同樣的場景，確認這些都是真的。就好像他無法相信自己的內心真的經驗到這些狀況。
32.J：（泰山式的歡呼）	32.喬安現在確定安全與賦權的經驗——符合其兒童發展階段——已經重新建立起來了。兒童無法用正式的語言來描述這種經驗，而是得用全身肢體，扯開喉嚨用原始的吼叫來表示力量。
33.T：你真是個強壯有力量的打者。 　　（投球）	33.治療師分享自己感受到喬安的力量，藉此肯定喬安的內在經驗。
34.J：（揮棒落空）好球。 　T：一好球。（投球）	34.此時他在體驗身為他那個年齡與發展階段兒童的感覺。因此，他不必強辯這球不是好球。他現在覺得自己夠安全，可以放心地經驗脆弱。
35.J：（擊球，輕鬆跑壘。回到本壘時他笑到不支倒地。）	35.喬安在過程中很開心，所以他無需像之前那樣高度警覺。
36.T：（彎腰，用球碰喬安，笑著說）你今天一直得分喔！你今天打了很多安打。	36.這一下觸碰和語言加在一起，有相輔相成的效果。在傳達安全感方面，觸碰比語言更原始。
37.J：（蹲下，雙手和雙膝著地）這次我要趴著打。 　T：你對自己好有信心。你知道你用什麼方法都做得到。（投球）	37.當兒童在遊戲室裡俯身在地上，就意味著把議題轉換成較早期的心理發展階段，行為模式也會變得退化。喬安覺得自己現在有足夠的安全感與賦權，可以為自己的整個兒童期奮鬥。這也是為了要重新框架過去的創傷記憶。

38.J：（揮棒落空）好球一個。（用很原始的方法把，球滾回去給治療師，同時發出嬰幼兒才有的喉聲） 　T：（投球） J：（打到壞球）壞球。兩好球。 T：我們看看接下去會怎樣。一壘有跑者。	38.喬安的遊戲退化到兩歲大的技巧發展階段，所以要擊中球有些困難。
39.J：（擊中球，跑到一壘，然後停下來咯咯笑，這時治療師帶著球走近他。他轉身回到本壘，臉上掛著大大的笑容）你最好快點喔。 　T：一、二壘有人。	39.喬安一碰到本壘，就確認了自己的過去情緒記憶已經重新框架。他顯露出遊戲治療開始以來，最開心的笑容。
40.J：（儘可能退到本壘板後遠處） 　T：哇，你要讓我看到你，可以把球打得很遠。	40.喬安現在把自己的賦權加到揮棒中，藉此肯定自己的經驗。
41.J：（打擊，跑到本壘，然後躺在地上大笑。） 　T：能開心地做自己想做的事，感覺真好。	41.喬安變得幼稚，躺在地上，以快樂孩子般天真、自發、開心的方式，慶祝自己的喜悅。
42.T：（本次單元結束要離開遊戲室的時候）你今天真的玩得很開心。 J：開心？這是我這輩子最棒的一天！	42.喬安確信自己重新拾回自己的賦權，以便面對加害人和暴力所造成的情緒。他現在準備好度過各個發展階段了。

✜治療成長期：經驗賦權感

一旦兒童面對了情緒傷痛並且重新獲得自己的賦權感，就會開始有失落感。在重新獲得賦權感、控制及自尊前，兒童的遊戲聚焦在保護自己免受過去創傷事件或人際關係的痛苦。現在，他開始無意識地哀悼自己，因為強烈的情緒需求而錯過的正常發展性遊戲。舉例來說，若虐待或創傷事件在四歲時發生，但一直到七歲接受介入，那這三年的發展性遊戲就漏掉了。兒童會開始懷疑「我是誰？」，這時兒童的精力程度低，遊戲內容沒什麼情緒，也沒有很強烈的張力。雖然他已經面對傷痛，但由於創傷事件或關係而失去的發展階段卻還沒有重新獲得。這個階段我們常常可以看到，兒童把象徵價值的物品（如金幣）埋到沙盤裡，然後他可能接著把沙撫平，代表「還沒有人看到我的價值。我的價值不見了，而且沒有人知道它在那裡。」這個時候也常常看到兒童自我認同為故障的玩具，在遊戲中想要修理這個玩具。

幾次單元之後，兒童開始有重生的感覺（也就是「我就是我。這不是太好了嗎？」），並且開始經歷之前失去的那些發展階段。然而，現在他用過去沒有的健全狀態來重新經歷這些階段；除此之外，他也開始將在面對傷痛時所得到的自信與賦權感，整合納入到自我中。遊戲會開始出現有安全感的兒童所呈現的特色（例如：喜悅、天真、歡笑，甚至享受）。因為兒童逐漸發掘到自我價值，所以現在他可能會想把之前埋在沙子裡的寶物挖出來，或是要求治療師挖出寶物。

>> 兒童行為的動力轉換

當兒童開始將重新獲得的賦權感整合到失去的發展階段時，他的行為就會朝向比較符合他年齡與發展階段的正常表達方式。從依賴階段的最低點到治療成長階段的結束，兒童的行為有著動力的改變。在面對創傷事件或關係之前，因為痛苦過於強烈，所以遊戲充滿幻想。兒童會完全沉浸在當時的強

烈情緒，表現得極度以自我為中心；這種遊戲方式包含了強烈的情緒投射。另外，兒童會被驅使透過遊戲來掌控周遭的環境，並且透過要求治療師以及展現操縱、攻擊、對立的行為，來掌控他與治療師的關係[3]。遊戲中兒童會顯得很恐懼、謹慎、防禦，這些都反映出他需要保護。隨著經驗的重新框架，他會開始經歷安全感，遊戲也就會轉變成像是生活預演的方式，納入自發及天真的特徵，也會有歡笑、竊笑，以及真誠享受生活的遊戲模式。他會變得比較能與治療師、家人、同儕合作及互動。之前與治療師的關係雖有極度依賴的特性，但現在他會開始朝向互相依賴的關係發展。

除此之外，當兒童遇到創傷事件或關係時，他的自信、自我價值、自尊，以及賦權感都會受到很大衝擊，覺得孤立無援。他對環境會表現出高度的疑心、謹慎及無力感。這時的遊戲會呈現出他經驗到不被尊重。當這些特徵開始有所轉變時，兒童就會開始重拾符合年齡與發展階段的自尊與賦權感，逐漸變得較能像同齡的正常兒童一般信任與尊重他人。原本謹慎多疑、依賴外在控制力量，但現在開始有內在的控制中心，可以學習適當的行為和動作。他不再用別人對他的看法評斷自己，而變得有能力用自己的觀念去評估自己的價值。

現實感從混亂演變得有組織的過程很緩慢，常常耗上幾個月，甚至幾年的時間。事實上，兒童在治療接近結束時再發生或退化到依賴階段的攻擊形式也並不罕見。舉例來說，有個小男孩在遊戲中有時會佩戴槍和槍套，而且偶爾會拔槍出來射擊；這並不是依賴階段緊繃、強烈，以幻想為主的遊戲模式，而是被虐記憶的再現。這些感覺不再主宰及耗損他的生活了。

接下來舉的例子是處在治療成長階段的兒童遊戲。泰瑞因為在學校不受大家接納而被轉介治療。他的社交技巧很不成熟，一個朋友也沒有，其他小朋友都作弄他、嘲笑他，回到家裡他也只和比他小兩三歲的鄰居小孩玩。另

---

[3] 這裡指的對立是成長的過程，不代表該兒童會被診斷為對立性反抗疾患。

外，他正在接受過動的藥物治療。

　　這段摘錄中，泰瑞和治療師一起玩布偶。泰瑞右手戴著蝴蝶布偶，左手戴著鱷魚布偶，而且是一邊咆哮、一邊戴上。治療師則是戴著河馬和獅子布偶。泰瑞讓蝴蝶在房裡四處飛舞，然後笨拙地停在桌上，就像小鳥停在冰上；之後，他又讓蝴蝶飛，又一樣笨拙地停在桌上。此時，泰瑞說他（蝴蝶）就是沒辦法把事情做好。接下來，蝴蝶再度起飛，猛然撞進一堆花兒。這隻古怪的蝴蝶終於重新鎮定下來，再度起飛，再次停在桌上。在此過程中，雖然鱷魚都一直在場，卻一句話都沒說（這就是泰瑞在家的樣子）。

單元	說明
1.個案（C）：（讓蝴蝶在空中飛舞，然後彆扭地停在擺著河馬和獅子布偶的桌上）你好，我的名字叫蝴蝶。 治療師（T）：嗨，我是河馬。 C：嗨，河馬。 T：（用稍低的聲音說）我是獅子 C：對，我知道。	1.蝴蝶以笨拙的姿態進入遊戲，遇到兩隻比較穩重、受人尊敬的動物。
2.T：（動動兩隻布偶）我們好希望自己會飛喔。看你飛好像很好玩的樣子。	2.治療師肯定與尊重蝴蝶的能力。接著她表示加入蝴蝶應該很好玩。
3.C：嘿！那就坐到我的背上來吧！ T：真的可以嗎？（把河馬放到蝴蝶背上）好了！	3.泰瑞因為有力氣載另一隻動物而受寵若驚，而且很興奮。
4.C：你絕對可以相信蝴蝶喔。（蝴蝶開始背著河馬升空） T：（扮演河馬）哇！我飛起來了！	4.泰瑞指出他已經開始整合對自己的信念，以及支持別人的賦權感。

5.C：你想降落在樹上嗎？ 　T：我相信這隻蝴蝶。好啊，我們飛 　　到那棵樹上吧！（指著他們身後 　　牆上壁畫裡的一棵樹）	5.泰瑞覺得自己已經有足夠能力，可以 　允許別人參與決策了。他可以放棄某 　些主控權。
6.C：（唱著）來吧。（說話）我們要 　　一路飛到…… 　T：好吧，這是我第一次到這麼高的 　　地方。哇哇……	6.唱歌表示旅行很開心，也表示他覺得 　有自信心。他希望自己的自信能愈高 　愈好。
7.C：噢，糟了！我們該走了。有一隻 　　大黃蜂！ 　T：（一邊飛離）噢，糟糕，不是大 　黃蜂！	7.泰瑞仍然不是百分之百有信心，尤其 　是當附近有侵入者（即加害人）的時 　候。
8.C：噢，不好！我們趕快飛走！（泰 　　瑞很快地模仿真的蝴蝶，讓玩偶 　　上下飛舞，同時一面往前移動。 　　河馬還在蝴蝶背上。） 　C&T：喔喔喔！	8.泰瑞顯示自己亟需逃離入侵者。拍動 　翅膀，顯示這個經驗帶給他的緊張情 　緒，也肯定他在逃離時是有能力的。
9.T：我抓好了！在這麼高的地方，掉 　　出去有點可怕。	9.治療師反映出在這段改變過程中，他 　經驗的脆弱性。
10.C：我抓住你了！	10.他再度確認即使需要逃跑，自己對於 　環境還是有一定的掌控力。
11.T：蝴蝶，我相信你。（降落在桌上 　　時）喔……！（他們在桌上休息 　　了一會兒）	11.迫降桌上時，治療師肯定泰瑞有能力 　處理這個情況。泰瑞開始相信自己， 　不過還沒有完全確定相信是不是對 　的。
12.C：我該飛走了。 　T：蝴蝶，謝謝你。	12.和河馬分享前，泰瑞的內心必須整合 　更多內在的賦權感。

13.C：（讓蝴蝶飛走，並製造飛行的聲音）	13.聲音代表他的內心正在改變。
14.（河馬和獅子間的對話） 河馬：我跟蝴蝶旅行了一趟。 獅子：你……什麼？ 河馬：我跟蝴蝶去旅行，蝴蝶把我照顧得很好。我們飛得很高，高到有一點恐怖的地方。 獅子：我就知道！ 河馬：不過，蝴蝶很可靠。 獅子：他把你照顧的很好？ 河馬：我知道我可以信賴蝴蝶，因為他說我可以信賴他，而且他真的非……常非常照顧我喔。這是我所知道的啦！ C：（河馬和獅子的對話進行的同時，泰瑞把蝴蝶布偶放回桌上，把布偶內外翻轉，毛毛蟲側朝外）我要……你能不能幫我把這個關好？ T：沒問題。（他們一起處理）好了！	14.河馬與獅子的對話，反映泰瑞在改變過程中內心的掙扎與恐懼。泰瑞一邊靜靜地站著聽他們的對話，一邊把蝴蝶布偶翻轉成毛毛蟲布偶。治療師在肯定泰瑞在改變與進步中能信任自己，肯定自己變得比較有力量了。
15.C：（發出毛毛蟲爬行的旋律，唱著）我很努力，我要好好對待朋友。我要跳到蛹裡面，變成一隻蝴蝶。我像搖滾樂團，你聽到我	15.當個案為了面對改變、重溫過去經驗及接受自我形象時，聲音可以用來判定他（毛毛蟲）的心情。我得跳進去變成蝴蝶，意味著他必須冒險改變。

大步走的時候，會以為我是一堆螞蟻。（一邊唱，一邊把毛毛蟲往後拉）	你會以為我是一堆螞蟻，則是代表這個世界認為我無足輕重，總是隨波逐流。記住，改變絕非一朝一夕，而是一次次經驗累積的變化，在反覆確認中整合所有的改變。
16.T：（河馬的身分）你一定是隻能信任人家的毛毛蟲。	16.你要相信自己能做到努力想完成的改變。
17.C：誰想搭戰車？ 　　T：（河馬）喔，我可以搭戰車嗎？ 　　（獅子）我可以搭戰車嗎？	17.他用戰車來比喻在這個對他不友善的世界中，奮力要活下來的社會與情緒戰役。改變的過程中，兒童必須重回自己想改變的情緒狀態，藉此把該經驗從不愉快的意義轉成新的感受。
18.C：（舉起鱷魚布偶說）叫到名字的舉……舉……手——如果有手的話。 　　T：（河馬和獅子一起說）噢，我沒有手。	18.泰瑞必須在入侵者或加害者在場時改變，不然這些轉變就不會持久。
19.C：那就舉嘴巴好了。 　　T：（舉起河馬和獅子的嘴巴） 　　C：好。河馬！ 　　T：（河馬的聲音）好傢伙，我可以去了！呀呼！	19.舉手或舉嘴巴是說，誰相信我能做到這些改變？獅子和河馬都相信。
20.C：（唱歌）得得得得。（河馬爬到毛毛蟲背上，毛毛蟲慢慢爬）	20.他覺得在這個轉變點當中，有人支持。他在接近經驗轉換的時刻唱起歌來。
21.T：（河馬）哇，火車真的會跑！	21.再次確認轉變真的會發生。

22.C：（毛毛蟲）呃，我們該走了。你要先離開我的背上，因為我有事要做。 　T：（河馬）好吧。謝啦毛毛蟲。 　　　（毛毛蟲爬到桌子底下。河馬跟獅子說）哇，這不是很棒嗎！	22.現在是移到過度階段的轉換時候了。他已經得到河馬的支持，但必須獨自經歷這個旅程，因為轉變是內在的。
23.C：（鱷魚布偶很焦慮地跳動，然後泰瑞脫下鱷魚布偶，用尖銳、粗啞的聲音唱著）看看看！（他發出原始的聲音，像在生嬰兒一樣） 　T：（河馬對獅子說話）或許毛毛蟲會偶爾回來看看我們。我可以認出他來。	23.他再一次在加害人（不太能忍受他的父親）面前試著改變。改變就像重生，變成新的人。
24.C：（用一樣尖銳粗啞的聲音說）不可能，你無法認出我⋯⋯（從桌子底下拉出蝴蝶）⋯⋯因為我現在是蝴蝶了。（蝴蝶拍打翅膀，飛起來）	24.你不會認得我的，因為我已經變成新的我了。泰瑞很自傲，而且他飛起來的時候，就可以整合他新的存在經驗。
25.T：喔喔，哇，你變了！	25.認可他的改變。
26.C：我知道。	26.同意並再次確認。
27.T：你一樣還是我的朋友，而且你已經變成漂亮的蝴蝶了。	27.你是我們喜歡的人，而且你已經變得比以前更美麗。
28.C：我以前很醜，不過現在我很美了。誰要上來兜風？	28.以前沒有人接受我，但現在有了。我也有能力可以支持這個觀點。
29.T：是啊。	29.治療師再次肯定兒童的改變。兒童需要知道自己的轉變被人發現。

30.C：獅子……（蝴蝶伸展翅膀）	30.現在他的朋友河馬和獅子都肯定他，他可以察覺到這些感覺被內化。
31.T：你知道的，這有點像是說你其實本來就很美，只是我們看不太出來。（獅子爬上蝴蝶的背，蝴蝶起飛。然後，河馬對獅子說）你可以信賴蝴蝶，不用怕。	31.治療師隱喻說她一直喜歡他，知道他有未被發掘的潛力。這又是另一次再保證，讓他可以相信自己不一樣了。
32.C：（扮演蝴蝶，飛近房間角落）噢，不好！我不能轉身！	32.他已經變得跟以前不一樣了，知道自己不能變回以前的樣子，對自己的觀點，也不像以前那樣了。
33.T：（獅子）我相信你。我知道你會有辦法的。（他們轉身，開始飛回桌子那裡。）	33.治療師再一次告訴泰瑞，他可以信任自己改變的能力，也可以相信自己一切會沒事。
34.C：（哼歌） 　 T：你要相信朋友。	34.哼唱聲代表內化對自己的相信。
35.C：（蝴蝶）我們要降落了。（蝴蝶和獅子降落在桌上，有點兒顛簸：）唔！蝴蝶，你可以繼續。對，降落得很順利。 　 T：（獅子）謝謝，謝謝。真是太棒了！	35.泰瑞的降落，象徵結束這次自我認可的旅程，並告訴自己（透過蝴蝶）他可以維持已經改變的部分。順利降落，意味著接受自己溫和的那一面。
36.C：（蝴蝶再飛，飛走了）啊！我要去找我弟弟了。 　 T：好啊。 　 C：對啊，他今天也該變成蝴蝶了。	36.他現在已經接受自己變成現在這個新的樣子，也必須退化到較早的發展階段，讓那個部分也蛻變。泰瑞並沒有弟弟，所以弟弟意指自己內心比較年幼的部分。他在較早的發展階段重複類似的遊戲模式，透過確認自己當時的經驗，而重複同樣的發現與認可過程。

第 **8** 章

豐富「遊戲作為隱喻」的過程

✳ 治療性的回應

　　對今天社會上許多人而言，與兒童溝通包含對於兒童的立即表面行為或固著觀點給予指導、提問或回應。即使受過兒童教育專業訓練的人，也常常只對兒童的學業表現做出回應。的確，對許多從事心理衛生專業的人而言，兒童是一個謎，而且只有作為「家庭」這個系統的一份子時，他才有機會跨過心理治療這個神聖殿堂的門檻。對於許多治療師而言，與兒童進行治療性溝通是一種自相矛盾的說法，並且實際上會在許多能幹的成人或青少年治療師心中造成恐懼。

　　有關兒童治療方法的文獻即使不多，但還是有跡可尋。大部分文獻中所記載的，都是有關目前出現在兒童身上各種症狀的治療方法。但在這些作者當中，只有少數作者將這些課題與兒童個人產生關聯，即著眼於每一個兒童所擁有的個人特質，並基於此框架內探討該兒童的問題。當然，兒童中心理論學派及治療師都主張，與兒童溝通時要採取溫暖、接納，和同理心的態度（Axline, 1947b; Landreth, 1991; Moustakas, 1959/1992）。

　　此外，某些理論學家強調，詮釋能夠幫助兒童超越他們遊戲或語言表達的內容。這些治療師嘗試解釋或讓人明瞭兒童生活中所發生之事件的真實面貌（Lewis, 1974; O'Connor, 1991）。

　　另外一些兒童治療理論則以行為操縱，或治療師以語言去回應兒童的語言表達為根據。然而，兒童語言表達的可信度卻一再受到質疑，不只在兒童所處的日常環境中（如：家裡、學校），尤其在法庭上更是如此（請參考 Ceci & Bruck, 1993）。若兒童因為詞彙不足或缺乏形式運思的思考，而無法以精確的語言表達時，我們又怎麼能夠冀望他能和治療師溝通有關像感覺等抽象觀念，或其衍生的觀念或感覺呢？除此之外，希冀一個年幼的兒童去理解治療師將之前的事件、他現在所產生的感覺，以及這些因素與他目前行為之間的關係，也是不合理的。

兒童透過遊戲來表達他的世界觀，並創造他自己的隱喻來理解事情和提出解決方案。透過這樣的方式，兒童利用遊戲當作他們的溝通模式。所以，我們該問的問題應該是，我們該如何利用兒童的遊戲來促進他改變？將簡單的遊戲過程轉變為治療遊戲的真正元素到底是什麼？當然，首先、而且也許最重要的元素在於兒童被接受及被瞭解的這份關係（Landreth, 1991; Moustakas, 1956/1992, 1973）。但這種關係並不是天上掉下來的，而是由治療師適當的回應所逐漸滋養並演變的一種過程。這種回應讓兒童覺得自己被治療師接納，並經驗到安全、受保護的感覺。但是，即使治療師因為情況必要而給予適當的回應，但在兒童能信任治療師之前，他會測試治療師接受他的程度。

✣ 給予適當回應以促進改變時所要考量的層面

對兒童給予適當回應，以促進他改變會隨著以下的層面而有所不同。這些層面包括遊戲治療過程所在的階段、治療師與兒童之間的關係有多深，以及回應的模式等等。

>> 遊戲治療過程所在的階段

探索階段　在療程的初始階段，即探索階段（exploratory stage），兒童剛進入一個完全陌生的環境，所以他要探索這房間，並設法知道在這房間裡治療師對他的期望。在這階段裡，對兒童的回應是在肯定他的出席以及活動。回應的目的在於告訴兒童，治療師會陪伴著他，追蹤著他，接受他所做的任何事情，並讓他做這房間中所有活動的主人。探索階段通常會占一到二次單元。此階段的典型回應通常是：「我注意到你在看這遊戲室中的每一樣東西，所以你會知道這裡有什麼好玩的。」

以下的摘錄取自一項訓練課程。從這段摘錄中可以看到此階段中所給的

兩種回應，以及同理心太早被引進這份關係的效果。這是五歲史哥提的第一單元。大約三年前，史哥提的父母離婚了。在與母親同住的這段時間，他開始去看一位治療師，而這位治療師懷疑他在家中遭到性侵害。最後，兒童保護機構調查這件事，並確認史哥提的確遭到母親男友的性侵害。史哥提便搬去和父親住。不久，他的繼母開始發現他有問題，於是他們決定讓史哥提參與治療。史哥提第一單元的前一天，也是他上幼稚園的第一天。以下的摘錄是在遊戲室中的頭幾分鐘。

史哥提：（環顧房間，並看到一個玩具車庫。跪下來開始玩這個車庫。）

治療師：（拉了一把椅子，坐在史哥提的後面。）我發現你剛剛到處看看我們這裡有什麼。

史哥提：（笑）我想是吧。（看到房間另一邊）哇噻！（走過去看一間相當大的娃娃屋。）那裡面有什麼？

治療師：你可以看看呀，看起來好像滿有趣的喲！

史哥提：（看娃娃屋內部。想要把它搬起來。）這好大呀！不是嗎？（把娃娃屋稍微移動，看看旁邊，然後又看看另一間娃娃屋。）

治療師：你看看那些地方，看看裡面有什麼，或看看有什麼東西藏在它下面。

史哥提：（把娃娃屋搬起來，放到地板上。）

治療師：好重哦！

史哥提：就是呀！（回去搬另一間娃娃屋。）好，放在這裡！

治療師：有兩間娃娃屋。

史哥提：沒錯。

治療師：你把它們擺得很好。

史哥提：（看看娃娃屋內部，拿起一盒彈珠，一邊竊笑、一邊看著治療師。）

治療師：我聽到了！

史哥提：唔。我有一顆彈珠——很大的喲！

治療師：是一顆大彈珠。

史哥提：嗯！（站起來，舉起一個充氣玩具，把它擺到一邊去，然後看著架上的玩具。）

治療師：你在看架上有什麼好東西。

史哥提：（拿起玩具槍，射了一下。放下來又繼續看。）我本來有一把這樣的槍。

治療師：不錯嘛，你找到一些你認得的東西了。

史哥提：是呀！我本來有一把這樣的槍。

治療師：我不認識這種槍。

史哥提：它本來裡面有一些小珠子的，可是我的都不見了。

治療師：你的都不見了？

史哥提：嗯！

治療師：那你一定很傷心！

史哥提：我不覺得。

治療師：喔，你不會呀！

　　在追蹤史哥提的一舉一動方面，這位治療師做得很好。但這當中，她做了一個充滿同理心的表達：「那你一定很傷心！」但在這個階段裡，因為史哥提還沒有準備好這種層面的回應，於是他就否認，說：「我不覺得。」基本上，他只要得到追蹤式的回應，也就是治療師不斷敘述他的觀察：「你正在看那個東西。你正想看每一樣你能看到的東西。你想確定這樣玩是對的。」

　　測試保護階段　一旦兒童對環境有所瞭解，並覺得這是一個夠舒適的社交環境時，在他能夠深入對他個人意義深長的話題之前，他必須評估治療師對他投入的程度。此測試包括：一方面測試當時的情境，另一方面測試治療師是否能接受他不太受社會接受的行為。此階段的目的在於建立信任的關係。在設定限制的過程中，治療師接受兒童的感受且保護兒童，不讓那些感受淹沒他。如此一來，兒童知道他可以信任治療師，並因此而願意透過遊戲表達他那有待解決的問題。在這個測試保護階段，語言溝通主要在於肯定此測試意圖背後的感受，並設下限制。例如：「我知道你現在對我很生氣，那沒有關係；但我不會讓你弄壞玩具。」這時候，因為此刻人際關係本質的緣故，必須保持以「我－你」的模式溝通，這點至為重要。透過測試保護來建立信任的關係，通常需要一到二單元。

　　以下摘錄自三歲大琳蒂的一次單元，她很喜歡測試限制。事實上，這是她接受治療的另一個原因。

治療師：琳蒂，再一分鐘哦，我們就要走囉。

琳　蒂：不要，不要，不要。（琳蒂走到玩具架那裡，拿起一個奶瓶，走到沙箱。她那奶瓶放到沙箱中，開始舀沙。接著她想打開瓶蓋，卻開不打。）妳可以幫我把蓋子打開嗎？（又開始去舀沙。）

治療師：如果我把蓋子打開的話，也許妳可以用瓶子裝滿沙子。

琳　蒂：好吧！（把奶瓶上的沙子拍掉。）

治療師：（拿著奶瓶）明天妳回來時，我可以幫妳打開瓶蓋，因為現在我們的時間到了。

琳　蒂：（手指向著治療師，邊搖手指邊說）不行，妳現在馬上打開！（開始跺腳。）

治療師：可是現在……琳蒂，當我們進來這裡時，由妳做主，妳在這裡

面要玩什麼都可以；可是我們時間到了的時候，就換我做主

了，而且我們該走了。

琳　蒂：（抓起奶瓶）那妳打開它！

治療師：我會的，明天我們來的時候，我會打開它。

琳　蒂：現在就打開！（腳踢著地板）

治療師：（站起來，並從地板撿起琳蒂的鞋。）

琳　蒂：不要！

治療師：（以溫和、平靜但堅定的口氣）我說了，時間到了，我們該走

了。我今天晚上會想著妳，並等著明天要看到妳。

琳　蒂：（跑到玩具架那裡，抓起一個玩具。）

治療師：（伸手拿走那個玩具。）

琳　蒂：（跑開。）

治療師：現在，我們要往外走，去找媽媽……

琳　蒂：（一直跑離治療師。）

治療師：（溫柔的抓著琳蒂）琳蒂，不要玩鬼抓人的遊戲哦……

琳　蒂：不要！

治療師：（牽起琳蒂，走向門。）今天我們要往外走……要走到外面

去……因為我們時間到了……

琳　蒂：不要！不要！

治療師：（打開門）明天我們會再回來。

　　這個摘錄是一個相當溫和的測試例子。但是，要注意治療師的回應一直
都是很親切、充滿支持的態度，並確認了測試背後的感受。在這個階段中，
很適合談到感受。例如：「我知道你玩得很開心，很想留在這裡，我也想和
妳一起留在這裡，可是現在我們時間到了。時間到了，我們就得走。」經由
設下這些限制，治療師表示她會保護這孩子。這是很重要的，因為在兒童要

處理他們要面對的事時，他們必須知道自己會受到保護。

　　工作階段：依賴與治療成長　當治療師和兒童進入工作階段（依賴與治療成長的階段）時，他們之間可以利用任何方式來進行溝通。這個階段是療程中最長的階段，至於會多長則視兒童要處理事件的嚴重性和此事件持續多久而定。在這二個階段中，治療師回應的方式是一樣的。例如：「鯊魚開始喝水時，海豚就開始緊張了。」或在遊戲當中，「我找不到魔杖，我想我的魔法都消失了。」

　　接下來是五歲史哥提的另一段摘錄。這一單元中，在錄影機開始錄之前，史哥提花了好一段時間來布置一個有二隻恐龍面對著一輛紅色汽車的場景。這當中也有其他的動物，但牠們都是背對著紅車。在這段摘錄中，史哥提透過遊戲將他被性侵害的經驗玩出來給治療師看。然而，那位治療師卻沒有看出這個隱喻。那二隻面對著紅車的恐龍，代表的是知道這件事的人，而其他動物則代表漠視這件事的人。在遊戲當中，其中一隻恐龍開始去啃紅車的車頭和車尾。

　　有趣的是，史哥提將自己認同為這部紅色小汽車。他第一天來做治療時就已經注意到這部小紅車。事實上，他測試治療師的方式是，想要把這部小紅車帶回家。在每一單元的開始時，史哥提都會找出這部小紅車，然後把它帶在身邊——不管他實際上有沒有玩它。

史哥提：（把車推過地板的一個區域，推向動物所在之處。）

治療師：……繼續開。他把東西弄得一團糟。有時候，當他看到……他
　　　　會生氣……為了……

史哥提：可是這部車不喜歡……他在找某樣東西。

治療師：他在找某樣東西。

史哥提：（把車推到一堆泡棉積木裡）他知道他們住在那裡面。

治療師：他知道他們住在那裡面，所以他故意走進去。他要讓他們知道，他對他們很生氣。

史哥提：他……他們假裝他們是……他們會以為他們是不一樣的，可是他知道。他是一個小醒者（提醒者）。

治療師：他在攻擊他們，並讓他們知道，他對他們很生氣。

史哥提：（拿起小紅車，走回來，同時恐龍在咬車子──先是車尾，然後車頭。）

治療師：……然後他走回來，他在咬他。他（汽車）想讓他（恐龍）知道，他（恐龍）把他（汽車）弄得多麼痛。

史哥提：沒錯。就是這樣，可是他還做了一些……

治療師：有時候別人會傷害我們的感情，然後我們覺得很生氣。

史哥提：（汽車翻倒，四輪朝天。）

即使治療師沒有看出史哥提正透過遊戲玩出他被性侵害的事件，但她卻看出在他的遊戲中所揭露的感覺，而能夠讓他的表達變得更容易（例如：「他在攻擊他們，並讓他們知道，他對他們很生氣。」）無論治療師是否明白遊戲的涵義，對兒童做出這類的回應是很重要的。注意看看史哥提的回答：「沒錯。就是這樣……」

　　結案階案　一旦遊戲進入預演生活的主題，即兒童在模仿大人可以接受的行為，而且遊戲的強度已大大減弱時，就是適合做結案的時候。然而，結案不是一次單元就可以結束。治療師必須維持此治療同盟，以協助兒童慢慢接受這份關係的結束（Thompson & Rudolph, 1983）。以一般治療時間一個月就需要一次結案單元來看，這可能會花上六個星期的時間。很重要的，必須向兒童表示，對他和治療師二人而言，這份關係都即將消逝。例如：「我們只剩二個星期可以一起玩了，以後你不再來玩的時候，我會想念你的，可

是知道你很快樂而且很開心，讓我覺得很好。」

接下來的這一段摘錄，是一個很特殊的結案單元，不是所有的結案都像這樣。這個案例中，治療師和兒童安迪彼此之間有很特殊的感情。在這次單元開始時，安迪偶然發現了治療師為他準備的一些過度期禮物，其中一件是「愛之結娃娃」（Lump of Love doll），那是一個不分性別的小童玩偶，頭低低的抱著雙腿坐著。

安　迪：（在練習揮一根玩具球棒）好囉！

治療師：剛剛只是練習哦。現在玩真的囉！（投球）

安　迪：（打到球，跑壘。）

治療師：好，很好。你打到了。我要接球了。咦！球到哪裡去了？球在哪裡？我會封殺你的。我一定會封殺你。哇噻！你跑完一圈了。你跑完所有的壘包，安全到達本壘了。你已經學會照顧自己，還跑完所有的壘包。

安　迪：（笑）你怎麼知道，我喜歡雕刻？（握著球棒，準備要再打擊。）你怎樣知道，我喜歡呢？

治療師：你喜歡雕刻？這個嘛，我想你可能會喜歡，你知道的，因為我常常想著你……結果我得到了「愛之結」。你知道的，人覺得傷心的時候，喉嚨都會有一塊結，然後就會想哭。

安　迪：（把球棒放到脖子後面，開始走來走去。然後，把脖子靠在球棒上，環顧四周。）

治療師：你有這種經驗嗎？當你要離開某個人或一些事物時，喉嚨裡會有個結？那就是我對於我們不能在一起玩的感覺。

安　迪：（摸摸那個治療師在療程開始之前就放在玩具架上的「愛之結娃娃」）你得到這個？

治療師：我之所以得到這個是因為我喉嚨裡有個結，因為我很愛你，所

　　　　　　　　以我就想，「好吧！那我就把這個小玩偶送給你。」

安　迪：（揮著玩具球棒，打到自己的頭，於是戴上帽子。）我的棒球

　　　　帽，以免我的頭又會被打到。

治療師：你有個保護罩。你不要讓任何東西打到你的頭。

　　注意治療師的回答：「你已經學會照顧自己，還跑完所有壘包。」表面
上，這指的是安迪知道怎麼玩棒球。然而，安迪知道這句話別有涵義，於是
說：「你怎麼知道，我喜歡雕刻？」治療師正漸漸收尾，基本上，他是在將
他們的共同旅程再度加工。接著，安迪提到他的棒球帽：「我的棒球帽，以
免我的頭又會被打到。」換句話說，安迪表達的是：「我有棒球帽當作保
護。」結束這段關係對安迪而言，就像是被當頭打了一棒一樣。事實上，他
想要從此結案過程當中得到一些保護，但同時，他現在又覺得自己比較有能
力保護自己了。

　　在這段關係之前，安迪一生中從來沒有和任何一位男性有過正面的經
驗。事實上，他母親涉入了一段破壞性的關係。安迪和這位治療師的關係，
是他有始以來和男性之間最正面的經驗。因此，結案對他們雙方而言都是很
困難的。

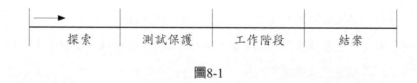

圖8-1

≫回應的深度

　　若欲促進兒童改變，要考慮的第二個層面是治療師給予回應的深度。就
像和成人的治療工作一樣，在信任的關係建立之前，接受到一個太具深度
（即具詮釋性、面質、聯結性、領悟性等）的回應（確認），對一個兒童而

言是無法承受的事。一旦（信任）關係確實建立之後，他才會體認到這更深一層回應背後的關懷。

觀察式回應　比較適合作為初步的回應稱為觀察式回應（即描述兒童的觀察行為或不斷敘述兒童在做什麼），例如：「你只是到處看看，看這房間裡的每一樣東西。」

以下的觀察式回應摘錄自五歲史哥提的單元。

史哥提：（將玩具槍指向治療師，開槍射擊。）

治療師：你要開槍射我。

史哥提：（繼續射）

治療師：你射中我了。

史哥提：（轉向窗戶，射一些窗外的東西。）

治療師：⋯⋯窗子外面⋯⋯

史哥提：（向左轉，瞄準，射擊，然後把槍對準充氣玩具，射擊。）

治療師：啊，正中心臟。

史哥提：（又對著充氣玩具射擊。）

治療師：啊，正中兩眼中間。

史哥提：（把槍指著充氣玩具的頂端。）

治療師：⋯⋯頭頂。

史哥提：（又轉回他的左邊，把槍對著沙箱，射擊。接著去察看沙箱，用手去摸摸沙，然後做出驚訝的反應。）那是沙！（笑）

治療師：對，那是沙。（和史哥提一起笑。）

史哥提：（把槍放下來）這看起來像流沙。（舉起腳，搔一搔，把腳放下，又看著沙。）

治療師：這看起來像流沙。

史哥提：嗯。

治療師：然後你就試了一下，發現那只是一般的沙。

史哥提：（回到沙箱旁，把手放到沙中，又把手拿出來，看看沙箱底
　　　　部，然後走開，喉嚨發出咕嚕咕嚕的聲音。轉向治療師，然
　　　　後又望向玩具架。走回原來玩的玩具旁，那玩具現在放在地板
　　　　上。）

治療師：這裡面有這麼多玩具，實在很難找到哪一個才是你要玩的。

　　對治療師而言，史哥提的遊戲含有豐富的資訊。他拿起槍要射她，這是
在表示：「我不確定我能不能信任妳，而且我不會讓妳有機會傷害我。」
然後他又用槍射充氣玩具——同樣的，是為了保護自己免於那曾經傷害他的
人。因為這時候，信任的關係尚未建立，所以治療師仍不能離脫觀察式回應
的範圍，所以她就很恰當的回應：「你正在射他，啊，正中兩眼中間。」

　　同樣的，注意一下史哥提在沙箱的經驗。在看完沙並用他的槍碰了沙之
後，他做出了驚訝的反應。當他說：「這看起來像流沙」時，他是在表示：
「我怕如果我開始經驗自己的感覺，我會被抓住，被拉下去，並迷失掉。」
由於沙代表的是兒童的情緒反應，所以基本上他在表示，他很害怕自己的感
覺，認為那會淹沒他；而他那驚訝的反應也證實了這個詮釋。同樣的，由於
此刻他們之間的關係尚未建立，所以治療師只給予觀察式回應，而不是更深
層的回應。

　　注意當史哥提用玩具槍射治療師時，她沒有當場躺下來裝死。因為她還
不確定他要自己做什麼，所以她就回應說：「你正在射我。」如果史哥提的
回答是：「好吧，那妳就死掉。妳應該死掉！」那麼治療師躺下裝死會是恰
當的反應。但在療程的這個時刻，如果史哥提一射治療師，她就躺下來裝
死，看到自己對某個人這麼快就有這麼大的決定權，也會使他無法承受。

透過玩具溝通　成人心理治療與兒童心理治療不同的一點是，兒童心理治療可以利用玩具當作溝通的媒介（Sweeney & Landreth, 1993）。如果說遊戲是兒童的語言，那麼玩具就是他們所說的話。就像兒童把玩具當作他說的話一樣，治療師也可以透過同樣的玩具來回應或向玩具回應。例如，當一個兒童在玩把卡車陷到泥沼中時，治療師可以說：「卡車覺得很害怕，因為發生了一些事，而這超出他的控制範圍；而且他也不知道會有什麼事發生在自己身上。」這雖然是在向玩具回應，但訊息卻是向著兒童。

這是史哥提這單元的另一段摘錄，注意看治療師如何透過紅色車子表達史哥提的感受。

史哥提：（用力把一輛車推過磁磚，把它推向地毯上的玩具加油站。）

治療師：所有的車子都在這裡面。

史哥提：（又把車子推向加油站。）沒撞上它。

治療師：他沒撞上它。他瞄準了那個加油站。除非他撞上它，否則他不會停下來。

史哥提：（一直把車推向加油站，然後繞著加油站。）

治療師：他對某樣東西很生氣。他一直跟在它後面。

史哥提：我想是吧！我要給他加點油。

治療師：他需要更多力量。

史哥提：（繼續玩車。）

史哥提用這輛車來代表自己。這是所有的兒童都會歷經的一個階段，即是將人的特性賦予一個無生命的物體。基本上對兒童而言，聽到一輛車受到傷害不像聽到自己受傷那麼可怕。玩具讓兒童有一種保持距離和匿名性的安全感。

同樣的，當史哥提將車駛向加油站時，注意看治療師怎麼回應：「他需

要更多力量。」事實上，這正是史哥提接受治療在做的事──他正在恢復他的賦權感，以便能夠繼續下去。當治療師向史哥提表示他很生氣時，他還繼續下去。對一個孩子而言，聽到他可以繼續下去，是一件讓他覺得很有力的事，他可以堅持不懈，直至找到決解方法為止。

處理關係議題　偶爾兒童會擔心他和治療師，或另一位重要成人之間當前的關係。他可能會以語言表達出來，或透過遊戲以隱喻來表達。如果發生這種情況的話，治療師必須要看出到底這是怎麼回事，且必須對這份關係做出回應。例如：兒童指導治療師如何準備一次危險的叢林之旅。最後，在出發前，治療師說：「如果我們慢慢的走，而且都待在一起的話，就會很安全。」

以下是一個很好的例子，此一單元中，這孩子表達的是她和母親的關係，雖然這一直沒有特別指出來。佳莉五歲大，和雙親以及一位九歲的哥哥住在一起。哥哥是家中知名的麻煩製造者；佳莉的母親則支配慾很強，又很挑剔。

佳莉和治療師各在房間的一角，她們正在玩對講機。

佳　莉：……塞住了耳朵……

治療師：沒有，事實上我沒有。而且我那次聽到妳了，我真的很開心。

佳　莉：（大聲）我聽不到妳！（咯咯笑）

治療師：噢，我聽得到妳。

佳　莉：（咯咯笑）哈囉？

治療師：哈囉！

佳　莉：我聽不到妳。

治療師：那可真糟糕，因為我聽得到妳，而且我真的很想跟妳說話。

佳　莉：來這裡！

治療師：我在這裡。

佳　莉：沒有，妳不在。來這裡！

治療師：我該在哪裡？我該在哪裡？

佳　莉：妳應該在我旁邊。

治療師：好，那我來了。

佳　莉：（治療師一走向她，佳莉就跑開。）

治療師：噢，不！（轉過來面對著佳莉。）每一次我要靠近妳，妳就跑
　　　　掉。

佳　莉：（咯咯笑，然後大叫）來這裡！

治療師：我怕，我怕我一來了，妳又跑掉。

佳　莉：我不會跑掉。

治療師：（走向佳莉）

佳　莉：（跑到房間的另一頭）

治療師：噢！妳又騙我了！

佳　莉：（咯咯笑，然後說）來這裡！

治療師：（開始走向佳莉）

佳　莉：（又跑到房間的另一頭）

治療師：噢～

佳　莉：（又跑穿越房間，然後說）來這裡！

治療師：（站起來）可是如果我走過去，妳又要跑掉……

佳　莉：（又穿越房間跑回來，咯咯笑）

治療師：……如果我走過去，妳又跑掉。這樣我們永遠都不會在一起，
　　　　我覺得好氣餒哦！（把頭垂下來）

　　佳莉正在揭露的是她一直嘗試，希望從母親處得到滋潤和感情的親密關
係，但卻又徒勞無功的感覺。注意看看，這整個溝通過程完全在遊戲的情境

中表達出來。

同理心的回應 和對待成人一樣[1]，在與兒童建立和維持的關係時，給予同理心的回應不只恰當，也很重要。然而，必須要注意不只兒童能夠理解此語言的回應，更重要的是，這一刻的語言回應不會分散兒童的注意力。有些兒童在遊戲中最能透過隱喻式創作來運作，而直接的語言回應可能會把他們從感情狀態變成認知狀態。透過經驗一個新的感情回應而聯想起之前的痛苦經驗，兒童會發生改變。若兒童正處於此經驗當中，直接的語言回應可能會讓他從這經驗中分心。

基於同樣的理由，一般而言，對兒童提出問題亦是不恰當，但有一種情況例外。作為遊戲的指導者，兒童可能會指派治療師扮演某個角色。若治療師不確定兒童要他如何扮演這個角色，他最好問一下。（例如：「這個父親娃娃要做什麼？」或「我是一隻生氣的老虎，還是快樂的老虎？」）即使這樣，治療師還是必須把問題減到最少程度，這是很重要的。對治療師而言，這是最難做到的一點。尤其許多治療師都習慣了在說完一句話後，還喜歡加上一個附帶問句：「乖乖，你真的確定每樣事情都照著你的意思來，不是嗎？」這樣做的話，治療師必須承擔給予錯誤回應的風險。如果這是個錯誤的回應，兒童會讓他知道。例如：若在一次單元中，兒童對治療師說：「我這個周末要去我母親那裡。」直接給予兒童恰當的回應可以是：「你不確定這次會碰到什麼狀況，因為上次她很生氣，對你大吼大叫。那傷透了你，而你又不知道該對她說什麼。」

以下是摘錄自一位治療師與四歲大男孩的療程。男孩的母親對他非常嚴苛。他現在有學習障礙，而且有嚴重的構音困難。

---

[1] 有關對成人做出治療性的有效回應，請參考 Bergantino, 1981; Carkhuff, 1969; 以及 Gazda, 1975.

卡　烈：（手拍拍沙子）你這房間裡還有沙子？

治療師：是呀，我們這裡有沙子可以玩。

卡　烈：〔用手拍打手中的沙子，就好像正在做雪球一樣。看看治療
　　　　師，又看看自己面前的一面（單向）鏡子〕，又∨（我）可以
　　　　把沙一又（丟）上去嗎？

治療師：可以呀，如果你想的話。

卡　烈：（把沙撒到鏡子上。大部分的沙落到周圍的鏡框上，但有一些
　　　　落在垃圾桶裡。睜大眼睛看著治療師）有些沙子掉到那裡面去
　　　　了。

治療師：看著沙子撒得到處都是，還滿好玩的。

卡　烈：母親不尢ˋ（讓）我在家裡這麼做。

治療師：你母親不讓你在家裡撒沙子。

卡　烈：不──會。

治療師：……而你希望她可以讓你那樣做。

卡　烈：（繼續把沙丟到窗戶上。）

　　卡烈非常喜歡在遊戲室中能享有的自由。在初步經驗到自己的行為沒有
受到嚴格的限制之後，他開始進入治療工作。

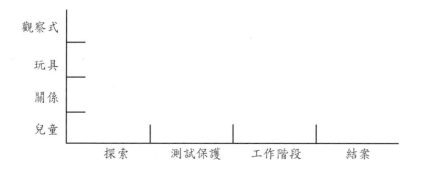

圖8-2

≫ 回應的方式

由於兒童無法用語言表達他們的掙扎、恐懼、困惑、傷害、痛苦、懷疑或挫折，他們必須利用其他的方式來表達。事實上對許多兒童而言，恢復和重新整合的互動風格不只陌生，而且會引起憂慮（Donovan & McIntyre, 1990）。為了幫助兒童，治療師必須發展出用兒童的方式來溝通的能力，這對治療師而言是最基本的技巧。

遊戲　遊戲是兒童經驗他受傷的感情，以及獲得一些解決方法或掌控感的自然媒介（Landreth, 1993a）。因此，在遊戲療程開始的階段，兒童會創造一個情境來檢視自己不舒服的感覺。當他對這些感覺獲得一些解決方法或掌控感時，他的攻擊和侵略傾向會減弱，而他的遊戲會變成一些較為社會接受的行為。透過遊戲，對於之前的創傷經驗，兒童會體驗到一種全新且更有正面效果的回應。例如：在一位受性侵害兒童療程的初始階段，他的遊戲內容可能是狼被牧羊人攻擊、打敗並消滅掉。而在稍後的階段，他的遊戲內容可能是牧羊人把羊帶到安全的地方。

隱喻　在治療過程中，偶爾兒童會出現一種情況，即他很明顯的一直重複玩同樣的遊戲。這讓治療師有一種印象，即在兒童情緒成長的過程中，某些進展受到中止或兒童陷入了某種困境。在這種情況下，一種有用的工具是創造一個治療性的隱喻（故事）。在治療時間有限時，此方法也很有用。Joyce Mills, Ph.D., Richard Crowley, Ph.D.（Crowley & Mills, 1986）；Steve Lankton, M.S.W., and Carol Lankton, M.S.W.（Lankton & Lankton, 1986）等人的著作，是創造治療性隱喻非常好的參考資源。

當然，遊戲本身就是兒童自己創造的隱喻，而隱喻可以由兒童來創作（即遊戲）或由治療師來創作〔如：用語言表達的隱喻（故事）〕。（有關

語言隱喻，請參考251～261頁，這是用在一位年輕的案例——莎拉——身上的例子。）

　　以下是一個由兒童在遊戲中創作隱喻的例子。

　　安東尼奧是一位五歲大的小男孩。在他來接受治療的兩年前，他父親在一次噴灑農藥的飛行意外中喪生。在飛機撞上一根柱子之後，他父親把機頭拉起來以免撞到柱子後面的房子，結果飛機就直直下墜，他父親當場死去。

　　在安東尼奧開始接受治療之前的六個月，她母親最好朋友的丈夫在一次雪車意外中喪生。接著，在安東尼奧接受治療當中，母親的另一位男性朋友死於一場車禍。因此，安東尼奧的內心發展出一種想法，作為男性，這意味著他會長大、結婚、有小孩，然後悲慘的死掉。因此，治療的一個重要目標是要破除安東尼奧心中的這種固定想法。

　　這一天，安東尼奧進來，在白板上畫了一棵樹（這片白板占了遊戲間的一整面牆）。那是一棵棕色的樹。在樹的左邊，棕色的樹枝從樹幹突出，與樹幹成直角狀；在樹的右邊，他畫了同樣的樹枝，但這些樹枝上還有小小的綠葉。從投射性繪畫的角度來看，這棵樹代表著一位父親型人物。樹左邊的棕色樹枝代表的是安東尼奧的父親。最近，他的母親開始與另一個男人交往，這在安東尼奧的生活中引進了一位新的父親型人物，而右邊樹枝上的小綠葉，代表的就是這段新的關係。

安東尼奧：（把一架飛機放到沙箱裡。接著把一些沙放到機尾上，開始
　　　　　拿著飛機繞著房間飛。房間的一面牆上有一幅森林的壁畫。
　　　　　他先飛到那裡。雖然撞到了樹，但他還是設法繼續飛。飛機
　　　　　繼續繞著房間飛，直到他撞上畫在白板上的樹。這時候，飛
　　　　　機墜毀到地板上。安東尼奧拿起飛機，把它帶回沙箱那裡，
　　　　　說）我得給它多加點燃料，再重新來過。（他把沙子放到機

尾上，接著又開始繞著房間飛。他轉向治療師，說）來呀！

（他要知道當他探究父親的死亡和自己的生命歷程時，能得
到她的支持。）

治　療　師：（拿起她自己的飛機，加上燃料，跟著他飛。）

安東尼奧：（讓自己的飛機撞進森林，但還是繼續飛。然後又再次撞上
那棵白板上的樹。但他還是設法讓它回到沙箱的降落點，以
便進行修理和添加燃料。）

治　療　師：只剩一分鐘囉！這是我們最後一次飛行哦。

安東尼奧：不，等一下！（他又讓飛機飛起來，但這次經過森林時，他
沒有撞進去，然後又飛經過白板上的那棵樹，最後安全降落
在沙箱上。）我明天會再回來。

　　口語　在遊戲治療的過程當中會有許多口語溝通。大部分的口語溝通是
在遊戲的情境中，例如：兒童說：「快點躲起來！怪獸要來了！」治療師
回答：「我在躲呀！可是我怕他會找到我。」這是在玩，而不是做口語上
的回應。但有些時候，兒童會安靜的玩著，而治療師以語言向他做了一個同
理心的表達。例如：兒童剛用黏土完成一個偉大的創作，並說：「這可真困
難！」治療師可以回應：「你對自己感到很驕傲，因為你能夠堅持的工作下
去，直到你得到自己想要的樣子。」

　　以下例子摘錄自安迪在依賴階段中的單元。在這次單元中，他不斷玩著
充氣玩具。他一度嘗試爬到此玩具上，但因為它不穩，所以安迪就掉到地板
上了。他很懊惱事情會變成這樣。

安　　迪：（把充氣玩具靠著牆放，開始用一個球丟它。）我打你！

治　療　師：他以前曾經傷害過你，所以你要他知道那種感覺。

安　　迪：沒錯！我會讓他嚐嚐看。

治療師：你要讓他知道，你不喜歡他傷害你。

口語回應是有意識的以語言去建構一個回應，並直接對兒童表示。

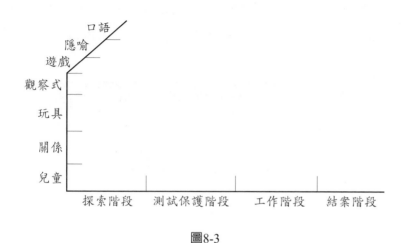

圖8-3

≫ 層面之間的互動

在單獨探討過那些層面之後，你也許已經注意到，要將這些層面互相隔離是不太可能的，因為它們之間絕對有互動效應。在探索階段中，典型的回應會是在觀察的層面以口語的模式回應。同樣的，在治療成長階段，以兒童程度去回應是恰當的，但在探索階段，兒童程度的回應卻不恰當，反而以遊戲或口語模式回應會比較恰當。若考慮所有的層面，則總共有以下的回應方式：即 4（治療階段[2]）×4（回應深度）×3（回應模式）（請參考圖8-4）。但是，由於在探索階段，兒童程度的回應是不恰當的，所以探索—兒童—遊戲、探索—兒童—隱喻、以及探索—兒童—口語式的回應便排除在外。同樣

---

[2]　四個階段假設依賴和治療成長階段是結合在一起的，因為這兩個階段中的回應是相似的。

的，由於在工作階段和結案階段中，觀察式回應並不恰當[3]，於是就排除了工作階段－觀察－遊戲、工作階段－觀察－隱喻、工作階段－觀察－口語、結案－觀察－遊戲、結案－觀察－隱喻，以及結案－觀察－口語等回應方式。在減去這九種回應方式之後，還剩下三十九種回應方式。這顯示出治療性回應可能性的寬廣度，也大大減輕了新手治療師要找出一種適當回應的負擔。

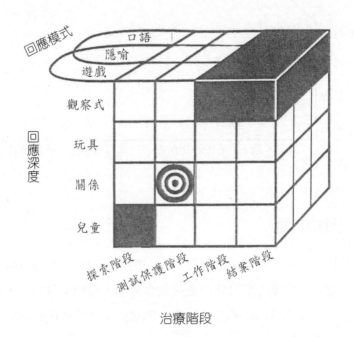

圖8-4

為了進一步闡明各種回應方式的異同，以下表格列出能用在此中所舉案例的一些範例回應方式。為了讓讀者能容易認出其中的不同，在此分別介紹每一個階段。

---

3 當兒童已經進入工作階段一段時間後，他偶爾可能有一天突然會回復到探索階段或測試保護階段。很明顯的，從上一次單元到這次單元之間發生了一些事情，雖然這時候治療師還無法確切知道到底是什麼事。若兒童又受到侵害或在他的生活中發生了重大但又懸而未決的改變時，他會退回到前一個治療階段。因此，治療師也必須回去使用一些觀察層面的回應，直到兒童再度覺得夠安全，能夠回到治療工作為止。

表8-1 探索階段治療性回應實例

<table>
<tr><td colspan="5" align="center">探索階段</td></tr>
<tr>
<td rowspan="4">回應模式</td>
<td>口語</td>
<td>「你今天似乎想摸摸房間裡的每一樣東西。」</td>
<td>「如果那些雙筒望眼鏡會說話的話，它們一定會說：『我有很大的力量，而且我喜歡這樣。』」</td>
<td>當兒童從望眼鏡的這頭看進去，又從另一頭望進去時，「你可以用此東西把我拉近或送到很遠的地方去。」</td>
</tr>
<tr>
<td rowspan="3">隱喻</td>
<td rowspan="3">在玩彈珠時，「那些彈珠在滾來滾去，看看能滾到什麼地方，能看到什麼東西。」</td>
<td rowspan="3">兒童開一輛卡車繞著房間。他開到每一個角落和舒服的地方。</td>
<td>從前有一隻小熊和他的媽媽必須搬到一個新的森林去，因為熊爸爸在一場大火中喪生了。當他們接近這座新的森林時，小熊看看四周，心裡懷疑著：「你會是一座好森林嗎？我可以信任你會有我需要的食物和一個溫暖、可以睡覺的地方嗎？我在這裡安全嗎？」剛好這時候，太陽從山頭上升起，在天空中投下七彩繽紛的光線，讓樹葉上的露珠閃閃發光。小熊的雙眼環顧著四周鮮明的樹木和岩石。突然，他的眼睛為之一亮，因為他看到了一叢熟透的莓子——而且是他最喜歡的那種。</td>
</tr>
</table>

回應模式	遊戲	孩子拿起望眼鏡，看著治療師。治療師也拿起望遠鏡看兒童，並說：「啊哈！我也看到你了。」	洋娃娃在逛街，到處看看有什麼適合的東西可以買。	兒童拿望遠鏡看治療師。治療師也拿望遠鏡看兒童，說：「我也可以很近的看到你。」
		觀察式	遊戲	關係
		回應深度		

表8-2　測試保護階段治療性回應實例

		測試保護階段			
回應模式	口語	「我知道你想把所有東西都丟到地板上，但我不會讓你這麼做。」	洋娃娃說：「好痛喲！我希望你不要再拉著我的腳、撕扯我的衣服。」	「當我說『時間到了，該走了！』的時候，你懷疑我是否關心你。」	「我知道你想藉著打我，來讓我知道你對我很生氣。你可以生氣，但你不能打我。來，你可以打這個枕頭來讓我知道你有多生氣。」
	隱喻	「你在使盡全力打那輛車子，就好像一輛全身傷痕累累	「那些士兵想射殺每一樣他	從前有一隻羊媽媽，她有兩隻羊寶寶，一隻是白的，就像媽媽一樣，而另一隻是黑	我知道你想把泰迪熊帶回家。當你

| 回應模式 | 隱喻 | | | | |

抱著它時，感覺又溫暖又柔軟，就好像在抱著一隻裹在蛹裡的毛毛蟲一樣。蛹裡的毛毛蟲想，沒有比這個蛹更溫暖、更舒服的東西了。可是當它變成蝴蝶飛離開蛹的時候，它發現其他東西也可以給它溫暖的感覺。白天的時候，陽光溫暖了它的翅膀，夜裡，樹上的葉子保護它免於

的。當他們一起吃喝玩耍，一起長大並開始慢慢懂事時，小黑羊常常覺得很奇怪，為什麼自己長得和媽媽及姐姐不一樣。於是她便認為媽媽比較愛姐姐，因為她們倆長得很像。對於自己長得不一樣，她覺得很生氣，並認為自己的黑羊毛很醜。所以每一次媽媽要求她做事時，她都會說：「不要！」每一次媽媽要跟她玩時，她就把石頭踢到媽媽臉上。每當她這樣耍脾氣時，媽媽就罰她跟媽媽一起坐在籬笆的柱旁，而姐姐卻在一邊玩耍。看，這隻羊一直覺得自己長得這麼醜，都是媽媽的錯。有一天，有一個人來拜訪這一家羊咩咩和他們的羊鄰居。這個人說，他需要最特別的羊毛來為剛出生的小公主做一條特別的毯子。這時候，羊媽媽站出來說她女兒的羊毛是這附近一帶最好

們看到的東西，但是人們築起了一道牆來阻止他們。接著，士兵們發現，只要他們放下槍，他們就可以走進大門和那些人一起玩，而不是射殺他們。

但又不讓全世界知道它受傷的推土機一樣。所以，他就到處打其他車子來玩。不久，所有的車子都被他的爪子刮傷了。之後他們一看到堆土機來，就學會了躲開他。可是當堆土機沒有其他車可以傷害時，他就變得很孤單。這反而給他帶來更大的傷害。有一天，有一輛車掉到一個洞裡，爬不出來。堆土機發現他可以把土挖走，弄成一個平滑的斜坡，這樣車子就可以開上來。在他把這輛車救出來之後，所有的車子都向他歡呼喝采，因為他們之中就只有

回應模式	遊戲	他有這個本事。從那一天起，堆土機和所有的車子就變成了好朋友，一起開心的玩。車子們很喜歡堆土機弄出來的那個斜坡，因為他們可以快速衝上那個斜坡，飛越其他車子，並發明出一些可以讓他們開心玩上好幾個鐘頭的遊戲。 在一個遊戲場景當中，孩子突然停下來對治療師說：「讓我到別的辦公室找另一把槍。」治療師回答：「我們沒有時間了！他們正趕上我們。我們得利用我們現有的東西。」	鯊魚正把所有的玩具推下架子，當它來到美洲鱷面前，美洲鱷說：「我不會再讓你把任何玩具往下推。」	的，因為它又柔軟又不會打結；而且她的毛和別人都不一樣，這是為獨一無二的公主而造的獨一無二的羊毛。小黑羊以為媽媽在說姐姐，所以就轉身要走開。這時候，她聽到媽媽說：「看到我女兒漂亮的黑羊毛了嗎！？」這個人很高興，就為特別的公主剪了特別的羊毛。小黑羊覺得很驕傲，並且知道媽媽的確很愛她，而且她自己很漂亮。 在玩一個棋盤遊戲時，治療師只剩五步就到達終點，而孩子還在中途。孩子說：「讓我們來倒著走，看誰能最先到達起點。」於是治療師就讓棋子倒著走。	風吹雨打。它很喜歡能夠自由的去感受各種不同的東西。在玩出一個暴力場景時，孩子真的拿起刀來想刺治療師。他們倆打鬥了一會兒，治療師躺下來，說：「我現在死了。你不用再刺我了。」
		觀察式	玩具	關係	兒童
		回應深度			

表8-3　工作階段治療性回應實例

		工作階段：依賴／治療成長階段		
模式	口語	「當海豚開始被鯊魚吃，她真的覺得好害怕，又很無助。」	「我們必須努力並靠團隊工作以確定我們能到達新的星球，這是很重要的。」	「當媽媽打你的時候，你覺得很害怕，很無助。」
	隱喻	「你現在可以感到沙子流過你的手指，就好像你在感覺你的感受一樣，這沒有問題的。沙子不會傷害你，也不會把你弄髒。」	在玩棒球時，治療師本來要把跑者（兒童）觸殺出局，但他卻安全上壘了。「知道你安全上壘感覺真好。你知道，我不會讓你出局的。」	「有時候，你會因爸爸的話而受傷，就像一隻沒有殼的蝸牛一樣，很容易就被風吹來的沙子刮傷。他不能阻止風吹沙子，但他可以長出新的殼來。他的殼愈來愈硬時，沙子就愈來愈不能傷害他。直到最後，如果蝸牛需要，他可以把整個身體窩到殼裡保護自己。當蝸牛知道外面很安全時，他可以再度把頭伸出來。
模式	遊戲	在玩娃娃家庭時，扮演寶寶的治療師向媽媽娃娃說：「為什麼我們要離開爸爸搬到別的地方住？我不要。」	孩子和治療師正在一起蓋一艘太空船，準備飛行到一個新的星球去住。治療師和孩子很認真的一起工作，為預定要升空而規劃一切。在發射時間愈來愈迫近時，他們準備好食物、燃料，並檢查所有的裝備。在這一趟	獵人們（兒童與治療師）很勇敢的和熊打了一仗，當熊跑到森林裡躲起來時，他們兩人覺得筋疲力竭，但很安全。

模式	遊戲		進到全新未來的旅程中，他們是好伙伴。	
		玩具	關係	兒童
			回應深度	

表8-4　結案階段治療性回應實例

		結案階段		
模式	口語	馬兒正在草地上玩耍。他覺得很快樂，而且他知道不一定要待在馬廄裡，才會安全。	「我真的很喜歡你，和你一起玩很開心。即使你以後不會再來，我們還是朋友。」	「當你以後每個星期不再來時，我會很想你，可是一想到你這麼快樂時，我覺得很開心！」
	隱喻	「以前當這娃娃試著要站起來時都會跌倒。但現在她可以自己站得直挺挺的。即使跌倒了，她也足夠強壯，可以馬上站起來。」	這魔杖本來沒有任何魔力，但一顆星星對魔杖說：「來，給你一些我的閃光。它會讓你散發出魔力的光芒。」即使魔杖自此之後沒有再遇到小星星，它還一直保有從星星那裡所得到的溫暖和幸福感。	「現在的你，就像是一隻漂亮的蝴蝶，剛離開自己的蛹，準備好要單飛了。她很堅強，很自由，而且也很期待一路上會看到的東西。」
	遊戲	孩子給指示：「把救護車開回去，待在那裡。」當治療師開救護車時，她回答：「已經不需要了。」	孩子正在用積木蓋房子。以前她一向都會要求治療師幫她，但今天她卻很有自信的獨自完成這項工作。治療師說：「妳現在能夠自己蓋一間堅固的房子了。」	在遊戲中，當爸媽（治療師）把奶瓶遞給嬰兒（孩子）時，孩子回答說：「我現在不要這個了，我要披薩。」
		玩具	關係	兒童
			回應深度	

✳ 追蹤治療性回應的效應

　　創造和給予治療性回應不只是治療師與兒童進行治療時的責任範圍，治療師還必須衡量兒童對回應的反應。由於兒童常常透過隱喻來溝通，因此兒童對治療師回應的反應也理所當然常以隱喻來表達。當治療師的回應夠精確時，兒童會以下列方式之一來回應。

(1)他可能做出一個附加式的遊戲回應。例如：如果他本來在玩一個家庭的場景，他可能會從一般的家庭活動換成父母變得很生氣，並對孩子大吼大叫的場景。

(2)兒童可能會加強他的遊戲活動，來表示剛才的回應是恰當的（例如：生氣、大吼大叫以及打罵等，可能會讓遊戲中的孩子娃娃大哭，要求他們停止這種行為，或甚至站起來要求他們停止這種行為。）

(3)兒童可能做出「立即暫停式回應」（instant pause response）（即：他會在遊戲中短暫停下來，似乎在思考剛剛聽到的事。）[4]

(4)在更立即的層次上，兒童可能會減少自己和治療師之間的肢體距離，並因為治療師所表示的同理心及接納態度，而覺得很舒服。

(5)兒童可能會邀請治療師參與他的遊戲。然而，治療師在這一刻參與遊戲不只取決於他的恰當回應，也取決於在玩的遊戲場景、此場景對兒童的意義，以及治療師參與的能力。

　　雖然兒童不一定會做出明顯的反應，由於沒有顯示治療師的反應不準

---

[4] 「暫停式回應」（pause response）與「解離式回應」（dissociative response）在出現的時間和情境上都有所不同。暫停式回應大部分出現在依賴階段（dependency stage）的晚期，即兒童已獲得新的覺察時。這時的兒童對當前的事物非常有覺察，並將感知結晶成自己的理解。而解離式回應通常出現在依賴階段的初期，即當兒童開始深入自己的經驗時。那是一種迴避式回應，以保護自己免於與這些經驗有關的痛苦。

確，由此可推，治療師的反應應該是準確的。若兒童沒有做出正面反應，這也表示即使治療師的回應不是一種附加式回應，但這回應沒有轉移兒童遊戲的注意力。

以下是不準確回應的指標：

(1)兒童將其遊戲焦點轉移到另一個遊戲主題的另一種活動上。例如：如果兒童本來正在玩卡車互撞的遊戲時，聽到治療師說：「你喜歡玩卡車。」他可能換成玩一個人的籃球遊戲。
(2)兒童分散了他遊戲的焦點（即他失去專注力，他的遊戲變成了各種遊戲片段的混合。）
(3)兒童拉開與治療師肢體上的距離，或把治療師排除在遊戲之外。事實上，兒童甚至有可能背對著治療師，且不讓治療師看到他的遊戲。
(4)若治療師仍一直給予不恰當的回應，兒童會完全停止遊戲。

雖然治療師沒有必要針對兒童遊戲中每一個溝通訊息找出正確的治療性回應，但治療師若無法精確瞭解兒童的隱喻，會使得治療師的每一個回應都反應出此不精確度而使兒童愈加洩氣。因此，治療師必須利用兒童對於治療性回應所做出反應中的線索，來引導自己能進一步去精確理解兒童想要傳達的訊息，此極為重要。透過更精確的理解，治療師才可能創造出加強效應的回應。

✢ 利用隱喻故事來促進遊戲

在遊戲當中，兒童會自己創造自己的隱喻，以找出內心問題的解決方案。由於這是兒童自己的解決方案，這會比外在創造的隱喻有效得多。但有時候，當兒童一直重複玩他的幻想遊戲或受限於治療機構的規定，治療師的

時間非常有限時，隱喻故事可以和遊戲治療很好的結合在一起，並以溫和的方式引導療程進行。

≫ 什麼是隱喻故事？

隱喻是一種象徵性的語言，透過間接但又反而更有意義的方式，表達一個想法（Mills & Crowley, 1986）。隱喻存在已久，並以各種名稱出現，例如新約及舊約聖經中的寓言、文學中的譬喻，以及詩及童話故事中的意象等等。在遊戲治療中，治療性隱喻是用來傳遞充滿希望的訊息，並加強兒童的賦權感，讓他知道自己可以幫助自己決解本身的痛苦。

詩或故事中，隱喻的美在於它能對不同的人說不同的事，端看當事人需要聽到什麼，或當時心裡想要審視什麼樣的問題。故事的細節常不是聽者的重點，因為聽者需要聽的是一些微妙隱藏在隱喻中的訊息。例如：觀眾有可能完全忽略了一部電影中的暴力情節，因為他內心正把焦點集中在故事的某個觀點上。由於隱喻呈現或暗示的不是立即出現的東西，因此可以很容易看出個人的經驗如何影響他的知覺。

≫ 大腦半球活動與象徵或隱喻式語言之間的關係

1960年代中葉，科學家發現人類大腦的兩個半球以截然不同的方式處理訊息（Mills & Crowley, 1986）。大腦的每一邊半球對於處理資訊各有專精，並以合作的方式互相整合。過去三十年來，研究發現兩個大腦半腦對於語言的產生及理解是互動且互相協調的。左半腦是依循次序性、邏輯性、以及逐字的原則去處理語言，而右半腦則是依同步性、整體性及涵義性的原則（Joseph, 1992）。因此，你可能會想，雖然這很有趣，但這和隱喻的使用有什麼關聯？

Erikson 及 Rossie（1979）提出的理論是，由於「症狀是以右腦語言來

表達的，因此若我們使用神秘又詩意的語言時，是直接以右腦自己的語言和右腦溝通。……並且……表示右腦對症狀學及隱喻式語言的沉思，能夠解釋為什麼治療中使用隱喻式的方法，比用精神分析取向的方法較為省時。……隱喻……直接命中目標區域──即右腦處理（right-brain processes）（Mills & Crowley, 1986, p. 17）。

　　基本上，在使用隱喻故事時，治療師是直接處理情緒的種子，而不是在認知的層次與左腦說話，讓它解碼、編碼、傳到另一邊的腦，然後又重新重複整個程序。隱喻故事悄悄的發揮一種擴散的效應，而當事人完全不會意識到他正受故事中訊息的影響，直到稍後的回應顯示他對熟悉的情況做出新的反應。[5]

≫ 建構治療性故事的必要成分

　　為了在治療中創造一個隱喻故事，我們有必要知道這個兒童如何去經驗他的世界（即他生命中發生過的一些事件、他喜歡什麼、不喜歡什麼，以及一些正面或負面的經驗等等）。此外，知道兒童處理訊息的方式也非常有幫助（Crowley & Mills, 1985-86）。神經語言程式學（neuro-linguistic programming）方面的知識（Bandler & Grinder, 1975, 1979, 1982; Dilts, Grinder, Bandler, DeLozier, & Cameron-Bandler, 1979），對於個人如何處理訊息和他最能記得什麼（聽過、看過或受操縱下做過的事），能提供寶貴的訊息（Crowley & Mills, 1985-86; Mills & Crowley, 1986）。兒童的觸覺通常比成人更敏銳（Bandler & Grinder, 1975, 1979, 1982; Dilts, et al., 1979）。這並非表示個人只使用一種風格來處理訊息。但一般而言，主要使用一種風格，但同時也顯示出第二種風格。

---

5 建議閱讀：*Therapeutic Metaphors for Children and the Child Within*, by Joyce Mills and Richard Crowley（1986）。

在創造有關兒童於他的世界中所經驗環境的隱喻故事時，不能直接點出（某人某物）的身分，這是很重要的。結果不應該是：「喔，這聽起來像我的房子。」相反的，此身分應該要以非常微妙的方式表示，而使它基本上築起一道轉變的橋（transformational bridge）（Mills & Crowley, 1986）。故事應該可以讓兒童經驗到隱喻，接觸到建構在其中的力量，並把那力量和兒童帶回他此時此地的現實。透過與故事中某個角色產生認同，兒童逐漸失去他的孤立感。一般而言，社會上一般人對於個人特異性的容忍度很低，因此要兒童覺得他和別人不一樣是很困難的。對於自己的與眾不同，他們會覺得很羞恥。認同感可以幫助兒童減少這些負面感覺，因為現在，這是一種共同的經驗了。

一旦治療師塑造出一個很微妙且附屬於兒童世界中的環境時，下一步是加入隱喻性衝突（metaphorical conflict）。迪士尼公司出版的《獅子王》（Hahn, Allers, & Minkoff, 1994）故事是一個很好的例子，讓我們看到此隱喻故事如何一步一步建構出來。情緒受虐及流放的故事，提供了羞恥感、罪惡感及無能感的共同經驗，且幫助兒童排除他的孤立感。故事中，隱喻性衝突是透過小獅的出生而創造，這隻小獅將來會成為國王並取代那位一心想謀權奪位的叔叔。

再下一步是將兒童的潛意識歷程（unconscious processes）擬人化成英雄或協助者的角色。換言之，治療師應該將兒童的能力和資源塑造成英雄或協助者，並把兒童的恐懼或負面想法擬人化成歹徒或障礙。在故事中，首次談到潛意識歷程及潛在發展是當小獅的父親，即國王，帶著小獅去看他的王國時。

> 「看，辛巴，只要是陽光所照之處，都是我們的王國。作為統治者，國王的時程會像太陽一樣，升起落下。辛巴，有一天，我的太陽會落下，並隨著你作為新國王而升起。」

　　穆法沙（Mufasa）國王於是繼續對兒子解釋身為國王的職責。幼獅辛巴則似懂非懂的努力去瞭解國王的權力，與生命生生不息循環之間的關係。

　　土狼代表的是辛巴的恐懼，恐懼自己缺乏勇敢的特質，缺乏聰明才智，並被王國內的其他成員鄙視。

　　接下來引進的是一個隱喻性危機（metaphorical crisis），並提供幼獅一個學習的機會。辛巴的叔叔強行他面對一個詭論，告訴他只有勇敢的獅子才可以去大象墓園。現在辛巴覺得他必須去大象墓園以證明自己很勇敢。但辛巴的偽裝英雄姿態卻受到好友娜拉的挑戰。她是辛巴的協助者，幫他學習什麼是真正的勇敢，並發展出有別於其父親的個人認同。在辛巴的觀念裡，國王的特質就只有權力和勇敢而已，因此他還必須學會認識每個人都有其溫柔和弱點等特質。在大象墓園中，他遇到自己的第一個危機：此墓園原來是土狼的家，而土狼根本就不是他的同盟，因為他不是土狼的國王。在努力逃離受土狼攻擊的危險時，辛巴必須打鬥來保護他的朋友娜拉，以及他的導師沙祖。最後，他的父親終於趕來解救他們。事後，娜拉稱讚辛巴非常勇敢，但此時，辛巴卻因為父親對他很失望而只感到羞恥。接著，穆法沙教導辛巴什麼是恐懼，什麼是勇敢，並創造一個隱喻，告訴他星星代表著所有去世的君王，只要他需要勇氣時，他們永遠引領著他。透過這次的經驗，辛巴學會了即使國王也會有恐懼，而且只有在需要勇敢的時候，國王才會勇敢。

　　下一個隱喻性危機發生在辛巴的叔叔刀疤（Scar）設下陷阱，來殺害辛巴的父親穆法沙時。在這之前，辛巴一直認為他父親是無所不能的（他也以為自己以後也會像父親一樣無所不能），但現在他卻必須痛苦的面對父親的死亡，以及刀疤所醞釀並深植在他腦中的想法──即父親的死是他的錯。刀疤甚至進一步折磨他、暗示他，他母親絕對不會原諒他的，於是辛巴就逃離了故鄉。

　　就在這一刻，當辛巴必須學著在沒有家人的情況下獨立求生存時，他也得到了一個平行學習經驗（parallel learning experiences）的機會。再一次，

土狼想獵殺他。在逃離土狼的獵殺後，禿鷹想吃掉他。接著他的朋友提蒙（Timon）和澎巴（Pumbaa）教他：「你無法改變過去，就把它拋到腦後去吧。」他們幫助辛巴接受他對自己及對生命的期望，接受自己及自己的軟弱，並教他對生命抱著比較輕鬆的態度。他們也接納他，並教他關於分擔責任和互相照顧等事。儘管如此，他的悲痛和羞恥還是沒有完全離開他。

出乎意料的，娜拉又回到他的生命中，並提醒他，他是國王。她看出他有當國王並拯救整個王國的潛力。但辛巴的羞恥感卻讓他無法接受這個職位。他一直和這個決定掙扎著，但又覺得自己不配當國王。狒狒巫師拉菲奇（Rafiki）讓辛巴看他自己在池塘中的倒影，並指出他的父親穆法沙仍活在他心中。

現在，辛巴面對的隱喻性危機是想到自己作為他父親的兒子之職責——當國王。辛巴的回答——「這只是我自己而已。」——反映出他的羞恥感和覺得自己不配當國王，因為他認為自己有缺點，無法與父親媲美。在他的記憶中，他必須完全沒有任何弱點，並且同時還必須有勇敢且聰明才可以。

在受到狒狒巫師拉菲奇的鼓勵後，辛巴說：「風向在變了！」隱喻式的說出他的態度要開始轉變了，他打算要回家了。然而，他還是害怕面對自己的過去。

拉菲奇提醒他：過去「……已經無關緊要。已經成為過去了。」

辛巴回答：「是沒錯，但還是很痛。」

拉菲奇邀請辛巴從過去中記取教訓，而不是逃避它。這時候辛巴發現，事實上他已經從過去的經驗中學到教訓了。

當辛巴接近他的王國時，他發現在叔叔刀疤的統治下，整個王國已瀕臨毀滅，因為刀疤根本不尊重其他生物，也不尊重大自然環境。當辛巴看到刀疤對自己的母親展開肢體攻擊時，這使得他有勇氣對抗叔叔。這也讓他意識到，其他生靈的幸福比保護他自己的心理需求還重要。而刀疤把他誤認作他的父親穆法沙更進一步給他賦權感。當刀疤承認是他殺害了穆法沙時，辛巴

頓然大怒，並帶領其他動物和刀疤及他的土狼黨羽打了一仗。又一次，刀疤撒謊並把責任推到其他人（土狼）身上。事實上，他是在試著勾起辛巴的羞恥感。但這回，辛巴的羞恥感沒有出現，他反而擊敗了刀疤（象徵著辛巴過去恥辱的傷痕）。結果，辛巴贏回了他在成熟的過程中努力追求的特質——勇敢、適當使用權力，並照顧其他動物的福祉。

在此刻，下一個重要的步驟是辛巴有了新的認同（new identification），因為他承擔了國王的角色以及個中的職責。他理解到自己可以對過去釋懷，而且他有權力，也有適當使用此權力的知識。其他的動物也肯定了他的成就，並對他尊敬的下跪。最後動物慶祝他們國王的歸來，以及他們的生命循環會生生不息的繼續繁盛下去。

≫ 隱喻故事的必要成分——摘要

以下的成分摘取自Mills & Crowley（1986）的著作。

1. 類似的環境（similar environment） 在一個環境中發展出主要角色，而此環境以微妙的方式與兒童所覺知的世界有所關聯。

2. 隱喻性衝突（metaphorical conflict） 建立與主角相關的困難，以及兒童可以認出的困難。這能提供一種共同的感覺經驗以取代兒童自己的孤立感。（幼獅必須在面對其謀取權位的叔叔，對他進行情緒受虐的情形下步向成熟。）

3. 潛意識歷程（unconscious processes） 將兒童的力量和資源擬人化成英雄或協助者的角色，並將兒童的恐懼或負面想法擬人化成歹徒或障礙。（娜拉稱讚辛巴的勇敢；拉菲奇提醒辛巴認清自己的力量和個性；而土狼則代表辛巴的障礙，阻礙他發現自己有作為一位勇敢、明智和悲憫眾生的領袖之潛力。）

4. 平行學習經驗（parallel learning experience） 讓主角在發展克服面臨危機所需的技能當中，能獲得學習經驗。（辛巴學會如何做一位稱職

的朋友，如何分擔保護自己和朋友的責任，如何讓過去成為過去。他
也學會了他之所以被接納並有人願意和他做朋友，就只因為他是他自
己。）

5. **隱喻性危機**（metaphorical crisis）　引進一個或數個危機，每一個危機
都提供兒童額外的學習經驗，並幫助他去面對最終的危機。（當辛巴
的父親被殺時，辛巴因面對自己的羞恥和罪惡感而逃離故鄉。在逃跑
的過程中，他雖然失去了自己的身分，但卻仍帶著羞恥和罪惡感。）

6. **沒有意識到的潛力**（unconscious potential）　對於主角的潛力提供驚
鴻一瞥。（拉菲奇讓辛巴看到自己在池塘中的倒影，並提醒他父親仍
活在他心中。）

7. **認同**（identification）　當主角成功的度過危機後，定義他所感受到的
新身分或賦權感。（辛巴恢復作為領導人的角色，並認清自己有適當
尊重別人和利用自己權力等特質。）

8. **慶祝**（celebration）　慶祝主角在成功的旅程後，重新發現的價值。
（其他動物向他敬禮，以表示對他的尊敬。）

　　這是一個個人尋找自我價值和瞭解自己在生命中扮演的角色之故事。在
成功度過那些危機後，他獲得了一種新的認同感，並明白自己的潛力已經不
再只是潛力而已——潛力實際上已經成為賦權。在辛巴完成他的英雄歷程
後，他才明白自己得到一種新的身分，就像曾經歷過一場重病或大災難的人
一樣，他們會說：「我所擁有的力量比我原先知道的多很多！」對於自己的
成就，他們覺得引以為傲並有一種新的自信心。

≫ 用於治療中的隱喻故事——範例

　　兒童不會乖乖坐在那裡聽治療師講故事，因此治療師可以用以下的方式
引進故事，例如：「這讓我想起……」或「這讓我想起我曾經聽過的一隻浣
熊……」，然後再慢慢進入故事的本身。如果兒童改變他的遊戲情境或移到

遊戲室的另一個角落，治療師可以跟著他移動，並做兒童要求他做的事，再接著說：「我剛才說到……」再把故事講完。

當莎拉的母親帶她來接受治療時，她才三歲大。有一天晚上，莎拉的父親回家時已喝得醉醺醺，他拿起槍，裝上子彈，對妻子說：「這其中一顆是給妳的，一顆給我。」在極度驚嚇下，莎拉的母親試著去奪走那把槍。突然，莎拉醒來，走到父母的房間裡大哭起來。由於莎拉的父親非常疼愛莎拉，就對妻子說：「妳最好停下來，去照顧莎拉。」這時候，莎拉的母親頭腦非常清醒的說：「如果你要她受到照顧，那你去照顧她。」於是，父親就把槍放下來去安慰女兒。母親趁機趕緊抓起那把槍，跑到屋外，跑到鄰居那裡去打電話報警。不久後，警察來了並把莎拉救出來。莎拉是一個非常敏感的孩子，所以很難理解這件對她造成創傷的事件。

由於這不是莎拉的父親第一次想傷害她母親，所以母親最後決定搬出去，到一間公寓去住，並申請了一個不列入電話簿的電話號碼。她也獲得了限制令。才沒多久，莎拉就覺得很困惑：「為什麼我們要住在這個新的地方？」「為什麼父親不再來了？」「母親做了什麼事？」她開始將困惑以行動表現出來，即對母親生氣。對於父母離異的兒童而言，這是非常普遍的，尤其是父母的一方是（或曾經是）受虐者時。這些兒童都知道有些事不太一樣了。此外，大部分的兒童都無法面對他們生命中的這些重大改變。因此，他們就把自己的憤怒和挫折發洩到讓他覺得比較有安全感的那一方家長身上，而通常這是獲得監護權的那一位。所以，這一位家長就必須承受所有的憤怒，雖然事實上有可能是另一位家長惹出的問題。因此，許多單親家長在這種時候會尋求專業的協助。

這正是發生在莎拉身上的事。在莎拉進行治療大約三個月左右，有一天周末，莎拉的母親打了好幾次電話給治療師，說：「莎拉不讓我接近她。她踢我、抓我，還向我吐口水。我不知道自己還能忍受多久。」由於治療師不確定莎拉的母親是否仍承受得了肢體侵害，所以她決定要建構一個隱喻來幫

助莎拉明白，生氣是無可厚非的，但重要的是生氣時做了什麼事。生氣時，可以做出建設性的事，但也有可能是毀滅性的。治療師希望能幫助莎拉學會生氣時，要做出建設行為的重要性。

在這個特殊案例中，法庭賦予治療師決定探訪權利的責任，即她可以決定莎拉的父親什麼時候可以來訪。治療師的主要想法是讓探訪逐漸增加。因此，她建議他們可以先用打電話的方式來開始恢復他們之間的關係。在和父親講了三分鐘左右的電話後，莎拉掛上電話，跑回自己的房間，拉在褲子裡。這對莎拉而言是非常不尋常的事。

以下的摘錄是莎拉在她療程的依賴階段中，治療師引進了一個隱喻。很明顯的，在這個階段中莎拉並不喜歡玩沙，因為它是濕的。她說沙很臭，而且摸起來很不舒服。愈來愈明顯的是，在與父親講完電話後就拉在褲子裡這種行為，與這個兒童的個性完全不符，而這也顯示出她與父親之間的關係有高度的情緒特質。濕濕的沙，讓她想起了拉在褲子裡的經驗，和她對父親的極度痛苦感受。

治療師：（走到沙箱那裡，開始用沙來蓋東西。）我想告訴妳，以前在這個村子旁邊有一座山。

莎　拉：嘿……（走到沙箱旁，看看四周）我不喜歡玩爛泥巴。

治療師：妳不喜歡在爛泥巴裡玩。沒錯，沙子都濕了，摸起來像爛泥巴。（繼續在沙箱裡蓋東西。）這座山（指著她在沙箱裡蓋起來的小土堆）裡有各種各樣氣呼呼、熱騰騰、燙滾滾的岩漿。發出……（做出轟隆隆的聲音。）

莎　拉：（走開）不要！

治療師：這很難聞，摸起來很不舒服。沒錯，如果它都濕漉漉的話，看起來是滿噁心的。

莎　拉：是呀，我指甲裡沾了一些。（把手伸給治療師，讓她幫忙清理

　　　　　指甲。）

治療師：沒錯，妳指甲裡的確沾了一些。有人幫妳處理這些噁心的東西
　　　　　真好。

莎　拉：（走到遊戲室的另一端。）

治療師：這是一種很特別的山。它叫做火山。而它裡面的感覺就好像妳
　　　　　剛才一分鐘前在外面的感覺一樣——熱死了，熱得冒泡，快要
　　　　　沸騰，而且還轟隆作響。

　　評論：當天外面很冷。因為遊戲室裡很暖和，所以當莎拉進來時，她脫
下外套、鞋子和其他所有她能脫的東西，來讓自己舒服一點。當治療師告訴
莎拉火山裡很熱時，她讓莎拉對剛才覺得很熱的感覺產生聯想。在敘述隱喻
或塑造一個環境時，最好能和當下的環境產生關係，這是很有幫助的。

莎　拉：（走到玩具櫃那裡，拿起一個小挖土機）嘿，這可以挖土！

治療師：的確，那可以挖土。它可以把妳不喜歡摸的噁心東西挖走。

莎　拉：沒錯，像這樣。（拿著挖土機走到沙箱旁。）

治療師：（繼續用沙蓋那座山）在山的周圍有很多生物。這邊有一個村
　　　　　子，那邊有田地（指著沙箱中不同的區域），這邊有一條河，
　　　　　河裡還有魚。

莎　拉：（用挖土機挖土）我這裡面有些泥巴。妳可以把它拿出來嗎？

治療師：可以呀。如果我幫妳把它拿出來，妳就可以玩它，而不會弄髒
　　　　　妳自己。

莎　拉：這好噁心哦！

治療師：妳不喜歡噁心的東西。

　　評論：噁心是莎拉的隱喻，代表她在家中因暴力行為和憤怒所體會到的

感覺。

莎　　拉：好臭呀！（莎拉走到玩具櫃那裡。她站在那裡好一會兒，接著
　　　　　拿起一根充氣玩具棒子。）有人咬它。有人咬它。

治療師：有人把它大大的咬下一口。

莎　　拉：它好軟哦（脆弱）。

治療師：是呀，是很軟。

莎　　拉：我也有軟軟的手指，看。（我很脆弱。）

治療師：對啊，妳有好軟的手指。妳希望每樣東西都很好、很軟，而
　　　　　且沒有東西會傷害它。在山的旁邊有幾個村子，裡面住了好
　　　　　多人。這裡有一座村子，這裡也有一座村子，這邊還有一座村
　　　　　子。而這邊，他們正在工作，努力蓋一座新的村子（把挖土機
　　　　　包含進來）。所有的人都在這裡跑來跑去……他們真的非常認
　　　　　真工作。他們種了好多農作物，又在河裡捉魚。

莎　　拉：（當治療師在說故事時，莎拉看著沙箱，把挖土機推到沙箱的
　　　　　另一邊。）我成功了。

治療師：乖乖，妳在幫忙呢……

莎　　拉：我不要摸它。

治療師：我知道妳不想摸那濕漉漉的東西，妳不必摸它。

莎　　拉：（邊握著雙手，邊走到玩具櫃那裡。）我喜歡乾的……我喜歡
　　　　　乾的沙。

治療師：是啊，妳喜歡乾的沙。

評論：莎拉很想參與沙箱裡的活動，可是在這一刻，她對濕漉漉的沙之
抗拒，比想參與的慾望強。

莎　拉：嘿，我找到一根魔杖。

治療師：噢，妳找到它啦，很好。

評論：莎拉撿起一根裡面會閃光的棒子。這類的玩具可以讓兒童一邊看棒子裡面、一邊進行自省。

治療師：（繼續講故事）有一天，這座山裡所有熱騰騰的泡泡終於爆發了（弄出爆炸的聲音，雙手舉高把沙拋得到處都是。）

莎　拉：噢，不！

治療師：它爆炸了（一邊弄出爆炸的聲音，一邊把沙子拋到空中。）

莎　拉：噢，不！（看著火山。一邊看火山，一邊用棒子輕敲沙箱的邊緣。）

評論：以棒子輕敲沙箱，顯示莎拉正感到很焦慮，並同時，下意識的，檢視她自己的憤怒。

治療師：岩漿流得到處都是。流到村子裡，又流到田裡，還塞滿了整條河。

莎　拉：（倒在地上）

治療師：噢，那些人好可憐。他們都倒下來了，因為他們不知道該怎麼辦才好。

莎　拉：（躺在沙箱前面的地板上）我不要……

治療師：妳不要火山爆發。

評論：即使兒童感到很焦慮，但治療師仍堅持透過故事找到解決之道。當兒童開始無法承受時，他會行為失控或退縮。治療師是保護兒童讓他免於

被自己的情緒淹沒的那個人。莎拉雖受到焦慮的影響，但還沒有到承受不了的程度。遊戲室是一個安全的空間，讓兒童可以有某個可以接受程度的焦慮感，讓兒童想冒點險來獲得自己想要的東西。

治療師：可是這座山裡面有很多很熱的東西，所以它不知道該怎麼辦才好。它想，我必須要傷害周圍的東西，才可以弄掉裡面那些熱騰騰的泡泡。

莎　拉：它在哪裡？我不要。

治療師：妳不要它在這裡。妳不要它傷害任何人。

莎　拉：（站在沙箱前面）我要它倒下來。

治療師：妳想讓它倒下來，就像村子裡的人想要阻止它，不要讓它傷害他們一樣。於是，那些人就走到那座山那裡，跟他說：「拜託！請不要再讓那些熱騰騰的東西流到我們的村子裡，因為那弄死了我們的魚，毀了我們的房子，還讓我們的人受傷。」

然後山就說：「可是我有好多滾燙得嘰哩咕嚕的東西在肚子裡，我得把它弄走。」

村民說：「我們得找出一個方法，讓你可以弄走那些東西，又不會傷害我們。」

莎　拉：嘿，多給它一點濕濕的東西。

治療師：也許，如果我們多放一點濕濕的東西進去的話，它就會涼下來，而且不會爆炸。

那座山說：「我知道要做什麼了。我會在這邊挖一條小溝。然後，當肚子裡出現那些滾得嘰哩咕嚕的東西時，我就可以把它弄出來，讓它流到此小溝裡面，流過田地，流到……」

莎　拉：我也在弄一塊田。

治療師：好，我們兩個都來弄田。現在，它們都濕濕的，因為都被犁過

了；現在呢，田裡都充滿了那些流下來的熱熱東西。

莎　拉：那是熱熱的東西。

治療師：對，那是熱熱的東西。它正流過田裡。

莎　拉：沒錯。

治療師：沒錯。可是真正棒的是，當這些熱熱的東西流到田裡時，它們就涼下來了，然後變成很肥、很肥、很肥的土壤；然後作物就長得這麼——這麼——大——（做出往天花板的手勢）。

莎　拉：一直長到那裡去。（指著天花板）

治療師：沒錯，一直長到那裡去。（往上看，指著天花板）然後，大家都不敢相信，他們說：「哇！看哪！我們的植物長得那麼高！謝謝你，火山！謝謝你幫我們把植物長得這麼棒，這麼高。」

莎　拉：（走到沙箱那裡，拿起一把玩具鏟子）看，我有這個東西！

治療師：妳也有一個呀！我們每一個人都有一個。

莎　拉：我也來弄一座山。（開始在沙裡玩）

治療師：好吧，我們現在來弄兩座山，裡面有好多熱熱的東西；然後，我們要確定那些熱熱的東西都跑到溝裡去，流到田裡，讓作物長得又高又大。現在村子裡的人……

莎　拉：我也在種東西。

治療師：妳也在種田，真的吧！妳最好確定讓妳的山把它那些熱熱的東西丟到田裡，讓植物長得又大又高。

莎　拉：我得做另一個……另一個……

治療師：妳想有好多田地，讓那些熱熱的東西有地方去，然後就可以有好多很好的作物。然後村子裡的人跑去告訴山：「山哪！謝謝你讓我們的植物長得這麼好。現在夠我們吃一整個冬天了。」然後他們就會舉辦一個盛大的慶祝，還說：「我們好高興哦，因為我們有這座山，而且它知道自己有什麼本事……」

莎　　拉：（看著治療師，拿著鏟子舉起雙手）我們不能再繼續下去了。

評論：莎拉想的是，以後再也不用面對爆炸的火山了（即，不再有爆發的憤怒）。但重要的是要讓她明白，以後還是會有生氣的時候，然後他們必須以建設性的態度去處理它。

治療師：我們不能再繼續下去了，直到我們下一次再種作物為止。然後
　　　　當我們下一次再種作物時，所有那些流到這裡的熱熱東西，都
　　　　種出很好的作物來。
莎　　拉：我來弄一些作物。

註：有可能莎拉對濕沙子的抗拒，是她受到性侵害的一個指標。在她的治療
　　中，這當然有列入考慮。由於需要的關係，這一單元只把焦點集中在她
　　的憤怒和攻擊行為上。

在參加完這一單元含有隱喻故事的療程後，莎拉的攻擊行為開始消退。從數周後一次單元的最後五分鐘，我們可以看到這次單元的效果。當莎拉一走進遊戲室並看到沙子是乾的時，她說：「讓我們弄點水來。」為了取水，她們來來回回走了好幾次。這整個單元中，莎拉和治療師都把時間花在蓋沙堡上。首先，莎拉蓋了一個沙堡，然後治療師也蓋了一個沙堡。接著莎拉說：「讓我們把這些沙堡弄倒，然後蓋一個沙堡給我們兩個人。」當她把沙子拉到靠近她正前方的這一邊時，有些沙撒到沙箱邊緣和地板上。她看著治療師說：「噢，不。」接著她又補充說：「沒關係。我們的媽咪不會生氣的。」

在這一段摘錄中，莎拉站在治療師不遠處，兩人手中拿著杯子。她們正在用杯子舀沙，然後倒在自己手上。

莎　拉：把這個倒在妳手上。

治療師：我們要看看這在手上的感覺如何。（繼續舀沙）我們現在知道
　　　　這感覺還不錯。

莎　拉：而且如果我們把手弄髒的話，我們的媽咪也不會生氣。

治療師：有時候，我們必須把手弄髒，才能做我們要做的事。

莎　拉：（邊笑著邊把沙倒在自己手上）我們的媽咪在我們的屋子裡。
　　　　我的媽咪在我的屋子裡，妳的媽咪在妳的屋子裡。吔！

治療師：是呀，我們的媽咪都在屋子裡。我們只是一起玩。（停頓）我
　　　　們只剩五分鐘可以玩，然後今天的時間就要到囉，莎拉。

莎　拉：然後我就走。然後，我們會去找媽咪。

治療師：沒錯，然後我們會去找媽咪。

莎　拉：我們再來咬一口我們的三明治。

治療師：好吔，再咬一口。我一直好喜歡吃這個喲！我只要再咬一口，
　　　　然後記住它的味道。

莎　拉：（開始編一首歌）啲—啲—啲—啲—。（好幾次把沙舀起來，又
　　　　倒掉。把沙拋到空中。）

治療師：啲—啲—啲—啲—（也舀起沙，並把沙拋到空中。）

一　起：（莎拉和治療師一起唱）嗤—啲—啲—。嗤—啲—啲—。

莎　拉：看我在做什麼。（開始唱得愈來愈大聲）唱大聲一點。

治療師：（開始唱得更大聲。）

一　起：（莎拉和治療師兩人都唱得更大聲，邊唱邊笑邊舀沙。有些沙
　　　　掉到沙箱外。）

莎　拉：這沒關係。

治療師：對呀，沒關係。

一　起：（莎拉和治療師兩人繼續舀沙，唱歌，笑，然後彼此互看了好
　　　　長一段時間。接著她們又開始舀沙，把沙拋到空中，又唱又

　　笑。之後，莎拉倒在地板上。）

莎　　拉：讓我們再來一次。

治療師：就再一次，然後我們就得走了。

莎　　拉：不要。

治療師：我知道。這太好玩了，我也不想走。

莎　　拉：（舀起沙，把沙拋到空中，咯咯笑，然後倒下來。）

治療師：（做同樣的事。然後，莎拉和治療師兩個人躺在地板上咯咯
　　　　　笑。）

≫ 可用的隱喻故事

　　如果要自創隱喻剛開始似乎太難以令人承受的話，市面上有許多書含有隱喻故事。其中一本是 *Annie Stories*（1988），作者是一位澳洲的心理學家朵瑞絲‧伯列特（Doris Brett）。這本故事集是當初伯列特為其女兒阿曼莎在第一天上托兒所前設計的故事。接下來的幾年中，只要阿曼莎在生活中碰到困難時，就會要求媽媽給她講一個《安妮的故事》。最後，伯列特便把故事彙集出書與他人分享。

　　另外一本是 Joyce Mills, Ph.D. 和 Richard Crowley, Ph.D. 所著的 *Sammy the Elephant and Mr. Camel*（1988），此故事的主角是一隻在馬戲團中工作的小象。他負責的工作是打水，但水一直會漏。另一本 Joyce Mills 寫的故事是 *Gentle Willow*（1993），這是一個有關死亡的兒童故事。

　　Lee Wallas 所著的 *Stories for the Third Ear*（1985）以及 *Stories That Heal*（1991）等兩個故事，雖是為成人而寫，但對某些兒童亦有幫助。Steve 和 Carol Lankton 所著的 *Tales of Enchantment*（1989） 亦是一本為成人所寫的書，但其中有一部分是針對兒童。書中特別列出一個目錄表，讓治療師可以針對某位病人的需求查閱適合的治療目標，和與此目標相關的適合故事。

　　還有許許多多可用的故事，在此實在不勝枚舉。在針對某病例尋找適當的故事時，建議最好先整本書閱讀一遍，以確定它含有隱喻故事具療效的必要成分。

第 9 章

結 案

✱ 介紹

　　治療的最後一個階段便是結案階段。愈接近這個階段，兒童的遊戲方式便愈傾向於「為生活做演練」的風格。治療師可能會發現兒童對於參加遊戲治療的意願降低，寧可跟他的朋友一起玩，或想要去達成其他任務。原本兒童對於治療師的依賴，漸漸轉為對其他社會關係的需求（Landreth, 1991）。在這些現象完全顯現前，便應該替兒童準備進入結案階段。在治療的每次單元中，兒童面對他的痛苦經驗，創造一種賦權的眼光去看待它，讓創傷獲得平息，進而創造出療癒過程。也因此，帶領治療本身進入結案階段是非常重要的。如果處理得當，兒童在離開治療後仍會帶著在療程中得到的療癒感。倘若處理得不好，兒童在離開療程後會缺少完整感，而且還會感到失落及被遺棄。兒童在進入結案的準備愈多，遊戲治療結束的過度時期就愈順暢。

　　結案階段仍然是一個細膩的過程。在治療的初期，兒童開始相信並依賴治療師，這對於她勇於面對自己的困難非常有幫助。因此，便有以下的假設性問題：怎麼會有兒童願意去離開一位珍視、接受她，且願意陪她共渡難關、帶給她保護及安全感的人？在這樣的情形下，甚至連成人都不會願意，更何況是兒童。

　　在療程中，兒童和治療師培養出深厚的依附。因此，在「治療成長階段」中，兒童開始放掉治療師必須提供保護及安全感的需要，這是因為在整個治療過程中孩子已經內化其安適感。遊戲的過程慢慢轉變為符合他發展階段的遊戲行為，並表現出這年紀該有的樣子。這些改變都暗示療程及這段促使改變的關係，已經到該結束的時候。事實上，治療師本身也需要去處理對於關係結束的失落感。

✤ 適當的結案

>> 在確定結案前預留伏筆

在「治療成長階段」中，當兒童的遊戲強度開始減弱，並將焦點由自己的痛苦轉移到符合發展階段的互動性遊戲時，便是引入結案概念的時候。這時候兒童會開始自由地與治療師互動，兒童遊戲的方式將由一開始觀察到的被動，轉變為自發及充滿樂趣的創造。第一次提到結案的話題，可以用比較一般的表達方式，例如：「你知道的，我們不能永遠像這樣一直玩在一起。」基本上，這樣就已經在兒童心中預留伏筆，並告訴她：「有朝一日，你便不用再到這個遊戲室裡來了」。這並非正式宣告療程結束，只是開始為兒童離開療程做心理準備，而在此療程中兒童被尊重並允許面對自己，同時這樣的經驗是他過去所沒有過的經驗。

>> 讓治療師親自告知結案

一旦治療師認為療程接近終止，父母或照顧者應該被照會，以便確認他們對兒童改變的看法，以及呈現關於主述問題的互動方式。一旦確認兒童已經準備好結案，特別注意要讓治療師親自告知兒童——而不是由父母或兒童治療的機構代為轉達。告知過程必須清楚明瞭。如果由父母或治療的機構來代為轉達，就會產生衝突。兒童會感到被治療師背叛，之前建立的信賴將全盤瓦解，而治療過程中的成長也將受到影響，也會影響孩子在治療之後的過度期，甚至傷害未來對別人的信任。

≫ 對兒童告知結案的時機[1]

在療程真正結束前的最後幾次單元中，對話中便偶爾提到結案的想法。接著，在最後一次單元時告知結案，時間點最好選在兒童在遊戲室中安頓好之後的前幾分鐘。在剛開始十至十五分鐘內完成告知，讓兒童有時間去咀嚼話中涵義並加以回應。治療師必須記得，引發兒童接受遊戲治療的傷痛事件，曾使他的生命感到失控，因此在被告知結案時，類似的感受可能又會再度浮現。透過決定治療停止的最佳時間點，治療師基本上是在主導治療的最後一個階段。然而，相較於治療初期，兒童漸漸有能力用不同的觀點與世界互動。治療師在告知結案時，可以跟兒童解釋治療結束的原因，可以包含兒童在治療過程中的一連串收穫（例如：兒童變得願意跟朋友在一起、學著自由地去表達自己的意見或感受、在學校的努力獲得回報、對於自我價值的深信不移……等）。

結案所需要的時間短至二次單元，長至六次，由療程本身的長度來衡量。若兒童接受一年甚至更多時間的治療，結案最好花上六次單元。結案過程的模式因人而異，取決於兒童的遊戲治療師之判斷。有時候，治療師會先引入結案概念，然後再連續兩週有治療單元，接著改為每兩週一次，或每月一次，連續兩個月。這些不同的結束模式，讓每個兒童的個別需要獲得滿足。

≫ 結案階段

對兒童的遊戲說再見　當結案對象是成人時，治療師會回顧他的治療（例如：記得當我掙扎在……），這種回顧是透過口語及認知來做。由於

---

[1] 在決定告知結案的最佳時機時，治療師應該要將孩子的生日列入考量。一般來說，兒童大多不想要在剛好生日的那天進行的單元中投入治療工作，他們大多希望該單元是屬於自我確認（例如，「我是一個乾淨的人」）以及聚焦在他們自己。因此，假如治療師留意到兒童的生日很接近結案日期，最好儘可能將結案日期排在生日之後。

兒童是透過經驗來運作，所以回顧治療的方式常是透過遊戲（O'Connor,
1991）。舉例來說，他們可能會退回治療的第一階段所出現的行為
（Landreth, 1991）。

> 在吉米治療的結案階段，他的遊戲方式退回「探索階段」所呈現的遊戲
> 內容，那是測試保護階段之前的階段。接下來他的遊戲退回到「依賴階
> 段」的第一期。注意到兒童在一連串的時期移動之後，治療師說道：
> 「我注意到有些你現在玩的遊戲，是你以前玩過的。」
> 吉米轉頭對治療師說：「嗯，對啊！現在我在對治療的每個階段說再
> 見！」由於記得第一次進入治療的經驗，大多數兒童只會玩探索階段的
> 最後一期，當時測試保護階段正開始，而兒童的信任感被啟動。

這是結案階段的第一期——對遊戲以及進行遊戲的這個安全環境說再
見。在這裡，兒童遊戲的意義被接納並瞭解。事實上，令兒童感到困難的遊
戲，在有意義的關係脈絡中變成對兒童很重要的東西。

　　對治療師說再見　結案階段的最後一期，環繞著兒童和治療師之間關係
所帶來的感覺。在治療的初期階段，治療師尊崇兒童的方法是鼓勵他擁有自
我價值及安全感。在結案階段，兒童質疑結案理由、如何完成以及關係失落
之際，信任及關係再度成為議題。這段關係的重要性現在成為焦點，其中的
涵義是兩人已經建立起這種獨特的友誼。他們兩人最後一次給予對方支持及
鼓勵。治療師要利用這個機會自我揭露有關兒童對他是多麼意義重大，對兒
童表達這些感覺很重要。做些賦權性的陳述也很適當，例如：「你將會成為
對這個世界有很大影響力的人。」或者「你是個非比尋常具有創造力的人，
這麼有創意的人一定有重要的話要說。」另外，重要的是讓兒童知道，他在
療程中所獲得的成功將會在他生命中延續。（第八章對支持性表達有進一步

的討論）

　　一旦真的結案，過程應該完全、清楚。不建議治療師對未來做出承諾，例如：「一月的時候，我會寄生日卡片給你。」如果這個承諾之後被遺忘了，將會玷汙這段關係。治療的初期階段圍繞在陪伴兒童度過目前的經歷，關係建立在以下原則：「我們所擁有的就是此時此刻，現在我陪在你身邊。」結案也應該遵循同樣原則，過了這段時間就不該再有額外的期待。「假如我們再見面，我們還會擁有我們的關係。我會想念每個星期都見到你的時光，但是知道你現在生活過得很好，我就很開心。」

　　當兒童離開治療師時，重要的是不要讓兒童覺得對於治療師有虧欠。每位治療師的目標都是為了讓兒童健康的成長，即使沒有治療師亦然。繼續讓兒童依賴治療師，就是不讓兒童成功地完成治療。然而就很多方面而言，結案對治療師比兒童更難。曾經一起共度兒童生命中的難題，設身處地的將心比心，現在兒童卻告訴他不再需要治療師幫忙面對生命中的挑戰。雖然過程中有滿足感，但每次一個獨特的兒童進入又離開他生命時，治療師亦不免感到失落。

　　有時候，治療師會想要送兒童禮物。在這樣的情形下，好的做法是送一件同時可以賦權兒童，又可以代表兒童內心經歷的東西。例如：這可以是一個在兒童遊戲過程中特別重要並具有象徵意義的玩具。例如：有位治療師特別喜歡寫隱喻性的故事，她回顧小朋友的檔案，並寫出一個隱含兒童療癒過程的勵志故事。在治療的最後一次單元，她就唸這個故事給小朋友聽。

　　讓兒童和治療師一起照相，可以促進結案過程。小朋友超喜歡這個，幾乎沒有例外，這點子讓他們雀躍不已。許多小朋友會依偎著治療師或用手圍繞著他。照兩張相片會是個好點子，一張留做檔案，另一張送給兒童做紀念。

　　在兒童對遊戲室及遊戲過程說再見之後，如果還有剩餘的單元，通常會在遊戲室外面進行。

在倒數第二次單元中，某個兒童帶著棒球及球棒來到單元，並問治療師可不可以一起去玩球，於是兩人就跑到停車場玩。整個單元過程中，治療師不斷的拋球，兒童則不停的回擊。接下來，在最後一次單元，兒童還是想做一樣的事情。在像上星期那樣連續打擊三次之後，兒童突然用盡全力地揮棒，球飛出了停車場。他以隱喻的方式在表達：「看，我現在多麼有力量。」

下一次打擊，兒童又做了一樣的事。再一次，他在表達著「看，我多麼有力，我可以自己做主了。」在單元剩下的時間裡，他重複地這麼做。此外，治療師跑去撿球的時候，孩子則是隱喻性地與治療師分離，而且事實上，這個兒童正經驗著分離，並同時維持他的賦權。

>> 過早結案

假如結案之前的每個治療階段都能達成，大多數的結案過程都能進展平順。若兒童的治療獲得恰當的結案，兒童在治療過程中對自我形象所獲得的完整感將被保留。不幸的是，治療的權利並不是由兒童本身所掌握。決定權往往由父母、監護人、社工員、法院或其他不在兒童掌握中的人，這些人可能不瞭解兒童治療的意義及複雜性。因此，療程可能在不恰當的時候被干擾或中斷。一旦這樣的情況發生，應該要對兒童有特別的考慮。任何形式的結案都需要至少兩次單元的時間，以便讓兒童對治療經驗有種結束感——其中一次讓他對遊戲的過程說再見，另一次讓他對治療師說再見。治療師一開始接觸兒童，至少需要兩次的單元來建立信任感，兒童也至少需要相同的時間來脫離這段重要的關係。另外，還必須告知兒童，這段關係的終止跟他在遊戲室的所作所為並沒有關聯。假如情況沒有被清楚地解釋，兒童們傾向於用錯誤的假設來理解它。因此，治療師必須對兒童的主述議題，以這些議題如何在過早結案中再現的這種事情具有敏感度。治療師必須辨認並試圖減輕，

由於過早結案所造成的任何錯誤結論及感受（也就是，遺棄或失落議題、拒絕或不被接受）。失去治療的兒童往往背負無謂的心理負擔，辨認並呈現這些可能的情緒，可使他們如釋重負。如果兒童未來有機會再度接受治療，這些做法將有助於治療過程。

　　過早結案中的其中一種類型是，未與治療師商量便決定中止治療。一旦這種情形發生，通常沒有時間讓孩子說再見。假如真是這樣，試著安排最後兩次單元是比較恰當的做法。有時候，治療師必須要告知家長：「我需要至少兩次單元的時間，來確保兒童在結案過程中適應良好。」如果家長仍舊拒絕這樣的安排，治療師可能要更為堅定地說：「這會妨害你的孩子以及他在治療過程中的進展，他會感到憤怒及受傷，也可能在未來對於信任別人方面充滿戒心。他需要這段時間來表達對我的憤怒和失望。」有時候治療師需要快速安排一次單元，讓兒童可以對他在遊戲室中的遊戲說再見，接著再用電話進行最後一個單元，讓兒童對治療師說再見。在任何情況下，都應該用充滿創意的方法來結束療程，否則，兒童的治療便無法真正結束。對於一個剛在遊戲中顯露他的傷痛及憤怒的兒童，無法結束這種情況特別不利。在這樣的情形下，兒童可能會認為是因為他在隱喻遊戲中吐露傷痛，才導致治療師遺棄他。治療師必須表達出「我們這段關係的結束跟你的所作所為毫無關係，而是因為其他的原因」。治療師甚至必須說：「我不希望我們在一起的時間結束，只是這一次事情的發展不如我所希望。」

　　在與傑瑞米一起治療了十三個月後，他的雙親卻突然決定要中止療程。治療師在最後一次單元時對孩子說：「我不知道為什麼這一切要結束，我希望有更多的時間跟你在一起，但是這次治療並不是我能決定，而是你的父母，他們才是做選擇的人。我知道你覺得傷心，我也同樣感到難過。」接著他們擁抱，並告訴彼此他們有多在乎對方。

　　再次提醒，必須告訴兒童他在療程中的所作所為，與治療的提早結束沒有任何關聯。另外，如果兒童有遺棄的議題，治療師必須清楚地告訴他，結束並不是治療師的意願，而是有另外的人做了這項決定，他並沒有被拋棄。

　　有時候，提早結案無可避免。例如：學校的諮商師在學年結束就必須離開，研究所學生在計畫終止或實習結束之後也要離開，或者治療師遷居到其他地方等等。

　　在實習結束後，治療師布魯斯必須告訴六歲的雷要提早結案。因為他要離開這一州，治療師和雷的養母溝通並說明這個情況。他接下來就做安排，將孩子轉給另一位治療師。

　　雷和養母開車去見治療師的路上（這一次治療師剛好要告知雷，關於結案的事），雷說道：「布魯斯和我是好朋友，我們要永遠在一起玩」。養母立刻就將這個事件反映給治療師。這次單元對雷和布魯斯兩人，是非常細膩而充滿感情的一次單元。在接下來的幾次單元中，治療師一邊試著結案，另一方面將雷轉給另一位治療師。布魯斯給雷時間來對之前的治療說再見，同時介紹新的治療師所帶來的前景。接著兩位治療師一起見雷，讓他有過度期來適應新的治療師—素。在兩次三人一起的單元後，新的治療師暫時離開，讓布魯斯對雷的感受做回應。除了對布魯斯說再見，雷還必須面對和素的新關係。最後一次的單元中，雷轉頭對布魯斯說：「布魯斯我恨你，而且我愛素。」接著轉頭跑出遊戲室，奔向在等待室中的父母。布魯斯明瞭雷的說法其實意有所指，本意是「我討厭你就要離開我，因為我很愛你。」然而，對於雷面對分離的掙扎，以及這次經驗所引發的被遺棄感，著實令人感到心疼。

　　下一次單元中，素和雷談論到對布魯斯說再見是多麼令人難過，另外，他也強調了布魯斯是多麼在乎雷。

儘管已經竭盡所能幫助雷來適應新的治療師，失落的痛苦還是強烈得無法抵擋。必須銘記在心的是，兒童在遊戲表達中所帶的情感，遠遠大於遊戲所能傳達，特別是兒童對治療師的表達（無論是正面或負面）更是如此。

個案討論——米奎

米奎是個九歲的兒童，因為在家裡出現攻擊行為，而被社工員轉介來接受遊戲治療。他來自於一個窮困的大家庭，忌妒兄弟姐妹獲得關心。他喜歡在田裡和父親一起工作，因為只有這個時候他才能單獨和父親在一起。在治療過程中，雖然一開始他的態度較為猶豫，但之後還是和治療師建立了非常親密的關係。但他的雙親卻不顧治療師及社工機構的建議，堅持要提早結束治療。

以下是他最後一次結案單元的摘錄，米奎和他的治療師一起在白板上作畫。一開始，他們一起用大寫將他們的全名寫下，接著再畫一艘帆船，帆船邊寫下米奎的名字。帆船航行在大海上，天空上有鳥、雲、一個月亮以及一些小星星。米奎同時也畫了一個人。（M：米奎、T：治療師）

單元	說明
1.M：擦掉你名字的任何一個字母（擦掉他名字最後的字母「O」） T：好的。擦掉我名字裡的任何一個字母。	1.這象徵的是：我已經向你分享了我自己，現在我要離開你及這個遊戲室。米奎選擇先擦掉「O」，因為那是他名字的最後一個字母，也表示最後一次投入治療經驗。
2.M：你可以擦掉中間的字母（說話的時候，他的手捻著頭髮。）	2.對於結束我有很多說不出的感覺，其中一項是焦慮（可從他說話時手捻著頭髮看出來）

3.T：好的。我可以擦掉中間的字母。（她擦掉自己名字中的「O」，並將板擦遞給米奎，說道）要決定把哪個重要的字母擦掉並不容易。	3.治療師試著向米奎表達她也對治療結束心有所感，以及米奎在她心中很重要。
4.M：（從他的名字中擦掉另一個「O」，再將板擦還給治療師。如此這般，他們再擦掉大約三個字母，接著米奎擦掉其中一隻小鳥）	4.再一次，這隱喻著他對這段關係以及療程有強烈的感覺。米奎擦掉畫在他名字上方的小鳥，它類似於遊戲治療室牆上的小鳥，這或許象徵著遊戲室中的經驗。這或許也代表著他在遊戲過程中，以一個新的位置所經驗到的自由。
5.T：喔，我也可以從圖畫中擦掉一些東西，不需要只擦掉我的名字。（她擦掉了鳥，並說道）我記得好多我們在遊戲室中一起度過的寶貴時光。（將板擦還給米奎）	5.擦掉部分的圖畫，牽涉到治療過程中的經驗回憶。當經驗變為回憶時，這證實了他們兩個人在彼此心目中的重要性。
6.M：（將月亮擦掉）	6.月亮是在圖畫上方最大的象徵物。米奎是在表達他正在失去一位尊重，並引導著他的人。
7.T：喔，月亮不見了。月亮消失了，我很傷心，儘管還有一些小星星在。（她擦掉了她名字中的一個字母） M：（從他的名字中，也擦掉了一個字母）	7.治療師明瞭米奎的憂傷，那就是治療已接近尾聲，而光亮（治療師的存在）也漸漸黯淡成回憶。這隱喻著治療師和這次療程是米奎生命中的亮點。

8.T：（擦掉了一朵雲）我想我要把蓬鬆的雲帶走了。 　M：（擦掉一顆星星）	8.因為這是治療師畫的象徵，雲表示著她在結束與米奎的治療時，所感受到的哀傷。
9.T：一顆閃亮的小星星也不見了。這愈來愈難了，要把我們一起畫好的圖案擦掉，我感到有點傷心。我想我會再把紅色的小鳥擦掉。 　（她擦掉了一隻小鳥）	9.治療師確認失去引導的星星，以及想起他們共享的經驗（一起畫圖），使她有所感觸。治療師接著擦掉其中一隻紅色小鳥。紅色小鳥象徵著她對此次治療經驗的強烈感受——無論是經驗的美好一面，或是將要失去此經驗的憤怒。治療師其實可以做更好的選擇，如擦去她名字中的另一個字母，而不是擦去一個象徵。
10.M：（把畫中人的頭擦去）	10.現在米奎開始對治療師，以及這次參與的遊戲治療過程說再見。
11.T：頭不見了，那個人開始要消失了。（她擦掉自己名字中的一個字母） 　M：（他擦掉自己名字中的一個字母）	11.治療師確認治療關係漸漸朝向結束階段。注意這次關係的結束對於米奎有多麼重要，而他必須慢慢的來，好讓自己對這個失落擁有控制及安全感。
12.T：喔，我的天。看到圖畫漸漸消失，真令人難過。我想我會把雲擦掉。	12.治療師擦掉第二朵、也是最後一朵雲，代表她對這次擁有許多美好回憶的治療結束，感到哀傷。
13.M：（擦掉他名字中的一個字母） 　T：（擦掉她名字中的一個字母） 　M：（擦掉他名字中的一個字母）	13.當圖畫的消失顯得愈來愈明顯，米奎將焦點放回名字上。

14.T：你的名字幾乎要消失了。不過，我會記得你的小名（他的綽號）。（擦掉她名字中的一個字母）	14.米奎將他的小名留下，表示他們是好朋友，彼此間有深厚瞭解的友誼。她確認回憶裡將是這段親密、意義深重的關係。
15.M：（擦掉他名字中的一個字母）	15.現在他向最後說再見的階段邁進。
16.T：喔，我想現在要把快樂的星星擦掉囉。（她擦掉了一顆星星）	16.治療師明白療程接近尾聲，她無力改變——這段在一起的美麗時光就要結束了。
17.M：（擦掉另一顆星星）	17.米奎確認他對於他們這段時光的結束，也有同樣的感覺。
18.T：雖然你所畫人的頭已經消失了，但我會記住你的臉。	18.治療師將焦點轉移到主要象徵，並專注在分離及彼此記得的感受。
19.M：我只是把他畫在這裡，妳不是這個人。（他將人的腳擦掉）	19.因為這是比較詮釋性的反應，話題轉換的太靠近，所以他必須藉由告訴治療師她並不是那個人（他自己才是）來穩住自己。他接著把腳擦掉，代表著基礎及支持已經結束。
20.T：現在腳不見了，只剩下身體。沒有腳，他就不能站在任何他想要站的地方。（她將一顆星星擦掉）我真討厭看見小星不見。	20.治療師確認米奎想要繼續遊戲治療的意願，以及離開這個立足點非他所願。（意指想要繼續遊戲治療）
21.M：（擦掉人的一隻手臂）	21.米奎和治療師的聯繫將要結束。他開始將情感抽離，因為他知道這一切即將結束。
22.T：很快的，我就再也無法看到這個人了。但你知道的，就算我們無法見面，我還是會記得你。 　T：（擦掉一顆星星）	22.治療師將失去接觸轉化為對他的回憶。

23.M：（擦掉另外一隻手）現在就只剩下衣服囉。 　　T：現在就只剩下衣服了。 　　M：（擦掉他名字中的一個字母） 　　T：（擦掉一顆星星）	23.這隱喻著：我們不再像過去一樣彼此聯繫，不過我還是有些關於這次分離的感覺想要隱藏起來。可以感受到分離的過程，對於每個人是多麼困難。
24.M：（擦掉衣服的一部分）有人把那部分咬掉了。	24.米奎用隱喻的方式（有人把我的一部分咬掉，那一部分已經不在了）表達了他更深層的感受——對於分離的痛苦。他讓她知道，分離對他是多麼痛苦的一件事。
25.T：有人把那部分咬掉了。喔，那一定很痛。看到那個人消失，真令人心痛。（擦掉她名字中的一個字母）	25.當兩人面對分離，治療師反映他正在經歷的痛苦。
26.M：（擦掉那件衣服）他將那件衣服丟掉了。	26.分離讓他感覺到自己已經被拋棄或不要了。這跟他之前的主述議題很類似——被排除在外，以及沒有人知道他的獨特和特別的個性。
27.T：這裡——把這件衣服丟掉？ 　　喔，衣服被丟掉，我真難過。 　　（擦掉一顆星星）我想我要先留著我的小名（姓的一段簡寫）。 　　M：（擦掉他名字中的一個字母）	27.對於米奎面對分離及治療結束感到的失落，治療師表示同情。她將她的小名留下，代表著她對於治療結束亦感到割捨不下。
28.T：喔，你的小名全部都不見了，可是我還是會記著你的名字。（擦掉另外一顆星星） 　　M：（擦掉他名字中的一個字母）	28.米奎擦掉了他名字中可供辨識的最後一個字母，這代表著只保留我們關係的意義層面，只有你我可以辨識。

29.M：擦掉人所僅存的部分。	29.這段關係已變成回憶，因為它停留在現在的經驗中。
30.T：特別的人不見了……還有一顆閃亮的星星（擦掉星星），可是我還是會記得你，以及我們一起擁有的特別時光。 　　M：（擦掉另外一顆星星）	30.治療師再一次確認失落，並且對他們這段關係中的特別時光賦予意義。
31.T：還是有些閃亮的星星留了下來。（擦掉船下面的一部分水）我們把這部分的水拿掉，但是米奎和小船還是要繼續航行……在水上。 　　M：（擦掉另一顆星星）	31.治療師想要讓米奎瞭解在這個經驗中，仍有一些亮點，接著她也傳達出米奎將會帶著在遊戲治療所經驗到的支持，繼續往前行。
32.T：（擦掉船上面的帆）你知道的，我相信即使你的帆被吹倒，你還是可以航行，因為那艘帆船還是可以動。 　　M：（擦掉另一顆星星）	32.治療師想要讓米奎知道他有他自己的潛力，只要他繼續過生活，他就可以完成他自己的目標。
33.T：好，現在我要擦掉自己的名字了。（擦掉自己名字中的一個字母） 　　M：（擦掉一顆星星） 　　T：只剩下三顆閃亮的星星。（擦掉自己名字中的另一個字母） 　　M：（擦掉一顆星星）	33.治療師覺悟到已別無選擇，她必須把她自己由圖畫中移走。她將能辨識她名字的最後一個字母擦掉。
34.T：（擦掉她名字中的最後一個字母）喔，我的名字全都不見了。	34.現在，治療師已經全部從圖畫中消失，剩下的只有回憶。

35.T：我不想要看到帆船消失。嗯，要這樣做，真有點難過。（將幾乎所有的水由帆船下方擦掉。）	35.帆船航向未來時，治療師給予米奎的支持就已經結束。
36.M：現在我們來擦掉兩個字母。 　T：好的 　M：（從他的名字中擦掉兩個字母）	36.現在米奎把結束過程的步調加快，因為他知道已接近尾聲了。
37.T：你還剩下兩個字母，但我的都消失了。我喜歡有兩顆星星在天空閃耀著。（將所有的水由帆船下方擦掉）好啦，水都不見了。 　M：（擦掉最後一顆星星）	37.治療師用兩顆閃亮的星星，隱喻著兩人關係的回憶。一旦水都被擦掉，表示支持關係的結束就要來臨了。
38.T：只剩最後一顆閃亮的小星星，喔，我還能做什麼呢？我會想念這艘帆船。 　M：（再擦掉他名字中的兩個字母）	38.治療師不願意擦掉代表米奎在遊戲治療中有所進展的象徵。
39.T：（擦掉帆船的剩下部分）嗯，即使帆船不見了，米奎仍然在我心中。 　M：（擦掉最後的星星）	39.治療師表達了關係的結束，以及他們關係對於她的重要意義。
40.T：最後一顆閃亮星星（擦掉船上所寫名字米奎的一部分）。 　M：（擦掉他名字中更多的字母）	40.隱喻是：結束已經逼近，而你也將消失。
41.T：（擦掉更多他的名字部分）我正在擦掉你的名字，而我也會記得你。 　M：（擦掉他名字中更多的字母） 　T：（擦掉他名字中最後的字母）好，你在帆船上的名字都不見了。	41.治療師重複表達出這段關係將要結束，且對她意義深遠。

42.M：（擦掉他名字中的一個字母）想要跟我一起擦嗎？ T：好，只剩下兩個字母了。（擦掉其中一個字母）	42.他在關係中的象徵已經被擦掉，米奎邀請她一起擦掉剩下的圖畫。
43.M：（擦掉最後一個字母） T：儘管我們的遊戲時間已經結束，可是我還是會記得你，以及我們一同在此度過的所有時光。我有一個小東西給你做紀念。	43.米奎完成了圖畫的結束以及遊戲治療的終止。兩人現在都瞭解遊戲治療已經結束，彼此關係也將變成回憶。治療師給他禮物，象徵著兩人在遊戲治療中意義深遠的關係。

　　治療師送給米奎一輛藍色小汽車，這和他之前在遊戲室中玩的小汽車非常類似。在遊戲中，他曾經賦予小汽車神奇的力量去改變並治癒傷痛，這也是治療師想要去提醒他的。她告訴他，他將永遠擁有那份神奇的力量，而小汽車會提醒他在身上擁有如此特別的特質。

　　結案是療程的高峰階段，治療中所有的努力來到了閉幕過程。治療經驗的完整取決於結案是否完善，對兒童的未來影響深遠。

附錄 A

遊戲室的基本玩具清單

飛機

動物（家禽、家畜）

球

動物（野生）

汽車

黏土

醫療箱

娃娃

娃娃屋

家庭人物：成人男性、成人女性、男孩、女孩、嬰兒

槍

刀

錢／金幣

樂器

顏料

布偶

泰迪熊

電話

附錄

玩具的象徵意義

飛機：逃離、距離、速度、尋找、自由、安全、保護等等

動物（野生）：攻擊、恐懼、倖存、權力、力量等等

動物（家禽、家畜）：保護、家庭、關係、脆弱、配合、依賴等等

嬰兒奶瓶：退化、滋養、口慾、因應議題、依賴、嬰兒、手足、排尿等等

球：互動、關係、信任、重新評價、競爭、再保證等等

望眼鏡：展望、關係（親近／疏遠）、監視、追尋、發現、尋找、親密、過
　　　　度警覺、自我檢視等等

毯子：退化、安全感、保護、界限等等

積木：防衛、界限、建構、限制、僵化、結束、結構、保護、障礙、脆弱等
　　　等

船：支持、潛意識、穩定／不穩定、情緒性、平衡、脆弱、安全感等等

書：自傳、秘密、過去、未來、現在、認同、知識、逃離、隱喻等等

盒子：秘密、已知／未知、不滿於現狀的存在、隱藏、控制、包容、界限、
　　　信念、確認、禮物、自己、尊嚴、內在等等

破損的玩具：議題、自己、認同、挫敗、改變、彌補、無益的、掙扎傷口、
　　　　　　失落、適應等等

照相機：證明、證實、構造、過去、真實性、證據、改變、記憶、知識等等

汽車：移動、權力、逃離、衝突、安全、保護、旅行、父母、防衛、家庭議
　　　題等等

粉筆／白板：環境、世界、創造、情緒表達、整合、創造力等等

黏土：攻擊、操縱、創造、自尊、改變、表達、接觸、壓力、滋養等等

戲服：關係、溝通、匿名性、幻想、衝動、偽裝、加害者等等

- 手套：逃避、疏遠、安全、對內容的控制等等
- 帽子：認同、角色、期待、幻想、權力、否認等等
- 面具：關係、溝通、匿名性、幻想、衝動、加害者、偽裝等等
- 太陽眼鏡：隱藏、逃避、疏遠、安全等等
- 假髮：關係、溝通、匿名性、幻想、衝動、偽裝、人等等

醫療箱：療癒、修補、尊敬、權力、生／死、痛苦、身體意象、危機、變
化、侵入、內在等等

- 血壓計球：內在議題、憤怒、平靜、心智狀態、內化的感覺、改變的需
要等等
- 手術：危機、介入、侵入、行動、危險性、化解、控制、痛苦、脆弱、
療癒等等
- 聽診器：內在感覺、未知、未被揭露的、證實、關係等等
- 注射筒：侵入、侵犯、痛苦、療癒、恐懼、衝擊、接觸、穿透等等
- 溫度計：內在感覺、生病／沒病狀態、需要幫助、危機、改變的需要、
心情等等

菜餚／烹飪：滋養、慶祝、安全感、口慾、關注、忽略、要求等等

娃娃：自我認同、退化、手足、解剖、競爭、親近、友誼、滋養、關係等等

娃娃屋：家庭、家庭互動／態度、環境、安全感等等

家庭人物：權威、權力、滋養、加害者、保護、依賴、互動、競爭、關係、
安全感、接納、拒絕等等

- 男性：與父親、男性人物、兄弟、叔伯、老師、照顧者有關的上述議題
- 女性：與母親、女性人物、姐妹、嬸姑、老師、照顧者有關的上述議題
- 女孩：自己、姐妹、照顧者、認同、意象、朋友、同儕關係、社交等等
- 男孩：自己、兄弟、照顧者、認同、意象、朋友、同儕關係、社交等等
- 嬰兒：滋養、手足、競爭、退化、需求、歷史、過去等等

手指畫：接觸、參與、衝擊、定基、退化、安全感等等

手電筒：控制、秘密性、恐懼、尋找、領導性、依賴、觀察、審視等等

競賽：對生活的控制、競爭、成功／失敗、配合、賦權感、結構、抗拒、改
　　　變、勝任、合作、環境、家庭等等

梳妝檯：自我形象、自我概念、改變、想法、證實、關心滋養等等

槍：攻擊、控制、憤怒、敵意、權力、死亡、痛苦、侵入、衝擊、保護、界
　　限等等

鑰匙：秘密、控制、未知、包容、受保護、界限、安全感等等

廚具：家、滋養、照顧、忽略、手足衝突、關係、家人、尊敬、家庭過程、
　　　情緒支持等等

刀：器具、攻擊、穿透、權力、防衛、保護、侵入、性方面的痛苦等等

燈光：控制、權力、秘密、逃離、隱藏、否認、改變、悲慘等等

魔杖／水晶球：幻想、願望、目標、改變、渴望、未來、需要資源等等

玻璃珠：關係、分類、家人、同儕、互動、社交、（參見競賽）等等

鏡子：自我形象、自我概念、記憶、過去、改變、想法、證實等等

模型：一致、完成、動機、焦點、堅持、目標、證實等等

錢／金幣：安全感、權力、控制、失落、被欺騙、自尊、值得、價值等等

怪物：恐懼、神秘、驚嚇、未知、友善、秘密的、權力、矛盾、幻想、攻
　　　擊、衝突、加害者、關係、報復、襲擊等等

樂器：自我表達、內在、溝通、創造力、接觸、心情等等

顏料：距離、表達、無法完成的需要、環境、態度、資源、創造力、世界觀
　　　等等

枕頭：床、安全、領域、王位、父母、怪物、攻擊、放鬆、負擔等等

撲克牌：錢、控制、權力、秘密、自發性、（參見競賽）等等

布偶：關係、家人、加害者、受害者、溝通、匿名性、幻想、衝動、態度、
　　　偽裝等等

拼圖：問題解決、決定、完成、成就、整合、解決、獲得圖像、聚在一起等
　　　等

沙：建構、破壞、環境、社區、感覺、改變、情緒世界、創造力等等

不倒翁沙袋：攻擊、衝突、加害者、權力、關係、報復、家人等等

士兵：衝突、襲擊、攻擊、武力、生死、掙扎、人們、倖存、分類等等

空間（盒子、帳篷、房子）：隱藏、在和不在、羞愧／尊敬、距離／接觸、
　　　　　　　　　　　　　接納、信任、界限等等

刀劍：攻擊、距離、衝突、防衛、保護、侵入、關係、權力等等

錄音機：自己、關係、證據、存在、證實、再保證、一致、控制、觀察、確
　　　　認等等

標的：自信、目標設定、適當性、成功的需求、期待、害怕失敗、競爭、適
　　　應、調適等等

態迪熊：溫暖、滋養、安全感、陪伴、自己、保護等等

電話：溝通、距離、安全、控制、權力、失去聯結等等

樂高玩具：結構、建構、完成、結束、達成目標等等

工具：資源、改變、衝擊、建構、安全感、權威、信心、問題解決、決定等
　　　等

註：玩具可以象徵著需要或缺乏某種感覺、情緒狀態或勝任感。

附錄 C

環境的象徵意義

銀行：值得、價值、安全感、失落、尊嚴、秘密、家人等等

海灘：自己、自由、好玩、觸覺、安全的、童心等等

身體：自己、痛苦、侵入、侵犯、權力、來源、生活等等

橋：過度、改變、橫跨、界限、聯結、通道、居上等等

被埋葬：死亡、隱藏、逃避、懸而未決、未被揭露、暗地、憂鬱等等

露營：基礎、家人、倖存、當今／活躍的、逃離、撤退、釋放、改變、收
　　　容、鎮定、原始的等等

城堡：家、權威、保護、不可入侵、界限、過去、家人、冷、僵化、權力、
　　　安全、身體界限等等

洞穴：保護、警戒、隱藏、秘密、未知、收容、矛盾、被裝入、墳墓、陷
　　　入、被包容等等

墓地：過去、死亡、失落、記憶、恐懼、歷史、未知、好奇等等

教堂：家人、價值、死亡、保護、恐懼、道德、力量、罪惡、救贖等等

馬戲團：興奮、控制、壓過、神奇、注意力、困惑等等

城市：社區、朋友、鄰居、擁擠、活動、分類等等

懸崖：危險、恐懼、小心的、界限、生死、害怕失去控制、接近界限等等

沙漠：空的、憤怒、單獨一人、不滋養、情緒空虛、忽略、倖存、無法防
　　　衛、流浪者、脆弱的、曝露等等

恐龍：過去、歷史、死亡、權力、消失、恐懼、衝突、失落、環境等等

土牢：折磨、潛意識、監獄、抓住、受苦、痛苦、犯罪場景、密切的過去等
　　　等

農場：滋養、文明、保護、家、社會、可控制、定基等等

火：暴怒、強烈的、痛苦、破壞、興奮、熱、憤怒、消滅、失控、控制失控
　　狀況等等

霧狀：不清晰、懷疑、較少控制、不確定、隱藏、被包圍、到處、用完等等

森林：預感、探索、被裝入、庇護、隱藏、解救、迷路等等

保壘：家、權威、保護、無法穿透、界限、家人、權力、安全、身體界限等
　　等

冰凍：停止、控制、暫停（時間）、受驚嚇、無法取得、不動、無助、死
　　的、消失等等

花園：生長、發展、滋養、家人、照顧、美麗、外表、內在自我、和平等等

鬼魂：人、恐懼、記憶、報復、痛苦、loss without loss、懸而未決、加害
　　者、罪惡感等等

鬼屋：秘密、潛意識、家、家人、過去、恐懼的、延伸家庭、未解決的、恐
　　怖的等等

醫院：危機、修補、痛苦、侵入、療癒、侵犯、危險性、生死等等

房屋：家、安全感、內在、保護、衝突、婚姻、父母、家人等等

　・閣樓：歷史、過去、家人、老舊的、記憶、儲存等等

　・臥房：孤立、自己、保護、侵犯、秘密、證實、認同等等

　・浴室：內在、如廁訓練、身體控制、乾淨的等等

　・地下室：隱藏、未解決的、深的、恐懼等等

　・廚房：滋養、家人、需求、（參見菜餚）等等

隱形的：受害者、貶抑、過度警覺、痛苦、逃避、秘密、有力的等等

島嶼：單獨一人、孤立、遺棄、倖存、收容、迷路、人質等等

監獄：包容、處罰、罪惡感、逃避、被判斷、控制、限制、界限、保護等等

叢林：恐懼、紛亂的、倖存、危險的、過度警覺、失去賦權感、暴力、焦
　　慮、困惑、失去控制、失去安全感等等

閃電：侵入、暴怒、驚嚇、過度警覺、令人驚訝、身體虐待、沒預期到的、未預先看見的等等

地圖：尋找、搜尋、通道、旅程、詢問、寶藏、計畫、策略、問題解決等等

迷宮：困惑、未知、不確定、搜尋、忍受、通道、迷路、無法承受、挑戰、阻礙、被擊敗／克服

山：期待、達成、無法承受的、不通暢、阻礙、權力衝突、挑戰等等

夜晚（黑暗）：恐怖的、警覺的、狡猾的、隱藏、依賴的、單獨一人、隱形的、失去控制等等

海洋：無法承受的、恐懼、倖存、改變、深度、內在、廣泛的、失去控制等等

手術室：危機、痛苦、強烈的、侵入、內在、照顧、改變等等

外太空：孤立、遺棄、孤單、空虛、倖存、依賴的、未來、和平等等

野餐：家人、滋養、安全、好玩、慶祝等等

布偶秀：演出、隱喻、家人、關係、偽裝、揭露等等

賽跑：競爭、關係、挑戰、贏／輸、衝突、權力等等

雨：憂鬱、悲傷、哭泣、失望、受污染、清洗、更新等等

彩虹：希望、改變、改善、不同的、新展望、安全等等

餐館：滋養、慶祝、忽略、飢餓等等

河流：權力、旅程、界限、衝突、能量、掙扎、資源、力量、需要引導、分離等等

航行：力量、逃離、支持、情緒性、穩定／不穩定等等

學校：控制、權威、權力、改變、社交、同儕、關係、分類、接納／拒絕等等

（下）雪：冷、隱藏、憤怒、缺乏滋養、渴求等等

暴風雨：紛亂、憤怒、困惑、痛苦、急迫的、焦慮、內在等等

陽光：療癒、溫暖、福祉、改變、希望、照顧、自己等等

沼澤：負擔、掙扎、悲傷、陷入泥沼等等

雷聲：憤怒、權力、恐懼、過度警覺、急躁、口語虐待、力量、能量等等

颶風：暴怒、破壞、無法控制、恐懼、焦慮、力量、情緒的、濫用能量等等

寶藏：有價值的、隱藏、值得、安全感、權力、受保護、失落、搜尋等等

地底下：隱藏的、逃避的、未決定的、未被揭露的、暗中的等等。

水面下的：潛意識、無法承受、深深的恐懼、未知等等

戰爭：攻擊、衝突、暴怒、破壞、消滅、侵犯、加害者、襲擊、報復、死
　　　亡、關係等等

水：情緒性、彈性、自由、尿床、焦慮、子宮、口慾、悲傷、深度、內在、
　　退化、原始、潛意識、攻擊衝動、對警覺孩子的可接近性、受壓抑孩子
　　的自由、安撫較為暴怒的孩子等等

動物園：控制、觀看、監獄、捕捉、包容、受保護、恐懼、觀察等等

附錄

動物的象徵意義

鱷魚：攻擊、令人害怕、口頭攻擊、埋伏、衝動的、侵犯、脆弱的、飢餓
　　　的、尋找、控制性強等等

熊：力量、權力、攻擊、威嚇、男子氣的、父親、退縮、獨立的、接觸、打
　　架、面對面的、無懼、獨行俠、流浪者、內化的、喜怒無常等等

海狸：穩定性、堅持的、工作狂的、渴望、結構、強迫性的、有組織的等等

鳥：逃離、自由、展望、單獨一人、居高臨下、距離、搜尋、滑行等等

公牛：攻擊的、卑微的、強壯的、有領域性的、侵入的、男子氣的、憤怒、
　　　紛亂的、暴怒的、有力的等等

蝴蝶：搜尋、自由、美麗、轉化、更新、有點瘋狂的等等

貓：溫和、獨立、溫暖、敏捷的、懶惰的、喜怒無常、有打算的、好奇的、
　　疏離的等等

印度豹：輕快的、快速的、逃離、敏捷的、獨行俠等等

乳牛：滋養、食物、溫順的、溫和的、順服的、不自我肯定的、母親等等

海豚：友善、社交、有幫助的、可愛的、救援者等等

鹿：快速的、女性化、優雅、踏實的、退縮、脆弱的、打架、溫和等等

恐龍：過去、歷史、死亡、權力、滅絕、恐懼、衝突、倖存、環境的等等

狗：保護、攻擊、朋友、寵物、滋養、陪伴者、忠誠等等

龍：有力的、未知、恐懼、被誤解、未預期的、有智慧的、神秘的、打架、
　　憤怒、暴怒、幻想等等

老鷹：自由、尊敬、逃離、獵人、疏遠的、受景仰的、監視、獨立的、自主
　　　的等等

象：慢、有力的、溫和、受侷限的、穩定的、笨拙的等等

魚：脆弱的、原始的、退化的、快速的、狡猾的、逃離等等

狐狸：操縱的、靈巧的、機警的、小心的、生意、目標取向、鬼鬼祟祟的、
不能信任的

山羊：穩定、疏遠的、冷漠的、踏實的、基礎良好的等等

猩猩：力量、父親、男子氣的、恐懼、移動的、原始的、人類、直覺等等

長頸鹿：逃避、天真、展望、渴望、過度警覺、沒攻擊性的等等

天竺鼠：無防衛的、可愛的、依賴的、溫順的、信任的、脆弱的、受害者等
等

馬：權力、速度、逃逸、美麗、穩定的、逃離、忍受、接觸、支持、內在、
尊敬等等

袋鼠：安全感、母親、滋養、保護、移動性、生產／嬰兒、懷孕、聯結、依
附、親近的等等

小貓：脆弱的、好玩的、天真、柔軟的、無辜的等等

無尾熊：可愛的、擁抱、愛撫、沒攻擊性的、緊貼的等等

小羊：脆弱、滋養、保護、無辜的、嬰兒、解救等等

獅子：權力、危險的、控制、速度、尊貴的、帝王般的、驕傲的、潛近、掠
奪、流浪者、父親、權威、高貴、梭巡者、威嚇、攻擊者等等

小老鼠：安靜的、恐懼的、順從的、害怕、隱藏、狂亂的、機警的、小心
的、秘密的、焦慮的等等

猴子：好玩的、焦慮的、社交的、有領域性的、快樂的、糊里糊塗的、恐懼
的、移動的、緊貼的、幼稚的、有攻擊性的等等

貓頭鷹：有智慧的、博學的、機警的、夜間的、小心的、目擊者、安靜、內
在、冷漠、不參與的、疏遠的等等

鸚鵡：認同、期待、順從、模仿、反映、常規、結構、證實等等

豬：純樸的、骯髒、飢餓的、拒絕、清掃、順從的、懶惰的、不想要的等等

兔子：脆弱、滋養、保護、小心的、很快的、好奇的、監視等等

大老鼠：骯髒、不值得信任的、有打算的、能適應的、倖存、不想要的等等

犀牛：防衛的、難纏的、受保護的、好戰的、離群的、未知、有力的、獨行俠等等

鯊魚：攻擊、恐懼、加害者、有力的、靈巧的、無法預測的、堅持的、毅力等等

綿羊：友善的、成員、溫暖的、歸屬、隔離的、順從的、追隨者等等

蛇：鬼鬼祟祟的、陽具的、靈巧的、邪惡的、危險的、孤單的、神秘的、中立的、冷漠的等等

松鼠：緊張的、很快的、過度警覺、儲藏、安全感等等

天鵝：優雅的、美麗、景仰、高貴的、尊敬等等

老虎：快速、打架、權力、單獨一人、潛近、危險的、控制、速度、掠奪者、流浪者、梭巡者、自給自主等等

烏龜：害羞的、安靜的、受保衛的、被動的、慢慢的、堅持的、有耐性的等等

獨角獸：神奇的、幻想、願望、未知、美麗、單獨一人等等

狼：攻擊者、加害者、不信任的、自私的、飢餓的、靈巧的、獨行俠等等

斑馬：對比、清晰的、獨特的、黑／白、決定性的、有限的權力等等

註：1.不管是用於布偶、塑膠人物、演出、繪畫或談話，動物的象徵意義基本上是相同的。

2.也要注意遊戲的背景環境──森林、空中、沼澤、叢林、沙漠、家、城市、農場、水面下、外太空、白天／夜晚等等。

3.動物以及動物的意義在治療的過程中可能會改變。

4.動物的挑選有助於隱喻的運用。

參考書目

Achenbach, T. M., & Edelbrock, C. S. (1983). *Manual for the child behavior checklist and revised behavior profile.* Burlington, VT: Author.

American Psychiatric Association. (1987). *Diagnostic and statistical manual of mental disorders: DSM-III-R* (3rd ed. rev.). Washington, DC: Author.

American Psychiatric Association. (1994). *Diagnostic and statistical manual of mental disorders: DSM-IV* (4th ed.). Washington, DC: Author.

American Psychological Association, American Educational Research Association, & National Council on Measurement in Education. (1985) *Standards for educational and psychological testing.* Washington, DC: American Psychological Association.

Archer, L. A., Rosenbaum, P. L., & Streiner, D. L. (1991). The children's eating behavior inventory: Reliability and validity results. *Journal of Pediatric Psychology*, 16(5), 629-642.

Axline, V. M. (1947b). *Play therapy.* Cambridge, MA: Houghton Mifflin.

Axline, V. M. (1950). Entering the child's world via play experiences. *Progressive Education*, 27, 68-75.

Axline, V. M. (1964). *Dibs in search of self: Personality in play therapy.* Boston: Houghton Mifflin.

Axline, V. M. (1969). *Play therapy (revised edition).* New York: Ballantine Books.

Bandler, R., & Grinder, J. (1975). *The patterns of the hypnotic techniques of Milton H. Erickson* (Vol 1). Palo Alto, CA: Behavior & Science Books.

Bandler, R., & Grinder, J. (1979). *Frogs into princes.* Moab, UT: Real People Press.

Bandler, R., & Grinder, J. (1982). *Reframing: Neuro-linguistic programming and the transformation of meaning.* Moab, UT: Real

People Press.

Barlow, K., Strother, J., & Landreth, G. (1985). Child- centered play therapy: Nancy from baldness to curls. *The School Counselor*, 33, 347-356.

Behar, L., & Springfield, S. (1974). A behavior rating scale for the preschool child. *Developmental Psychology*, 10, 601-610.

Bellak, L., & Bellak, S. S. (1976). *Children's apperception test.* Larchmont, NY: C.P.S.

Bemporad, J. R., Smith, H. F., Hanson, G., & Cicchetti, D. (1982). Borderline syndromes in childhood: Criteria for diagnosis. *American Journal of Psychiatry*, 139(5), 596-602.

Berg, C. J., Rapoport, J. L., & Flament, M. (1986). The Leyton obsessional inventory — child version. *Journal of the American Academy of Child Psychiatry*, 25(1), 84-91.

Bergantino, L. (1981). *Psychotherapy, insight and style: The existential moment.* Boston: Allyn & Bacon, Inc.

Birleson, P. (1981). The validity of depressive disorder in childhood and the development of a self-rating scale: A research report. *Journal of Child Psychology and Psychiatry*, 22, 73-88.

Bolig, R., Fernie, D. E., & Klein, E. L. (1986). Unstructured play in hospital settings. *Children's Health Care: Journal of the Association for the Care of Children's Health*, 15(2), 101-107.

Bow, J. N. (1988). Treating resistant children. *Child and Adolescent Social Work*, 5(1), 3-15.

Bow, J. N. (1993). Overcoming resistance. In C. E. Schaefer (Ed.), *The therapeutic powers of play* (pp. 17-40). Northvale, NJ: Jason Aronson, Inc.

Brett, D. (1988). *Annie stories.* New York: Workman Publishing Co.

Bromfield, R. (1989). Psychodynamic play therapy with a high functioning autistic child. *Psychoanalytic Psychology*, 6(4), 439-453.

Bromfield, R. (1992). *Playing for real: The world of a child therapist.* New York: Penguin Books.

Buck, J. N. (1966). *House-tree-person (H-T-P technique) revised manual.* Los Angeles: Western Psychological Services.

Budd, L. (1990). *Living with the active alert child*. New York: Prentice Hall.

Burks, H. F. (1977). *Burks' preschool and kindergarten behavior rating scales*. Los Angeles: Western Psychological Services.

Burris, A. M. (1994). Somatization as a response to trauma. In A. Sugarman (Ed.), *Victims of abuse: The emotional impact of child and adult trauma* (pp. 131-137). Madison, CT.

Butler, A. (1978). *Play as development*. Columbus, OH: Merrill.

Carkhuff, R. R. (1969). *Helping and human relations: A primer for lay and professional helpers*. New York: Holt, Rinehart, & Winston.

Cattanach, A. (1992). *Play therapy with abused children*. London: Jessica Kingsley Publishers Ltd.

Ceci, S. J., & Bruck, M. (1993). Suggestibility of the child witness: A historical review and synthesis. *Psychological Bulletin*, 113(3), 403-439.

Conners, C. K. (1969). A teacher rating scale for use in drug studies with children. *American Journal of Psychiatry*, 126, 152-156, 884-888.

Conners, C. K. (1970). Symptom patterns in hyperkinetic, neurotic, and normal children. *Child Development*, 41, 667-682.

Cormier, W. H., & Cormier, L. S. (1991). *Interviewing strategies for helpers: Fundamental skills and cognitive behavioral interventions (3rd ed.)*. Pacific Grove, CA: Brooks/Cole Publishing Company.

Courtois, C. (1988). *Healing the incest wound*. New York: Norton Publishers.

Covington, S. (1988). *Leaving the enchanted forest: The path from relationship addiction to intimacy*. San Francisco: Harper and Row.

Crowley, R. J., & Mills, J. C. (1985-86). The nature and construction of therapeutic metaphors for children. *British Journal of Experimental and Clinical Hypnosis*, 3(2), 69-76.

Danielson, A. (1986). *Att bygga sin varld: Handbok Ericametoden*. Stockholm, Sweden: Psykologiforlaget.

Delaney, R. (1991). *Fostering changes: Treating attachment disordered foster children*. Fort Collins, CO: Corbett Publishing.

Delpo, E. G., & Frick, S. B. (1988). Directed and non-directed play as therapeutic modalities. Children's health care: *Journal of the association for the care of children's health*, 16(4), 261-267.

Despert, J. L. (1946). Psychosomatic study of 50 stuttering children. Roundtable: Social, physical, and psychiatric findings. *American Journal of Orthopsychiatry*, 16, 100-113.

Dilts, R., Grinder, J., Bandler, R., DeLozier, J., & Cameron-Bandler, L. (1979). *Neuro-linguistic programming (Vol 1)*. Cupertino, CA: Meta Publications.

Donovan, D. M., & McIntyre, D. (1990). Child psychotherapy. In J. G. Simeon & H. B. Ferguson (Eds.), *Treatment strategies in child and adolescent psychiatry* (pp. 177-197). New York: Plenum Press.

Dulcan, M., & Popper, C. (1991). *Child and adolescent psychiatry*. Washington, DC: American Psychiatric Press.

Einbender, A. (1991). Treatment in the absence of maternal support. In W. N. Friedrich (Ed.), *Casebook of sexual abuse treatment* (pp. 112-136). New York: W. W. Norton & Co.

Erickson, M., & Rossi, E. (1979). *Hypnotherapy: An exploratory case book*. New York: Irvington.

Esman, A. H. (1983). Psychoanalytic play therapy. In C. E. Schaefer & K. J. O'Connor (Eds.), *Handbook of play therapy* (pp. 11-20). New York: John Wiley and Sons.

Fagan, J., & McMahon, P. P. (1984). Incipient multiple personality in children: Four cases. *The Journal of Nervous and Mental Disease*, 172(1), 26-36.

Fossen, A., Knibbs, J., Bryant-Waugh, R., & Lask, B. (1987). Early onset anorexia nervosa. *Archives of Disease in Childhood*, 62, 114-118.

Garmezy, N. (1986). Developmental aspects of children's responses to the stress of separation and loss. In M. Rutter, C. Izard, & P. Read (Eds.), *Depression in young people* (pp. 297-324). New York: Guilford.

Garvey, C. (1977). *Play*. Cambridge, MA: Harvard University Press.

Gazda, G. M. (1975). *Human relations development: A manual for health sciences*. Boston, MA: Allyn & Bacon.

Gelinas, D. (1983). The persisting negative effects of abuse. *Psychiatry*, 46, 313-332.

Gil, E. (1991). *The healing power of play: Working with abused children*. New York: Guilford Press.

Gil, E. (1993a). Individual therapy. In E. Gil & T. C. Johnson (Eds.), *Sexualized children: Assessment and treatment of sexualized children and children who molest* (pp. 179-210). Rockville, MD: Launch Press.

Gil, E. (1993b). Sexualized children. In E. Gil & T. C. Johnson (Eds.), *Sexualized children: Assessment and treatment of sexualized children and children who molest* (pp. 91-100). Rockville, MD: Launch Press.

Ginott, H. G. (1960). A rationale for selecting toys in play therapy. *Journal of Consulting Psychology*, 24(3), 243-246.

Gordon, D. (1978). *Therapeutic metaphors*. Cupertino, CA: META Communications.

Gordon, M. (1983). *The Gordon diagnostic system*. DeWitt, NY: Gordon Systems Inc.

Goyette, C. H., Conners, C. K., & Ulrich, R. F. (1978). Normative data on revised Conners' parent and teacher rating scales. *Journal of Abnormal Child Psychology*, 6, 221-236.

Guerney, L. F. (1983). Client-centered (nondirective) play therapy. In C. E. Schaefer & K. J. O'Connor (Eds.), *Handbook of play therapy* (pp. 21-64). New York: John Wiley and Sons.

Gunsberg, A. (1989). Empowering young abused and neglected children through contingency play. *Childhood Education*, 66(1), 8-10.

Hahn, D. (Producer), Allers , R., & Minkoff, R. (Directors). (1994). *The Lion King* [Film]. (Available from Walt Disney Home Video)

Haley, J. (1973). *Uncommon therapy: The psychiatric techniques of Milton H. Erickson*. New York: W. W. Norton.

Harris, J. R., & Liebert, R. M. (1984). *The child*. Englewood Cliff, NJ: Prentice-Hall, Inc.

Health Care Financing Administration (HCFA), U. S. Department of Health and Human Services. (1984). Final rule. *Federal Register*, 49(1), 234-334.

Higgs, J. F., Goodyer, I. M., & Birch, J. (1989). Anorexia nervosa and food avoidance emotional disorder. *Archives of Disease in Childhood,* 64, 346-351.

Hodges, K., Kline, J., Stern, L., Cytryn, L. & McKnew, D. (1982). The development of a child assessment interview for research and clinical use. *Journal of Abnormal Child Psychology,* 10, 173-189.

Hoopes, M. M., & Harper, J. M. (1987). *Birth order roles and sibling patterns in individual and family therapy.* Rockville, MD: Aspen Publishers, Inc.

Irwin, E. C. (1983). The diagnostic and therapeutic use of pretend play. In C. E. Schaefer & K. J. O'Connor (Eds.), *Handbook of play therapy* (pp. 148-173). New York: John Wiley and Sons.

Joseph, R. (1992). *The right brain and the unconscious: Discovering the stranger within.* New York: Plenum Press.

Kazdin, A. E., Rodgers, A., & Colbus, D. (1986). The hopelessness scale for children: Psychometric characteristics and concurrent validity. *Journal of Consulting and Clinical Psychology,* 54, 241-245.

Keith, D. V., & Whitaker, C. A. (1981). Play therapy: A paradigm for work with families. *Journal of Marital and Family Therapy,* 7, 243-254.

Kempe, R., & Kempe, H. (1984). *The common secret: Sexual abuse of children and adolescents.* New York: W. H. Freeman.

Kernberg, P. (1989). Narcissistic personality disorder in children. *Psychiatric Clinics of North America,* 12(3), 671-694.

Kluft, R. (1985). The natural history of multiple personality disorder. In R. F. Kluft (Ed.), *Childhood antecedents of multiple personality* (pp. 197-238). Washington, DC: American Psychiatric Press.

Kovacs, M. (1981). Rating scales to assess depression in school-aged children. *Acta Paedopsychiatria,* 46, 305-315.

Landreth, G. L. (1987). Play therapy: Facilitative use of child's play in elementary school counseling. *Elementary School Guidance and Counseling,* 21, 253-261.

Landreth, G. L. (1990). *Keynote address.* Association for Play Therapy International Conference, Vancouver, British Columbia.

Landreth, G. L. (1991). *Play therapy: The art of the relationship.* Muncie, IN: Accelerated Development.

Landreth, G. L. (1993a). Child-centered play therapy. *Elementary School Guidance and Counseling,* 28(1), 17-29.

Landreth, G. L. (1993b). Self-expressive communication. In C. E. Schaefer (Ed.), *The therapeutic powers of play.* Northvale, NJ: Jason Aronson, Inc.

Lankton, C. H., & Lankton, S. R. (1986). *Enchantment and intervention in family therapy: Training in Ericksonian approaches.* New York: Brunner/Mazel.

Lankton, C. H., & Lankton, S. R. (1989). *Tales of enchantment: Goal-oriented metaphors for adults and children.* New York: Brunner/Mazel, Inc.

Lask, B., Britten, C., Kroll, L., Magagna, J., & Tranter, M. (1991). Children with pervasive refusal. *Archives of Disease in Childhood,* 66, 866-869.

Lask, B., & Bryant-Waugh, R. (1992). Early onset anorexia nervosa and related eating disorders. *Journal of Child Psychology and Psychiatry,* 33(1), 281-300.

Leland, H. (1983). Play therapy for mentally retarded and developmentally disabled children. In C. Schaefer & K. O'Conner (eds.) *Handbook of play therapy* (pp. 436-455). New York: John Wiley & Sons.

Levine, F., Olzey, F. F., & Lewis, M. (1969). *The California Preschool Social Competence Scale — Manual.* Palo Alto, CA: Consulting Psychologist Press.

Levinson, B. M. (1962). The dog as a "co-therapist". *Mental Hygiene,* 46, 59-65.

Levinson, B. M. (1964). Pets: A special technique in child psychotherapy. *Mental Hygiene,* 48, 243-248.

Levinson, B. M. (1965). Pet psychotherapy: Use of household pets in the treatment of behavior disorder in childhood. *Psychological Reports,* 17, 695-698.

Lewis, J. M. (1993). Childhood play in normality, pathology, and therapy. *American Journal of Orthopsychiatry,* 63(1), 6-15.

Lewis, M. (1974). Interpretation in child analysis: Developmental con-siderations. *Journal of the American Academy of Child Psychiatry,* 13, 32-53.

Livingston, R. (1987). Sexually and physically abused children. *Journal of the American Academy of Child and Adolescent Psychiatry,* 26(3), 413-415

Lofgren, D. P., Bemporad, J., King, J., Lindem, K., & O'Driscoll, G. O. (1991). A prospective follow-up study of so-called borderline chil-dren. *American Journal of Psychiatry,* 148(11), 1541-1547.

Looff, D. (1987). *Getting to know the troubled child.* Malabar, FL: Robert Krieger Publishers.

Lord, J. (1985). *A guide to individual psychotherapy with school-aged children and adolescents.* Springfield, IL: Charles C. Thomas.

Lowenfeld, M. (1939). The world pictures of children. *British Journal of Medical Psychology,* 18, 65-101.

Lowenfeld, M. (1979). The world technique. London: Allen & Unwin.

Lowery, E. F. (1985). Autistic aloofness reconsidered. *Bulletin of the Menninger Clinic,* 49(2), 135-150.

Maloney, M. J., McGuire, J., & Daniels, S. R. (1988). Reliability testing of a children's version of the eating attitudes test. *Journal of the American Academy of Child and Adolescent Psychiatry,* 27, 541-543.

Maloney, M. J., McGuire, J., Daniels, S. R., & Specker, B. (1989). Dieting behavior and eating attitudes in children. *Pediatrics,* 84(3), 482-487.

Martin, R. P. (1984). *The temperament assessment battery —interim manual.* Athens, GA: Developmental Metrics.

McCarney, S. B. (1989). *Attention deficit disorders evaluation scale (ADDES).* Columbia, MO: Hawthorne Education Services.

Miller, L. C. (1977). *School behavior checklist.* Los Angeles: Western Psychological Services.

Miller, L. C. (1984). *Louisville behavior checklist manual.* Los Angeles: Western Psychological Services.

Miller, C., & Boe, J. (1990). Tears into diamonds: Transformation of child psychic trauma through sandplay and storytelling. *Arts in Psychotherapy,* 17, 247-257.

Mills, J. C. (1993). *Gentle willow: A story for children about dying.* New York: Magination Press.

Mills, J. C., & Crowley, R. J. (1986). *Therapeutic metaphors for children and the child within.* New York: Brunner/Mazel, Inc.

Mills, J. C., & Crowley, R. J. (1988). *Sammy the elephant and Mr. Camel: A story to help children overcome enuresis while discovering self-appreciation.* New York: Magination Press.

Moustakas, C. E. (1953). *Children in play therapy.* New York: McGraw-Hill Book Co. Inc.

Moustakas, C. E. (1955). Emotional adjustment and the play therapy process. Journal of Genetic Psychology, 86, 79-99.

Moustakas, C. E. (1959). *Psychotherapy with children: The living relationship.* New York: Harper and Row.

Moustakas, C. E. (1973). *The child's discovery of himself.* New York: Jason Aronson, Inc.

Moustakas, C. E. (1992). *Psychotherapy with children: The living relationship.* Greeley, CO: Carron Publishers. (Original work published 1959.)

Murray, J. B. (1991). Psychophysiological aspects of nightmares, night terrors, and sleepwalking. *The Journal of General Psychology,* 118(2), 113-127.

Nemiroff, M. A. (1990). *A child's first book about play therapy.* Washington, DC: American Psychological Association.

Nickerson, E. T., & O'Laughlin, K. B. (1980). It's fun — but will it work? The use of games as a therapeutic medium for children and adolescents. *Journal of Clinical Child Psychology,* 9(1), 78-81.

Oaklander, V. (1978). *Windows to our children: A Gestalt therapy approach to children and adolescents.* Moab, UT: Real People Press.

O'Connor, K. J. (1991). *The play therapy primer: An integration of theories and techniques.* New York: John Wiley & Sons, Inc.

Perry L., & Landreth, G. (1990). Diagnostic assessment of children's play therapy behavior. In C. E. Schaefer, K. Gitlin, & A. Sandgrund (Eds.), *Play diagnosis and assessment* (pp. 643-662). New York: John Wiley and Sons Inc.

Petti, T. A. (1978). Depression in hospitalized child psychiatry patients: Approaches to measuring depression. *Journal of the American*

Academy of Child Psychiatry, 17, 49-59.

Petti, T. A. & Vela, R. M. (1990). Borderline disorders of childhood: An overview. *Journal of the American Academy of Child and Adolescent Psychiatry*, 29(3), 327-337.

Pfeffer, C. R. (1979). Clinical observations of play of hospitalized suicidal children. *Suicide and Life-Threatening Behavior*, 9(4), 235-244.

Piaget, J. (1952). *The origin of intelligence in children*. New York: International Universities Press. (Original work published 1936)

Piaget, J. (1954). *The construction of reality in the child*. New York: Basic Books. (Original work published 1937)

Piaget, J. (1962). *Play, dreams, and imitation in childhood*. New York: Norton Publishers.

Piers, E., & Harris, D. (1969). *The Piers-Harris children's self-concept scale*. Nashville, TN: Counselor Recordings and Tests.

Plaut, E. A. (1979). Play and adaptation. *The Psychoanalytic Study of the Child*, 34, 217-232.

Poznanski, E. O., Grossman, J. A., Buchsbaum, Y., Banegas, M., Freeman, L., & Gibbons, R. (1984). Preliminary studies of the reliability and validity of the Children's Depression Rating Scale. *Journal of the American Academy of Child Psychology*, 23(2), 191-197.

Puig-Antich, J., Chambers, W. J., & Tambrizi, M. A. (1983). The clinical assessment of current depressive episodes in children and adolescents: Interviews with parents and children. In D. P. Cantwell & G. A. Carlson (Eds.) *Affective disorders in childhood and adolescents: An update* (pp. 157-179). New York: SP Medical and Scientific Books.

Putnam, F. W. (1991). Dissociative disorders in children and adolescents: A developmental perspective. *Psychiatric Clinics of North American*, 14(3), 519-531.

Quay, H. C., & Peterson, D. R. (1987). *Revised behavior problem checklist*. Coral Gables, FL: University of Miami.

Rapoport, J. L., & Ismond, D. R. (1990). *DSM III-R guide for diagnosis of childhood disorders*. New York, NY: Brunner/Mazel.

Reynolds, C. R., & Richmond, B. O. (1985). *The revised children's manifest anxiety scale*. Los Angeles: Western Psychological

Services.

Robinson, E. A., Eyberg, S. M., & Ross, A. W. (1980). The standardization of an inventory of child conduct behavior problems. *Journal of Clinical Child Psychology*, 9, 22-28.

Rorschach, H. (1942). *Psychodiagnostic* (5th ed.). Bern, Germany: Hans Huber. (Original work published 1921)

Ross (1989). *Multiple personality disorder: diagnosis, clinical features, and treatment.* New York: John Wiley and Sons.

Schopler, E., Reichler, R. J., & Renner, B. R. (1986). *The childhood autism rating scale — CARS.* New York: Irvington Publications.

Shapiro, S. (1992). Trauma, ego defenses, and behavioral reenactment. In S. Shapiro & G. M. Dominiak (Eds.). *Sexual trauma and psychopathology: Clinical intervention with adult survivors.* New York: Lexington Books.

Sheldon, S., Spire, J. P., & Levey, H. B. (1992). *Pediatric sleep medicine.* Philadelphia: W. B. Aunders Company.

Sjolund, M. (1981). Play diagnosis and therapy in Sweden: The Erica method. *Journal of Clinical Psychology*, 37(2), 322-325.

Sjolund, M. (1983). A "new" Swedish technique for play diagnosis and therapy: The Erica method. *Association for Play Therapy Newsletter*, 2(1), 3-5.

Sjolund, M. (1993). *The Erica method: A technique for play therapy and diagnosis: A training guide.* Greeley, CO: Carron Publishers.

Sperry, R. W. (1968). Hemispheric deconnection and unity in conscious awareness. *American Psychologist*, 23, 723-733.

Sweeney, D. S., & Landreth, G. (1993). Healing a child's spirit through play therapy: A scriptural approach to treating children. *Journal of Psychology and Christianity*, 12(4), 351-356.

Terr, L. (1990). *To scared to cry.* New York: Basic Books.

Thompson, C. L., & Rudolph, L. B. (1983). *Counseling children.* Monterey, CA: Brooks/Cole.

Treasure, J., & Thompson, P. (1988). Anorexia nervosa in childhood. *British Journal of Hospital Medicine*, 40, 362-369.

Ullman, R. K., Sleator, E. K., & Sprague, R. L. (1984). A new rating scale for diagnosis and monitoring of ADD children. *Psychopharmacological Bulletin*, 20(1), 160-164.

Wagner, E. E. (1983). *The hand test*. Los Angeles: Western Psychological Services.

Wallas, L. (1985). *Stories for the third ear*. New York: W. W. Norton & Co.

Wallas, L. (1991). *Stories that heal: Reparenting adult children of dys functional families using hypnotic stories in psychotherapy*. New York: W. W. Norton & Co.

Weiner, I. B. (1982). *Child and adolescent psychopathology*. New York: John Wiley and Sons Inc.

Wenning, K. (1990). Borderline children: A closer look at diagnosis and treatment. *American Journal of Orthopsychiatry*, 60(2), 225-232.

Whitaker, C. A., & Bumberry, W. M. (1988). *Dancing with the family: A symbolic-experiential approach*. New York: Brunner/Mazel, Inc.

Wirt, R. D., Lachar, D., Klinedinst, J. E., Seat, P. D., & Broen, W. E., Jr. (1984). *Personality inventory for children — Revised*. Los Angeles: Western Psychological Services.

國家圖書館出版品預行編目資料

經驗取向遊戲治療／Carol Crowell Norton,
Byron E. Norton著；陳碧玲, 王璇璣, 蔡幸芳,
張巍鐘, 蕭雅云, 陳信昭譯. --二版. --臺北市：
五南圖書出版股份有限公司, 2022.09
　　面；　　公分
譯自：Reaching children through play therapy :
　　　　an experiential approach
ISBN 978-626-343-105-8（平裝）
1.CST: 遊戲治療
178.8　　　　　　　　　　　111011461

1BVP

經驗取向遊戲治療

作　　　者 ─ Carol Crowell Norton、Byron E. Norton

譯　　　者 ─ 陳碧玲、王璇璣、蔡幸芳、張巍鐘、蕭雅云
　　　　　　　陳信昭

發 行 人 ─ 楊榮川

總 經 理 ─ 楊士清

總 編 輯 ─ 楊秀麗

副總編輯 ─ 王俐文

責任編輯 ─ 金明芬

封面設計 ─ 王麗娟

出 版 者 ─ 五南圖書出版股份有限公司

地　　　址：106台北市大安區和平東路二段339號4樓

電　　　話：(02)2705-5066　　傳　真：(02)2706-6100

網　　　址：https://www.wunan.com.tw

電子郵件：wunan@wunan.com.tw

劃撥帳號：01068953

法律顧問　林勝安律師

出版日期　2009年1月初版一刷
　　　　　2022年9月二版一刷
　　　　　2023年10月二版二刷

定　　　價　新臺幣450元

經典永恆・名著常在

五十週年的獻禮——經典名著文庫

五南，五十年了，半個世紀，人生旅程的一大半，走過來了。

思索著，邁向百年的未來歷程，能為知識界、文化學術界作些什麼？

在速食文化的生態下，有什麼值得讓人雋永品味的？

歷代經典・當今名著，經過時間的洗禮，千錘百鍊，流傳至今，光芒耀人；

不僅使我們能領悟前人的智慧，同時也增深加廣我們思考的深度與視野。

我們決心投入巨資，有計畫的系統梳選，成立「經典名著文庫」，

希望收入古今中外思想性的、充滿睿智與獨見的經典、名著。

這是一項理想性的、永續性的巨大出版工程。

不在意讀者的眾寡，只考慮它的學術價值，力求完整展現先哲思想的軌跡；

為知識界開啟一片智慧之窗，營造一座百花綻放的世界文明公園，

任君遨遊、取菁吸蜜、嘉惠學子！